AVE FÉNIX

Lucía Etxebarría nació en 1966. Es periodista y escritora. *Amor, curiosidad, prozac y dudas*, su primera novela, alcanzó un fulminante éxito de público y crítica. En 1998 ganó el Premio Nadal con la novela *Beatriz y los cuerpos celestes*.

Amor, curiosidad, prozac y dudas

LUCÍA ETXEBARRÍA

PLAZA & JANÉS EDITORES, S.A.

Diseño de la colección: Depto. de Diseño Nuevas Ediciones
    de Bolsillo
Fotografía de la portada: Andrea Savini. © Art-Futura

Tercera edición en esta colección: mayo, 2001

© 1997, Lucía Etxebarria
© 1999, Plaza & Janés Editores, S. A.
    Edición de bolsillo: Nuevas Ediciones de Bolsillo, S. L.

Printed in Spain – Impreso en España

ISBN: 84-8450-203-1 (vol. 272/1)
Depósito legal: B. 25.438 - 2001

Fotocomposición: Lozano Faisano, S. L.

Impreso en Novoprint, S. A.
C/. de la Tècnica, s/n
Sant Andreu de la Barca (Barcelona)

P 802031

A José Ignacio Echevarría,
mi padre

El señor todopoderoso los aniquiló
por mano de una mujer.
Que no fue derribado su caudillo
por jóvenes guerreros,
ni le hirieron los hijos de titanes,
ni soberbios gigantes le vencieron.
Sino que fue Judit, hija de Merarí,
quien le paralizó con la hermosura de su rostro.
Se despojó de su ropa de viuda
por amor a los cautivos de Israel.
Ungió su rostro con perfumes,
vistió lino para seducirle,
prendió la mitra en sus cabellos.
Sus sandalias arrebataron sus ojos,
su belleza cautivó su alma,
y la cimitarra segó su cuello.

JUDIT, 16: 7-11.

Tendrás muchas pasiones, dijo mi carta astral. Una égida de amores intensos y fugaces. Un rosario de nombres enlazados por besos. Algunos de ellos sobrios, algunos de ellos tiernos. Más altos o más bajos, castaños o morenos, los hay de todo tipo. Y a todos les define una causa común: la virilidad que se les revuelve inquieta entre las piernas.

Algunas pisan fuerte, son altas, orgullosas. Son firmes y obstinadas, enhiestas como mástiles. Poderosas y astutas, seguras de sí mismas, buenas razonadoras, maduras, decididas, van a invadirlo todo. Entran, se hacen las dueñas y al fin, en su despacho, bien firmes y encajadas, saben que ése es su sitio, conocen su papel. Entran, salen, se van emocionando, se van acelerando conscientes de su imperio. Imperios de una noche, monarquías de un beso.

Hay otras pequeñitas, inquietas y traviesas. Revoltosas, curiosas, nunca les falta espacio para poder jugar, indagar y perderse. Dulces exploradoras, a veces se te escapan, culebras resbalosas, lo mismo que lo intenta el jabón en la bañera. Patinan sorprendidas por los muslos mojados y vuelven escalando, ansiosas e impacientes, brincando pizpiretas, al refugio húmedo y cálido que saben les espera. Pececitos que saltan por tu corriente interna, felices y empapados, no les importa mucho ni el cómo ni el por dónde. Son jóvenes de espíritu. Apenas se toman en serio ni a sí mismas.

Podrás quererlas mucho y nunca poseerlas. Podrán quererte aún más y no te tendrán nunca. Esquivas y reidoras, fugaces, detonantes, ni estelas ni pisadas dejaron tras de sí. Apenas el recuerdo, incierto y añorado, de las horas felices, las únicas que cuentan, las realmente vividas.

A de atípica

Era el primer polvo en un mes, el primero después de la catástrofe. Me sentía sola, desesperadamente sola, hambrienta de cariño, ávida de mimos y caricias, con el ansia voraz y animal de una piraña. ¿Suena tan raro? Todos necesitamos abrazos de cuando en cuando. No esperaba mucho, es cierto, pero no estaba preparada para una decepción semejante.

En primer lugar, lo tenía minúsculo. ¿Que qué entiendo por minúsculo? No sé… ¿Doce centímetros? Una cosa mínima, en cualquier caso. Era una presencia tan ridícula –su aparato, quiero decir–, que estuve a punto de proponerle que me tomara por detrás, sabiendo que no me dolería. ¿Cómo iba a dolerme algo tan pequeño? Pero, por supuesto, no es cuestión de proponerle algo parecido a un individuo al que acabas de conocer en un bar. Total, que lo hicimos de la forma tradicional, enroscados y babosos como anguilas. Nuestras pelvis entrechocaban una y otra vez y yo le sentía jadeando sobre mí, esforzado escalador, inútilmente empeñado en llegar a mi cima; pero aquel micromiembro se restregaba patéticamente en mi entrepierna, resbalando una y otra vez entre mis labios, y cada nuevo empujón no era sino otro intento vano por introducirse en una sima cuya hondura –de dimensión y de apetito– le superaba.

Y encima el tío no acababa nunca. Yo gemía y me hacía la entusiasmada con la vana esperanza de que él se corriera por empatía, de que mi excitación fingida activase la suya real, pero de qué. Se tiró horas, o lo que a mí me parecieron horas, magreándome y babeándome, esmaltándome a capas de besos torpes y saliva, arañándome la cara con su barba de tres días, áspera como una lija del siete y yo, mientras tanto, pensando en que tenía que dormir, que debía dormir seis o siete horas, aunque sólo fuera por una noche, porque llevaba una semana a un ritmo de cuatro horas diarias de sueño. Cambié de posturas y probé todos mis trucos; pero ni por ésas, no acababa. Así que al final ya no me quedó más remedio que preguntarle si pasaba algo, y me dijo que no, que le gustaba más hacerlo durar que correrse. Y no sé si aquello sería verdad o habría otra explicación más realista que no se sentía capaz de darme, que yo no le gustaba lo suficiente, por ejemplo, o que había pasado la tarde matándose a pajas en el baño, no sé. Y no creáis que soy una zorra insensible; hice grandes esfuerzos por mostrarme encantadora y no dar a entender que aquello había sido un fracaso calamitoso, un caso flagrante de incompatibilidad física y química, una de las peores experiencias de mis veinticuatro años. Eso sin contar el remordimiento y el miedo que supone cualquier encuentro casual en estos tiempos de sida.

Cuando se despidió, yo casi podía oler lo que él

sentía. Que no habría una próxima vez. Y, lo que es por mí, completamente de acuerdo. Quizá me lo encontraré de nuevo en la barra del bar. Si no puede evitarme, si no encuentra a otra camarera libre que pueda servirle una copa, me la pedirá a mí con aire distraído, fingiendo no recordar lo que pasó. No me importa. O quizá sí. Muy en el fondo de una subsiste un poso de orgullo que hace que, quieras o no, siempre te duela un poco el saber que no has estado a la altura, que no has gustado lo suficiente, y quizá esa mañana me doliera esa certeza. Pero luego sólo tuve que recordar algunas veces que el otro se quedó prendado y yo no, y en lo terriblemente mal que me sentía teniendo que aguantar los asedios y las malas caras subsiguientes. ¡Aquel complejo de culpabilidad, aquella vergüenza ajena…! Y casi me pareció que era lo mejor que me había podido pasar: que a él tampoco le hubiera gustado el resultado de nuestra infructuosa batalla, y eso por mucho que mi ego sea tan hambriento como para exigir siempre una satisfacción del contrario, aunque no exista la propia.

El portazo de la puerta de mi apartamento retumbó dentro de mí amplificado por mil ecos. Intentando ahogar aquel estrépito, enterré la cabeza en la almohada y los sollozos me brotaron del pecho incontenibles y atropellados. La funda se empapó en cuestión de segundos, me nubló la vista de inmensidad blanca, y sólo podía ver la imagen congelada de Iain, siempre Iain, que ha quedado impresa en negativo en mi retina. La imagen grabada a hierro candente que un mes atiborrado de éxtasis no ha conseguido borrar.

Deseé regresar a mis siete años, a aquella edad ajena a la malicia y los desahogos, en que ni sabía lo que era el sexo ni me importaba, a aquel estado de feliz ignorancia que ya nunca podré recuperar. Cuatro cosas que la edad me trajo y de las que habría podido prescindir tranquilamente: amor, curiosidad, pecas y dudas. Y esta frase, para colmo, ni siquiera es mía. Es de Dorothy Parker.

Infancia. Me exprimo el cerebro buceando en busca de recuerdos. Me veo a mí misma como un renacuajo de pelo rizado, sujeto en la coronilla con un enorme lazo azul, vestida con el horrible uniforme de colegio: camisa blanca, chaleco y chaqueta azul, falda plisada azul marino, con el dobladillo cosido y la cinturilla remetida porque en mi familia había que hacer economías y se esperaba que aquella falda durase por lo menos cuatro años. No conozco a ninguna chica que de pequeña no haya querido ser chico. Por lo menos a ratos. No dejaba de tener su aquél lo de poder jugar a la goma y a las comiditas de tierra en el patio del colegio, pero eso no impedía que envidiásemos la libertad que disfrutaban los niños para jugar al fútbol en los soportales y matar lagartijas con tirachinas. Y eso no podíamos hacerlo, porque era cosa de chicazos. Nosotras teníamos que volver a casa con el uniforme limpio y aseado y el lazo de las coletas en su sitio, y desde el principio nos dejaron muy claro que los juegos de los niños y el mantenimiento de nuestra imagen resultaban perfectamente incompatibles.

Cuando yo iba al colegio me fastidiaba muchísimo que Dios fuera hombre. Desde el momento en que me dejaron claro que Dios era un hombre, ya empecé a sentirme más chiquita, porque así, sin comerlo ni beberlo, me había convertido en ser humano de segunda categoría. Si Dios me había creado a imagen y semejanza suya, ¿por qué me había hecho niña, cuando él era Él, en masculino? Para colmo se trataba de Dios Padre, y cuando le rezábamos nos referíamos a él como Padre Nuestro. Mi padre se largó de casa cuando yo tenía cuatro años, así que yo no confiaba mucho en las exigencias de los deberes paternales ni creía que alguien, por el mero hecho de ser mi padre, estuviera obligado a prestarme una atención especial, aparte de que Dios, además, era chico, y lógicamente se ocuparía primero de los suyos, de aquella panda de brutos que montaban bulla al otro lado de la tapia, los niños de los Maristas con los que coincidíamos en el autobús, esos que sí podían jugar a la pelota y subirse a los árboles, y que no llevaban ningún lazo ridículo que hubiese que mantener en su sitio.

A nosotras, por aquello de que a nuestra tatatatarabuela le había dado por comerse una manzana que no debía, nos dejaban lo peor. No podríamos ser curas, no podríamos consagrar el cáliz y beber el moscatel y cantar a todo pulmón con nuestra casulla verde los salmos de los domingos delante del altar; y a lo más que podíamos aspirar era a ser monjas, a ponernos una toca negra que ocultase nuestro pelo rapado a navaja, a ir vestidas con un hábito mal cortado que nos llegara hasta los pies, y a aterrorizar a futuras niñas en edad de ir al colegio con historias de calderas y llamaradas. Pobres monjas. Hormiguitas anodinas de dudosa vocación que habían ingresado en la orden huyendo de un padre tiránico, de una casa paupérrima o de la vergüenza social que implicaba una soltería no buscada. Caritas de ratón lavadas con jabón de sosa y un constante olor a alcanfor que se les escapaba en los murmullos de las tocas y los pliegues de rafia negra e inundaba los inacabables pasillos de piedra. Ninguna de nosotras quería acabar de monja. Yo no, desde luego. Misionera, aún, pero monja ni loca. Además, ya se encargaba mi madre de hacerme notar que ése era el peor destino que me podía tocar. No me lo decía directamente, pero yo me enteraba, porque oía cómo mi madre le repetía a mi hermana Rosa que debía arreglarse más y hacer más caso a los chicos, que si no acabaría por tener que meterse a monja. Y por el tono con que subrayaba lo de meterse a monja se entendía muy bien que, por la cuenta que le traía, ya podía mi hermana salir volando a la calle, bien pintada y bien peinada, a sonreír a todo chico que pasara.

En fin, que a nosotras nos quedaba la opción de ser monjas y de considerarnos Hijas de María. A mí lo de la Virgen María me sonó siempre a premio de consolación (aunque siempre me guardé mucho de decirlo), porque la imagen de la Virgen que había en la iglesia era significativamente más pequeña que la del Cristo crucificado, aquel Cristo sangriento y aterrador, imponente y casi hermoso, Cristo sufriente y enjuto de madera dolorida tallada en músculo y fibra. Una pequeña imagen que se erguía a su izquierda representaba a una criatura de rasgos aniñados, el pelo color trigo, los ojos azules desteñidos al paso de las lágrimas, vestida con una toga blanca y una sobretúnica azul claro, y coronada con una diadema de estrellas. Me recordaba vagamente a mi madre, con la sutil diferencia de que la imagen de la madre de Dios ofrecía una sonrisa levemente amable que no entraba, definitivamente, en el repertorio gestual de la mía. Años después aprendí que la madre de Jesucristo había sido una judía de Galilea y que era, casi con toda probabilidad, morena. Pero la imagen de la estatua rubia de la iglesia se me había marcado de tal manera en la cabeza que siempre que pensaba en Jesucristo o su madre me los imaginaba rubios.

En nuestro colegio nos ofrecían a la Virgen a los cuatro años. La vida entonces era fácil. Resultaba tan dulce dejarse llevar de la mano por caminos trillados y aprendidos... Recuerdo, más o menos, la ceremonia de ofrenda. Consistía en que las niñas avanzábamos trastabillando por el pasillo de la iglesia mientras sujetábamos entre las manos un enorme lirio blanco casi más grande que nosotras, que depositábamos en el altar, a los pies de la Virgen. A continuación, el sacerdote nos imponía una medallita que nos acreditaba como Hijas de María, y he de hacer notar aquí que ésta no era una condición elegida, puesto que nadie nos preguntó nunca si nos interesaba o no participar en aquel sarao.

Ser Hija de María marcaba una diferencia importante con respecto a los niños de los Maristas, que eran Soldados del Señor. Reforzaba la idea de que estabas condenada, por nacimiento, a una frustrante inactividad. Una empezaba siendo una niña que no podía subirse a los árboles, y acabaría por convertirse en una mujercita buena y sumisa que nunca diría una palabra más alta que la otra.

Al fin y al cabo, Jesús había cogido sus bártulos y se había marchado a correr mundo, recopilando discípulos aquí y allá, multiplicando panes y peces, resucitando a muertos, sanando enfermos, caminando por las aguas, convirtiendo a centuriones y animando banquetes. Pero la Virgen ¿qué había hecho la Virgen con su vida? La Virgen, por mucha Madre de Dios que fuera, no era sino un personaje secundario de las Sagradas Escrituras que aparecía en las ilustraciones del catecismo inmóvil y resignada sobre su nube, las palmas de las manos juntas a la altura del pecho; y con cierta cara de paciente aburrimiento. Incluso sus milagros parecían de segunda categoría.

El Vaticano tardaba lustros en reconocer aquellas apariciones.

Resumiendo: que de pequeña, como todas, yo habría preferido ser chico. Y si me tocaba ser chica, ya desde entonces empezaba a barruntar en mi cabecita la idea de que no me apetecía mucho ser virgen. Por amar la tierra perdería el cielo, qué le íbamos a hacer.

Cuando cumplías los once años venía lo peor. Qué inclemente es la vida cuando alguien te arrebata la infancia por las buenas… Tú estabas tan contenta jugando a las muñecas cuando de repente las monjas te descubrían el Gran Secreto de la Existencia. Resulta que, por el mero hecho de haber nacido niña, el Señor había colocado un tesoro dentro de tu cuerpo que todos los varones de la Tierra intentarían arrebatarte a toda costa, pero tu misión era mantener ese tesoro inviolado y hacer de tu cuerpo un santuario inexpugnable, a mayor gloria del Señor (Él). El inicio de tamaña responsabilidad vendría marcado el señalado día en que por vez primera tu cuerpo te ofreciera unas gotas de sangre, sangre que te recordaba el sacrificio que tú deberías hacer por el Señor (Él) para devolverle el que, en su día, Él había hecho por ti.

Todo aquello de la sangre y la responsabilidad y el santuario a preservar y el sacrificio me tenía tan aterrorizada que cuando me vino la primera regla me guardé muy mucho de decírselo a nadie y les robaba a mis hermanas las compresas a escondidas, porque todavía no me sentía capaz de afrontar la responsabilidad social y moral que mi recién adquirida condición de mujer iba a cargar sobre mis pequeños hombros de niña plana aún.

Me resulta gracioso recordar esto ahora, cuando hace tres meses que no tengo la regla. Y no, no estoy embarazada.

Tampoco vayáis a creer que lo de mi amenorrea –que ése es el nombre técnico de mi problema– me importa demasiado. Quiero decir que, la verdad, no resulta muy agradable saber que vas por ahí soltando un chorro viscoso y sanguinolento por la entrepierna, y teniendo que preocuparte de si llevas o no támpax en el bolso, no sea que de repente te encuentres en mitad de una fiesta y veas que estás poniendo perdido uno de tus mejores pantalones. Por no hablar de los calambres, y los dolores, y el mal genio del síndrome premenstrual y todas esas cosas. ¿Y cuando te siguen los perros por la calle porque hueles igual que una perra en celo? Recuerdo que una vez un perro callejero se puso pesadísimo en la parada del autobús intentando montarme. Del pito le salía una cosa rosa, brillante. Yo entonces era muy jovencita y me quería morir de vergüenza. Intenté ahuyentarlo dándole con el paraguas, pero nada, parece que eso lo ponía más. No sé, quizá fuese un perro masoca. Qué cosas. O sea que, lo que es por mí, pues nada, no tengo la regla y encantada de la vida. Pero mi ginecóloga no opinó lo mismo y me obligó a embarcarme en una epopeya de laboratorios y hospitales que me hicieran recuperar mi conexión de sangre con el mundo.

Primeras pruebas: análisis de sangre y ecografía. Al principio la doctora no vio nada raro, y decidió que todo el problema se debía al estrés. Me sonó un poco ridículo. Yo no soy más que una camarera, y las camareras no sufrimos de estrés. Y ojo, que me mola ser una camarera y no veo nada de malo en ello por mucho que mis hermanas se empeñen en decir que debería dedicarme a algo más serio. Por lo general les respondo que si pudiera ya lo haría, que no soy tonta. Y tengo que dejar claro que, al contrario de lo que la mayoría de la gente cree, lo de ser camarera en un bar de moda no quiere decir que sea idiota, no señor, que así tengo más tiempo para leer o para acabar mi tesis que si me dedicara a otra cosa, y de momento estoy muy a gusto con mi trabajo, aunque no tenga seguridad social ni contrato fijo ni estabilidad de ningún tipo, ni esos detalles que tanto valoran mis hermanas. Pero, qué coño, es un trabajo, y me da para vivir, que es lo importante.

Pero, claro, esto a mis hermanas no hay quien se lo meta en la cabeza, venga a darme la murga todo el día con aquello de Cristina, que no puedes seguir así y Cristina, qué vas a hacer con tu vida… Qué pelmas. Mi hermana Rosa, que es una ejecutiva de alto standing, cree que todas deberíamos ser como ella y llegar a lo más alto, y me parece que para ella una hermana camarera supone el mismo deshonor que una hermana puta para un siciliano. En su sistema de vida el valor de cada persona es fácilmente mensurable y cuantificable: se halla extrayendo la media numérica de factores tales como los ceros de su cuenta corriente, los metros cuadrados de su despacho o el número de subordinados a su cargo, y a partir de ahí se les adjudica una puntuación del uno al diez. Es que ella es una especie de genio; es capaz de sacarte una raíz cuadrada de un número de cuatro cifras sin lápiz ni papel y se sabe de memoria las capitales de todos los países del mundo, hasta la más perdida. Pero, como corresponde a su calidad de genio, anda un poco grillada. Apenas se relaciona con nadie. Tiene un carácter tan hermético que se diría envasado al vacío.

Y tampoco es que la hermana que me queda sea un prodigio de estabilidad mental. Hace dos semanas me llamó mi madre, muy preocupada, para hablarme, precisamente, de mi hermana Ana. Desde el momento en que escuché aquella voz glacial y contenida al otro lado de la línea, ya sabía que algo tenía que ir mal, porque mi madre no suele llamarme así como así. Sus contactos, planificados y escasos, requieren una justificación importante, una razón seria que le obligue a aventurarse a cruzar el frágil puente, hecho de un trenzado de reproches velados y suposiciones absurdas, que hemos tendido sobre el abismo que nos separa. No sabéis cuánto me cuesta, cuánto me duele, reconocer que entre la autora de mis días y yo no queda otro vínculo que el de la mutua desconfianza. Y mientras mi madre hablaba de mi hermana y me explicaba lo preocupada que le tenía el hecho de que mi hermana Ana, el ama de casa formalísima cuya dulzura y maneras nunca habíamos visto flaquear, llevase una temporada llorando sin parar y adelgazando a ojos vista, tuve que asumir que me sentía como si me estuviera hablando de una perfecta desconocida, porque, en realidad, ¿tengo yo alguna idea de cómo es mi hermana Ana? Prácticamente no nos hablamos, y creo recordar que tampoco lo hacíamos cuando vivíamos en la misma casa (de eso, me parece, hace mil años). Admitámoslo: a sus ojos, yo soy un putón. A los míos, ella es una maruja. En eso consiste nuestro cariño fraternal. Y a una no le gusta hablar de su familia porque de pronto cae en la cuenta de que no tiene ninguna tabla a la que agarrarse en medio de este naufragio general de familias desunidas, empleos precarios, relaciones efímeras y sexo infectado.

Pero volviendo a lo que estábamos, que me he ido por los cerros de Úbeda, a lo de mis problemas ginecológicos, digo, la segunda prueba fue un raspado (para no herir vuestra sensibilidad os ahorro el relato de cómo se obtiene una muestra del tejido de los ovarios) y entonces la doctora decidió que el problema se llamaba «endometriosis», que es como una masa de células muertas, o algo así, que se acumulan en el endometrio y lo bloquean. Resulta que la tal endometriosis es una de las principales causas de esterilidad femenina, y yo sin saberlo. Así que me recetaron unas pastillas que me pusieron malísima, venga a vomitar y a marearme, por no hablar de los dolores, unos calambres espantosos, como si te abrieran las entrañas con tenazas. Caminé dos días casi a tientas por la calle, entre los edificios desdibujados por mi visión borrosa, teniendo que detenerme cada tres pasos para expulsar un líquido bilioso y semitransparente que fluía, imparable, por mi boca. Y ni por ésas, seguía sin tener la regla.

La última prueba, la definitiva, consistió en un recuento hormonal, y la conclusión a la que mi doctora ha llegado tras cuatro semanas de análisis, ecografías, raspados, recuentos y demás intromisiones en mi intimidad femenina, en ese Santuario tantas veces asaltado, es que padezco un «exceso de testosterona», agarraos, cómo suena el nombrecito. Para que os aclaréis: resulta que la testosterona es una hormona masculina, y el estrógeno la femenina, y el cuerpo humano, cualquier cuerpo humano, posee parte de ambas. La proporción define el género. Predominancia de estrógeno: femenino. De testosterona: masculino. Y yo, precisamente yo, tengo más testosterona de la que tenía que tener y por eso no me viene la regla. Cualquiera lo diría viéndome con estas tetas y estas caderas. Yo, que parezco la persona más femenina de la Tierra, y resulta que tengo más hormonas masculinas de las debidas.

Y, mira qué casualidad, a los dos días me encuentro con un artículo en el *Cosmo* que hablaba sobre el tema. Según el *Cosmo* en Yanquilandia empezaron a tratar a una serie de menopáusicas con testosterona para ver si les arreglaban la vida y acababan con sus sofocos climatéricos, y descubrieron que a las señoras tratadas con testosterona se les disparaba la libido hasta la estratosfera. Me imagino a las pobres señoras incontenibles, desaforadas, abalanzándose sobre el cartero, sobre el lechero, sobre el repartidor de periódicos, sobre cualquier macho que se les pusiera por delante. Así que los doctores hicieron una investigación en serio sobre el fenómeno detectado y llegaron a las siguientes conclusiones: una, que las mujeres con exceso de testosterona poseen, o poseemos, impulsos sexuales más definidos que las demás, y, dos, que somos más agresivas y decididas.

Mi madre me ha mandado a un montón de psicólogos, uno detrás de otro, desde que cumplí los quince años y ella empezó a hartarse de soportar mis arrebatos de mal genio. Me he tirado media vida analizando las supuestas razones de mis sentimientos y mis reacciones. Mi promiscuidad incontrolada, sugerían, no era sino una búsqueda de la figura paterna. Las peleas con mi madre, un intento desesperado de definir mi personalidad mediante la oposición. Pero, según mi recuento hormonal, resulta que todas esas interminables horas que me he pasado tumbada en un diván intentando retrotraerme hasta la primera papilla que tomé, me las podía haber ahorrado, mira tú por dónde, porque la explicación de mis pasiones y mis rabietas era mucho más sencilla: un simple exceso de hormonas.

Y lo mismo pasa con Rosa, mi reservada hermana. Siempre pensamos que la tía era tan rara y tan introvertida porque le había afectado mucho lo de que mi padre se largara de aquella manera, así, de pronto, sin decirnos nada. Pero resulta que ella también fue al psiquiatra (sí, reconozco que lo de mi casa es muy fuerte, dos hermanas que van al psiquiatra y la mayor en casa llorando con una depresión de caballo), y el médico le explicó que todo era un problema de recaptación de serotonina. Esto es, que a mi hermana le falla la sustancia que funciona como neurotransmisor entre las células del cerebro. Así que ahora Rosa vive colgada del prozac, una droga mágica y legal que, por lo visto, regulará sus niveles de serotonina y hará de ella una mujer nueva. Habrá que verlo.

Lo dicho. A mí me sobra testosterona y a ella le falta serotonina. Y según estos excesos y carencias nuestros problemas no tienen nada que ver con las circunstancias personales o familiares sino con la composición química de nuestros cerebros y ovarios, así que Freud, Lacan, Jung, Rogers, os ha lucido el pelo, queridos. Pero yo me pregunto si no será al revés, si la vida no nos habrá afectado tanto que el cerebro de Rosa dejó de producir serotonina y mis ovarios se pusieron a segregar testosterona como locos, y vete tú a saber lo que le pasó a cualquier órgano de Ana. Porque, que yo recuerde, tal vez hubo un tiempo, cuando yo era muy, muy, muy pequeña, en que fuimos algo así como una familia normal, y mis hermanas y yo jugábamos a contarnos cuentos en la oscuridad, debajo de las sábanas, y no nos pasábamos el día deprimidas, irritadas y llorosas, poniéndonos a parir las unas a las otras; y todo el mundo nos consideraba bastante normalitas, tan monas, tan dulces, unas niñas adorables. En fin, ¿qué fue antes, el huevo o la gallina? ¿Es el cuerpo el que nos controla o nosotras las que controlamos el cuerpo? Interesante cuestión.

Entretanto, la ginecóloga insiste en que tome unas pastillas nuevas y yo me resisto; en primer lugar, porque no me apetece volver a vomitar y a sufrir náuseas y calambres; en segundo, porque tampoco estoy muy segura de que me apetezca que me vuelva la regla, y en tercero porque desde que me dejó Iain, o le dejé yo, o nos dejamos –y de esto hace un mes, un mes de pesadilla– casi no me ha apetecido follar, y como encima me ponga a hacer descender mi nivel de testosterona me temo que mi libido va a quedar definitivamente por los suelos. Y bueno, mis hermanas se meten mucho conmigo por promiscua y devorahombres, pero ¿qué quieres que te diga?, soy como soy, sea porque mi padre nos dejó, sea porque me sobra testosterona, yo soy así y me gusta, y no me apetece renunciar al único placer tangible que la vida nos permite aprovechar.

de bajón

La vida debería ser como un calendario. Cada día se debería poder arrancar una página para iniciar otra en blanco. Pero la vida es como la capa geológica. Todo se acumula, todo influye. Todo contribuye. Y el aguacero de hoy puede suponer el terremoto de mañana.

Cuando yo tenía trece años y Donosti no significaba para mí otra cosa que la ciudad en que vivían mis abuelos, solía pasear con mi amigo Mikel a lo largo del malecón. Mikel y Cristina, siempre de la mano.

Mikel tenía trece años, era de Bilbao y vivía en el caserón contiguo al nuestro. Ese verano su madre se había puesto enferma y habían tenido que ingresarla en el hospital. Como parecía que la cosa iba para largo, el padre de Mikel decidió enviar a su único hijo a pasar las vacaciones con su hermano, el tío de Mikel, en San Sebastián. Pero aquel tío, un profesor de instituto solterón e introvertido, no tenía ni tiempo ni energías para dedicárselas a su sobrino, de forma que el pobre chico se veía condenado a vagar por los jardines del caserón persiguiendo lagartijas y tirándoles piedras a los gatos. Y fue cuestión de días el que nos conociéramos y nos hiciéramos inseparables.

Nuestras diversiones no eran nada del otro mundo. Discutíamos sobre si a los caracoles había que llamarlos bígaros, magurios o carraquelas, y si los cangrejos se llamaban txangurros o carramarros. Luego hacíamos chistes sobre el rótulo del cuartel de la Guardia Civil, al que una bomba oportuna había hecho saltar una letra, convirtiendo el épico lema «Todo por la Patria» en el más castizo «Todo por la Patri». Mikel opinaba que la Patri era una de las mejores meretrices del barrio viejo –cuyos límites comienzan justo detrás del cuartel– y que era una chica muy popular entre los guardias más jóvenes. Después perseguíamos a las palomas del parque, intentando en vano pegarle una patada a una de esas ratas con alas. Y, finalmente, cuando caía la tarde y empezaban a encenderse las luces del puerto, nos acodábamos en la barandilla que da a la playa y nos tirábamos un rato largo contemplando el mar. «Imagínate –solía decir yo– que una mañana bajas a la playa y te encuentras con que Santa Clara está en el monte Urgull y el monte Urgull en Santa Clara. Te restriegas los ojos una y otra vez, intentando convencerte de que se trata de una mera alucinación producto de la resaca, pero miras otra vez, y allí siguen, el monte en el centro y la isla a la izquierda, y lo peor de todo es que nadie más se ha dado cuenta, sólo tú. ¿Ha sido obra de los marcianos? ¿Es el comienzo del plan 10?» Repetía el chiste casi todas las tardes y todas las tardes nos hacía la misma gracia. Si habíamos tomado dos cañas, nos hacía muchísima gracia. Y todas las mañanas, cuando Mikel y Cristina íbamos a la playa, lo primero que hacíamos era comprobar, con un respiro, que tanto el monte como la isla seguían en su sitio.

Al acabar las vacaciones nos prometimos el uno al otro que a lo largo de los años nos enviaríamos postales para confirmar que ambos promontorios seguían donde antaño, y que todavía no habían optado por intercambiar posiciones.

Pasaron los años, cada uno regresó a Donosti, por separado y por diferentes razones, pero ninguno le envió al otro la postal prometida. Ya hacía tiempo que no nos veíamos ni nos llamábamos.

Aunque nunca lo dijimos, estuvimos enamorados, pero el amor no dura para siempre.

Santa Clara, sin embargo, no se mueve de su sitio.

Años después pasé mis primeras vacaciones junto a Iain precisamente en Donosti, y desde entonces el paseo de la Concha, las palomas del parque, la barandilla de la playa y el perfil de Santa Clara quedaron irremediablemente asociados a él. San Sebastián dejó de significar el pueblo de los abuelos, el caserón lleno de polvo y los paseos con Mikel por el malecón, y pasó a ser, sencillamente, la ciudad en que Iain y Cristina habían descubierto que se querían. Y estos últimos días, cuando todos los medios no dejan de hablar del festival de cine de San Sebastián, no me he acercado a un periódico y he mantenido apagada la televisión, porque sabía que no soportaría la visión del Victoria Eugenia ni del malecón ni del parque ni de la playa, ni muchísimo menos de la isla de Santa Clara.

Y eso es porque sólo los cangrejos, o los txangurros, o los carramarros, o como se quiera llamarlos, se atreven a lanzarse de cabeza a través de grietas entre las rocas, de simas cuya longitud equivale a cientos de veces el tamaño de sus cuerpos.

Sólo los cangrejos.

C de curro

Dios creó el mundo en siete días. Poco más tarde expulsó a Adán del Paraíso y le castigó a ganarse el pan con el sudor de su frente. Apple fabrica varios millones de ordenadores al año. Millones de mundos virtuales diseñados a diario por demiurgos de veintisiete años, microsiervos de CI desmedidos… Entre las tribus africanas la media semanal de horas de trabajo de un adulto ronda la decena. El hombre europeo supera con mucho las cuarenta. El progreso ha superado al Dios original en todo, incluso en crueldad. Por eso nos gustan tanto los paraísos artificiales: nostalgia de tiempos mejores.

Cuando me fui de casa estuve trabajando una temporada en una oficina. Era una multinacional de la informática. Hardware. O sea, ordenadores, impresoras, CD-Roms y demás robotitos inteligentes creados supuestamente para facilitar el trabajo a los seres humanos. Qué ironía. Toda la información sobre sus productos venía escrita en inglés, así que a servidora, la joven estudiante de filología inglesa, contratada en prácticas, le tocaba traducirla y adaptarla, y encargarse luego de enviarla a las revistas especializadas, para que allí el currito de turno de la revista en cuestión pudiese escribir que un lector de séxtuple velocidad ofrece un excelente tiempo de acceso o que una tarjeta gráfica especialmente indicada por equipos potentes con ordenadores basados en pentium es la idónea para los profesionales de la imagen exigentes, como infografistas y creativos en 3D. Me teníais que haber conocido entonces. Controlaba perfectamente términos como interface, tarjeta VGA, puerto paralelo, driver, puerto de serie b, slot de 16 bits, filtros digitales para audio, transferencia térmica de cera o microprocesador. Me pasaba allí la vida, sentada en mi cubículo, mi punto de engorde, un espacio de apenas dos metros cuadrados acotado por dos mesas de formica dispuestas en forma de ele. Se me jodió la vista a cuenta de pasarme los días forzándola, cegada por la luz fantasmal del ordenador, y la claridad excesiva de las lámparas halógenas y la constante inclinación forzada sobre el teclado me provocaron unos dolores de espalda espantosos. Dos dioptrías y escoliosis, así, de golpe. Y todo por un sueldo de mierda, porque como servidora era estudiante, le habían hecho un contrato de prácticas, que en cristiano quería decir que curraba lo mismo que los demás pero ganaba mucho menos. Y eso no era lo peor. Lo peor era el ganado con que me tocaba lidiar a diario. Lo peor eran aquellas secretarias repintadas, encaramadas sobre sus Gucci de imitación, con el pelo convertido en fibra de estopa gracias a los moldeadores y las mechas doradas, que no habían leído otra cosa en su vida que el *Supertele* y el *Diez Minutos,* y que sólo sabían hablar de la peli que habían echado en la tele la noche anterior y del nuevo novio de Chabeli, y ponerse verdes las unas a las otras. Lo peor era aquel jefe de personal que opinaba que había que reimplantar la pena de muerte para acabar de una vez con el terrorismo y que se quedaba mirándome las tetas con el mayor de los descaros cada vez que subíamos juntos en el ascensor. Lo peor eran aquellos ejecutivos comerciales que llegaban todas las mañanas a la oficina precedidos de un tufillo a colonia barata, con sus trajes mal cortados modelo Emidio Tucci comprados en el Corte Inglés, que les hacían bolsas en las ingles y arrugas en las hombreras, y que siempre les quedaban demasiado cortos o demasiado largos, esclavitudes del prêt-à-porter cuando uno no tiene dinero para comprarse un traje a medida pero le gustaría aparentarlo.

Allí te hacían muchísimas promesas. Se suponía que si te esforzabas lo suficiente tus méritos acabarían por ser reconocidos, que tu trabajo terminaría por traducirse en un reconocimiento en el estatus y el sueldo. Pero al cabo de un año abandonabas aquellas ilusiones infantiles, aquellas pretensiones ingenuas, y caías por fin en la cuenta de que no ascenderías nunca y de que jamás te subirían el sueldo. En cada nuevo ejercicio te negaban una revisión salarial aduciendo que el país en general y la empresa en particular atravesaban una crisis. Qué crisis ni qué niño muerto. Ellos llamaban crisis al descenso de beneficios, no a la falta de ellos. Es decir, que si en lugar de facturar chopocientos veintitrés millones como en el ejercicio anterior se facturaban sólo chopocientos, toma ya, crisis al canto. En realidad, la empresa no podía pagarte más porque el dinero que debía de pagarte por tu trabajo iba a parar a los altos ejecutivos y a sus contratos blindados de ocho cifras, de forma que a la empresa no le quedaba dinero para pagarnos a los demás. ¿Y os creéis que aquellos pisaverdes con traje de Armani y gemelos de plata firmados por Chus Burés que les habían regalado sus legítimas en su aniversario de bodas se ganaban el sueldo? Ni de coña. Mi jefe, el flamante director de márketing, que cobraba un millón de pesetas al mes, es decir, exactamente once veces mi sueldo, se pasaba el día llamando por teléfono a su amante de turno, porque las iba cambiando como cambiaba de colonia: Davidoff, Fahrenheit, Calvin Klein, Ana, Lucía, Loreto... ¡hay que estar siempre a la última! Y ni siquiera sabía hablar inglés o poner los acentos en su sitio. Si lo sabré yo, que era a la que le tocaba corregirle todos los faxes que enviaba. Pero el tío tenía cuarenta y un años, y la obtención de su máster IESE (que a saber cuánta pasta les habría costado a sus papás) había coincidido con los felices ochenta, aquellos años dorados en que se contrataba a perfectos inútiles por cifras astronómicas, como si fueran jugadores de fútbol. Lo que yo te diga, que le tocó la lotería demográfica, porque si llega a nacer quince años después otro gallo le habría cantado. Y a los que veníamos por detrás nos tocaba apechugar con el desfase y cobrar unos sueldos de mierda para compensar, trabajando, eso sí, tantas o más horas que él. Porque jamás salíamos a nuestra hora, jamás cumplíamos las ocho horas reglamentarias, y no nos pagaban horas extraordinarias, por supuesto, porque había que trabajar y sacrificarse por la empresa, y bastante afortunados podíamos sentirnos de estar allí, con un canto en los dientes nos podíamos dar, porque por cada uno de nosotros había cuatro muertos de hambre, cuatro buitres carroñeros volando en círculos alrededor de nuestras cabezas, dispuestos a hacerse con nuestro puesto a la mínima oportunidad, como el jefe de personal no perdía ocasión de recordarnos. Cuando hacías cuentas descubrías que cobrabas menos por hora que una asistenta. Yo me levantaba a las ocho de la mañana y llegaba a casa a las ocho y media de la noche, totalmente agotada, sin ganas de nada, excepto de cenar e irme a la cama. Dejé de leer, dejé de ir a conciertos, dejé de ir al cine. Los sábados por la noche estaba tan harta que me ponía los vaqueros y las botas de cuero y salía a la desesperada, a ponerme hasta las cejas de cubatas y de rayas para olvidarme de la mierda de vida que llevaba, y aquel año me agarré las peores cogorzas que me haya agarrado en todos los días de mi vida, y me follaba a cualquier cosa, de verdad, a cualquier cosa, a cualquier elemento que se me pusiera a tiro a partir de las seis de la mañana, que era aproximadamente el momento en que mi estado etílico había alcanzado el nivel en que lo mismo me daba un ejecutivo de la Sony que un estibador de Mercamadrid. Luego llegaba junio y los exámenes, y me pasaba un mes entero a base de anfetaminas, intentando aprobar como fuera, y llegaba a la facultad atiborrada de chuletas y jugándome el expediente porque no disponía de tiempo material para estudiar las asignaturas con propiedad, y encima en el curro se mosqueaban porque faltaba a mi horario y me exigían un certificado firmado por mi profesor para probar que efectivamente había estado en un examen y no de cañas con mis amigos.

No teníamos ninguna posibilidad de ganar aquella batalla, como no hubiera sido montar las barricadas y salir a hacer la revolución, pero nos tenían tan alienados y tan agotados, tan hipnotizados a base de horas y horas de trabajo constante y de discursos apocalípticos sobre la terrible situación de la economía, que a ninguno de nosotros se le hubiera ocurrido. No disponíamos de ninguna arma para luchar contra los ejecutivos cuarentones de apellidos compuestos, y lo peor, lo peor, era cuando contrataban a una mema que se apellidaba López-Santos y Martínez de Miñón, que llegaba a la oficina en su Golf GTI pagado por su papá, que llevaba ropa de Prada y bolsos de Loewe pagados por su papá, y que estaba morenísima y súper en forma después de haber estado esquiando en Andorra, en un relajante fin de semana pagado asimismo por su papá, y que a todo el mundo le parecía tan elegante y con tanta clase, y que no sabía hacer la o con un canuto, pero como era la hija de un accionista y acababa de terminar un máster en relaciones públicas y comunicación, pagado también por su papá, cómo no, te la ponían a currar en la mesa de al lado cobrando bastante más que tú y, ¡por supuesto!, ella tampoco ponía un acento en su sitio y se quedaba tan ancha después de dar por terminada una nota de prensa de quince líneas que le había llevado cuatro horas redactar y que luego te tocaría a ti reconstruir en diez minutos, de arriba abajo, porque la muy burra escribía «tú ordenador» sí, con acento en la u, como suena, y repetía el verbo tener veinticinco veces en quince líneas, y en aquel momento te preguntabas, ¿qué coño hago yo aquí?, ¿QUÉ COÑO? Fue la llegada de aquella subnormal profunda, que acababa todas sus frases con un ¿sabes? y para la que todo era como muy ideal o como muy algo, lo que me convenció de que me habían estafado, de que estaban engañándome como a un burro con el viejo truco de la zanahoria y el palo, y una mañana que bajé a la farmacia a comprar buscapinas porque ya no podía con aquel dolor de espalda, el sol me dio en la cara para avisarme de que estaba malgastando mi vida, la única vida de que dispongo, porque soy una mujer y no un gato, y caí en la cuenta de que llevaba dos años sin sentir la caricia dorada del sol en la nariz, de que se me estaba yendo la juventud encerrada en un despacho de ventanales blindados, y tranquilamente subí en el ascensor parlante que había dentro de aquel edificio inteligente, planta tercera, abriendo puertas, decía el ascensor con voz tecnificada, me dirigí hacia mi mesa e introduje una orden en el ordenador: «Delete All.» El ordenador me advirtió de que toda la información del disco duro se borraría: «¿Está seguro de que desea eliminarla?», y yo tecleé, completamente segura, segura como no había estado segura de nada en la vida, tan segura como que mi nombre es Cristina, «Sí», y me sentí la mujer más libre de la Tierra, me sentí feliz, plena, extática, por primera vez en dos años y eché por tierra el principio de una prometedora carrera en el campo de la comunicación, según mi hermana Rosa.

Y ahora soy camarera.

En el bar gano más de lo que ganaba en aquella oficina, y mis mañanas son para mí, para mí sola, y el tiempo libre vale para mí más que los mejores sueldos del mundo. No me arrepiento en absoluto de la decisión que tomé, y nunca, nunca jamás volvería a trabajar en una multinacional.

Antes me meto a puta.

En los escasos momentos en que la barra queda vacía cierro los ojos e intento concentrarme en los sonidos sintetizados, visualizando la música como una cebolla iridiscente a la que yo, lenta y concienzuda, voy arrancando capas, una tras otra, hasta dar con una diseñada especialmente para mí: el regalo de la rave. Y cuando la encuentro, la hago ascender a través de mis venas, mis capilares y mis arterias, recorrer mi cuerpo mezclada con mi linfa y mi sangre, ascender hacia mi cabeza, inundarme por completo. Me diluyo en música, me borro, me extiendo, me transformo, me vuelvo líquida y polimorfa. De pronto llega un *roll on,* un cambio radical de ritmo seguido de una secuencia prolongada que comienza muy, muy lentamente y luego se acelera de forma paulatina hasta retomar el ritmo del techno, machacón, insistente, acompasado a los latidos del corazón. La oscuridad me invita a dejarme llevar y me arrastra hacia el altavoz que vomita una música monótona, geométrica, energética y lineal, suavizada en mi cabeza por el éxtasis.

Pero este estado de cosas no puede durar mucho, porque trabajando en una barra no dispones de mucho tiempo para ti misma. Antes o después llega alguien que requiere tu atención para que le pongas una copa, y entonces te toca volver al mundo de los vivos. En la pista la masa baila en comunión, al ritmo de un solo latido, una sola música, una sola droga, una única alma colectiva. El DJ es el nuevo mesías; la música, la palabra de Dios; el vino de los cristianos ha sido sustituido por el éxtasis y la iconografía de las vidrieras por los monitores de televisión. Es el regreso del tribalismo ancestral, heredado genéticamente, dicen, en el inconsciente colectivo.

Por un instante regreso a la realidad y soy consciente de los fieles que me rodean, la masa que alza los brazos al cielo como un solo hombre al grito de «¡rave!». Yo también participo en este rito común, y una vez bendecida por el DJ al que va dirigida nuestra alabanza, le imploro de corazón que me funda con el resto, que me haga desaparecer, que obre un milagro y borre de un plumazo este último mes.

Que me lleve de nuevo a aquellas fechas en que todavía me llamabas tuya.

Cada noche la música atrona desde los bafles de quinientos vatios, unas cajas negras, enormes, que son como las hijas bastardas de la caja de Pandora, porque, a juzgar por el escándalo que arman, deben contener en su interior todos los vientos y todas las tormentas. Ayer, sábado, he estado poniendo copas allí desde las doce hasta las ocho, y luego, venga arriba, venga abajo, sube cajas de cocacola, baja cajas de cerveza, echa a los últimos colgados rezagados y recoge los condones usados que te vas encontrando por todas partes: en el baño, claro, en los sillones forrados de terciopelo rojo, en la pista de baile (¿EN LA PISTA? Sí, en la pista, por lo visto hay mucha peña que ha visto *Instinto básico*), en la esquina de detrás del bafle, muy del gusto de los quinceañeros, porque es muy oscura. Como todos van puestos de éxtasis, les da por hacérselo en cualquier parte, imprevistamente, desmedidos y enganchados en un tiovivo de ombligos. Y bueno, a mí en principio me daría igual, que hagan lo que quieran, a vivir que son dos días, *no future,* si no fuera porque luego tengo que ir recogiendo los condones usados, y eso es un tanto desagradable, estaréis conmigo.

He salido del Planeta X y el sol me ha dado en los ojos con su luz blanca. Ha sido como un golpe de gong en las sienes. Ya era de día. Me he ido a desayunar con el resto de los camareros. Luego nos hemos ido al God, un afterhours que hay cerca del Planeta X. Mucho bacalao, mucho niño puesto de éxtasis, mucha luz estroboscópica. Chundachundachundachunda... ¡acieeeed! Las niñas bailan jarcotezno –los brazos laxos, los músculos desencajados, la cabeza oscilando de un lado a otro– y parecen muñecos de cuerda a los que se les ha saltado el muelle. Debería haberme ido a casa a dormir, pero, qué quieres que te diga, después de ocho horas poniendo copas te apetece que alguien te ponga copas A TI, para variar. Cuando hemos salido del God eran las cuatro de la tarde. Se supone que yo debía tener hambre, pero estas pastillitas que me meto para aguantar despierta y poder servir copas toda la noche no me permiten comer. Me estoy quedando en los huesos. Parezco recién salida de Dachau. No importa, a los tíos les gusta así. Parezco la Kate Moss, pero con tetas. Muy grunge, muy trendy. Por algo soy camarera, porque a los tíos les gusto. Muy machista, lo sé, pero de algo hay que comer, o, en mi caso, no comer. Lo siento mucho, la vida es así, no la he inventado yo.

Hay muchos hombres solos en esta ciudad. Das una patada y salen de debajo de las piedras. Si saben que estás sola vienen a ti atraídos como las moscas a la miel. Y mujeres, también hay mujeres solas. He escuchado sus historias en las barras del bar. Las mujeres y los hombres a los que quisieron y perdieron, las drogas que probaron, sus penas, sus alegrías y sus accidentes.

He escuchado tantas historias de desamor y soledad esta noche que creo que podría editar un catálogo.

He aprendido a reconocerlos por sus caras. Llego a la barra y puedo decir en cuestión de segundos cuántos clientes se sienten solos. El éxtasis ayuda sólo durante unas horas. A veces ni eso. Van de éxtasis, están atontados, pero en el fondo siguen solos. No hay droga que cure eso.

Había un chico apoyado contra el bafle que conoció en un bar a la chica de sus sueños. Una pelirroja vestida de Gaultier. Bebieron, flirtearon. Lo hicieron a lo bestia en el cuarto de baño. Él apuntó su teléfono. No se atrevía a llamarla. Apenas sabía quién era. ¿Cuántos tíos la habrían follado en un cuarto de baño? Cuando por fin reunió el valor suficiente intentó llamarla, dos veces, pero nadie respondió al teléfono. Después le parecía que había pasado demasiado tiempo. ¿Y si ella había conocido a otro? ¿Y si no le recordaba? Él tampoco la recordaba bien. No podría describir el puente de su nariz ni la caída de sus pestañas ni el color exacto de su pelo. No podría asegurar si era tan maravillosa como él creía recordar.

Fue muchas noches al bar donde la había conocido, pero no volvió a verla. Ha dormido solo desde entonces.

Hay una chica que lleva escrita en la frente la palabra amante. Siempre se enamora de hombres casados. Ha hecho el amor en portales, en hoteles, en asientos reclinables de coches descapotables, en parques, en ascensores y en cuartos de baño de bares de diseño. Sin embargo, no sabe lo que es despertarse junto a alguien y compartir un desayuno en la cama.

Esta ciudad es demasiado grande, dicen algunos, se hace tan difícil mantener las relaciones…

En fin, cada cual tiene su historia.

Esta ciudad está llena de hombres que van buscando a tientas a una mujer en la oscuridad de los bares.

He escuchado tantas historias esta noche…

Yo también tengo mi propia historia.

Yo también tenía a alguien a quien quise y perdí. No me dio explicaciones. Tampoco se las pedí. El caso es que él acabó por dejarme. Quizá le dejase yo. No contesta a mis llamadas. Supongo que tiene sus razones.

Tendría que explicarles a todos esos chicos solos que vienen a pedirme copas a la barra con cara de cordero degollado que yo no puedo llenar sus huecos, que a mí también me abandonó mi amor y que, para colmo, empieza a ponerme de los nervios el jarcotezno.

Trabajo en una barra y los domingos los paso de garito en garito, bebiendo como una esponja, gastándome el sueldo en éxtasis, para olvidarme de que mi novio me dejó. Por muy delgada y muy mona que sea. Por lo visto, no le resultaba suficiente. Las relaciones de los noventa, dicen. Efímeras. *No future.* Generation X. Hay que joderse.

Trabajo en una barra y cada noche me duelen los oídos y siento el pulso acelerado. El corazón me late a trescientas pulsaciones por minuto. Me entra una sed tan horrible que creo que podría beberme el agua de la Cibeles. Siento que las luces de la pista son tangibles, y que la música se traduce en imágenes.

Vuelve a ascender la música en capas envolventes intentando anularnos con su voluntad ensordecedora. Desde la barra vislumbro un tejido irisado de brazos y piernas y camisetas brillantes, una masa humana y multicolor de cabelleras, ondeando al ritmo de mil tambores atávicos. Ramalazos de luces surgen de la nada, flash, y desaparecen al segundo de cegarnos, negro, y otra luz cegadora vuelve a surgir coincidiendo con un nuevo latido de nuestro corazón. Cuando tengo que cruzar la sala para ir dejando limpias las mesas erizadas de vasos y botellas me siento un nadador contra corriente. Alrededor de mí los cuerpos, comprimidos y multiperforados, se empujan los unos a los otros, las personas ya no son personas porque la identidad de cada uno se funde en el crisol de la masa, y lo que siento alrededor es un magma en ebullición, con pequeñas burbujitas que de vez en cuando emergen a la superficie.

Trabajo en una barra y cada noche siento que necesito algo desesperadamente, pero no sé muy bien el qué. Noto la ansiedad ascendiendo en mi interior, tan furiosa y tan presente que me impide respirar.

Necesito una polla entre las piernas.

Quiero que vuelvas, Iain, que me saques de aquí.

Quiero que me salves de alguna manera.

La vida es triste, y la noche de Madrid no es tan maravillosa como todos se creen. Os lo digo yo, que vivo en ella.

E

Las luces vacilantes de los focos azules me distraen la mirada. Podría estar aquí o en cualquier otra parte. La cabeza se me va a cada momento y me veo en millones de sitios: en la cama de Iain, en el cuarto de Line, en mi propia bañera. Pero aquí no, definitivamente aquí no. Son las diez de la noche en el Planeta X y yo estoy ocupada pasando un trapo por la barra y limpiando el polvo de las botellas. No es que haga mucha falta, la verdad, pero me aburro y no se me ocurre nada mejor que hacer. Hubo un tiempo en que me llevaba un libro al bar y así entretenía los ratos muertos en que no tenía que darle de beber a nadie, pero el encargado se ocupó enseguida de hacerme saber que lo del libro no estaba bien visto, que no daba buena imagen. A mí la explicación me pareció una solemne tontería, sobre todo viniendo de un tío que no había hojeado en su vida otra cosa que la guía telefónica. Pero el encargado es el encargado, y yo no

47

soy más que una camarera, así que no me quedó más remedio que ajo y agua, o sea: a joderme y a aguantarme y a dejar el libro en casa.

Me importa un comino lo que digan mis hermanas. Me importa un huevo que opinen que éste no es un trabajo serio. Mis hermanas no tienen ni puta idea de lo que es la vida. La una pilló a un tolili dispuesto a mantenerla, un mirlo blanco de los que ya no quedan, y a la otra le tocó un premio gordo en la lotería genética.

Y aquí estoy ahora, en mi bar del alma, en este bar que para mis hermanas supone la mayor vergüenza social, limpiando botellas con la energía de un huracán, cuando, reflejada en el espejo a través de la penumbra del bar, veo una figura de mujer cruzar la pista. Avanza dando grandes y rápidas zancadas, como si fuese la chica del anuncio de Charlie. Un foco ilumina la figura y, para mi sorpresa, reconozco a mi hermana Rosa. No se me ocurre para qué coño viene Rosa al bar, ella, que no soporta el trance y que es incapaz de escuchar algo que se haya compuesto después del siglo diecinueve.

Mi hermana se acerca a la barra, se sienta en un taburete, deja sobre el contiguo su abrigo de piel de camello y cruza las piernas con ese aire de autoridad que sólo poseen las lesbianas y las mujeres muy ricas.

Yo le dirijo una sonrisa que pretende ser sarcástica. Eso sí, me parece que no lo consigo, porque soy muy mala actriz.

—¡Dichosos los ojos! –digo–. ¿A qué debo este honor? ¡La princesa de Mónaco en persona se ha dignado venir a mi humilde tugurio!

—Tú sigue haciendo bromitas de este tipo y no vuelvo más –responde mi hermana con voz serena, como de costumbre. Casi nunca pierde la calma.

Nadie diría que somos hermanas. No nos parecemos ni en el físico ni en el carácter.

–Perdone su alteza –digo yo–. Nadie quería ofenderla. Por cierto, su alteza viene guapísima. Qué traje tan elegante... –No es precisamente mi estilo, pero hay que reconocer que es bonito. De lejos se ve que debe de costar una pasta.

–Menos flores. Las dos sabemos que si a mí me sentaran tan bien los vaqueros como a ti, no me harían falta los trajes de diseño.

Mi hermana es una envidiosa. Siempre lo ha sido. Además, tampoco es que yo en vaqueros resulte la bomba atómica. Y por cierto, si yo tuviera la pasta que ella tiene y pudiera comprarme la ropa en Loewe, igual hasta dejaba los vaqueros. Nunca se sabe.

Le pregunto qué quiere tomar y responde que una cocacola Light.

–¿Estás segura de que no quieres que te ponga un chorrito de whisky? –digo yo.

–Segura –confirma, serena y sin mover un solo músculo facial, como de costumbre.

–Tú sabrás. –Encojo los hombros para darle a entender que no sabe lo que se pierde yendo de abstemia. En fin, que no se diga que no he intentado tentarla. Abro la cámara frigorífica y saco una botella de cocacola. Light–. Y bueno, alteza –prosigo. Yo siempre le llamo alteza, y eso a ella le jode muchísimo–. ¿Qué te trae por aquí? ¿A qué se debe que le hagas una visita a tu indigna hermana?

–Para ya. –La voz de Rosa suena ligeramente, sólo ligeramente, enojada–. He salido del trabajo y me he dicho que de camino a casa podía parar aquí para recordarte que tienes que llamar a Ana.

Dejo la cocacola a medio servir y me la quedo mirando con cara de estupefacción. Sólo mi hermana la hormiga laboriosa es capaz de salir del curro a las diez de la noche.

–¿Acabas de salir del trabajo? ¿AHORA?

–Sí, me he quedado repasando un informe que tengo que entregar mañana.

–Joder, tía... Eso no es vida, qué quieres que te diga. Por mucha pasta que te paguen –le suelto, y acabo, por fin, de servir la dichosa cocacola con sus hielecitos y su limoncito.

–Tampoco es vida la tuya, que tengo que venir a verte aquí porque nunca puedo localizarte en casa. –Rosa pega un trago ávido a la cocacola y continúa–: Y por favor, no discutamos que bastante me duele la cabeza por hoy. Te recuerdo otra vez que te pases un día por casa de Ana. Mamá me ha llamado y me ha dicho que está muy preocupada.

–No será para tanto. A Ana lo único que le pasa es que se aburre y quiere llamar la atención...

–No creo. Me parece que esto va en serio. Ayer la llamé y la encontré muy deprimida. Se la notaba muy mal. Aunque con la poca confianza que tenemos, poco podía hacer yo. Como no me cuenta nada... Pero te repito que la oí muy rara.

–¿Y qué esperas que haga yo? Si tú no tienes confianza con ella, ya me dirás yo... Simon Peres y Arafat son íntimos, en comparación con nosotras.

–Bueno, ya sabes que a Ana le resulta difícil entender lo que haces con tu vida.

–¡Y a mí entender lo que ella hace con la suya! No te jode... Como si fuera divertido pasarse la vida mano sobre mano. Y yo no la critico por eso.

–Pues yo juraría que ahora mismo estás criticándola –apunta mi suspicaz hermana, tamborileando con los dedos sobre la mesa. Las uñas, cuadradas, cortas y sin pintar, están impecablemente limadas.

–No estoy criticándola. Y no te preocupes, que te juro que me pasaré a verla lo antes posible. Aunque poco puedo hacer por ella, porque yo también estoy fatal. Fatal. Fatal, fatal, ¡fataaaal…!

–¿Y eso? –pregunta mi correcta hermana, intentando esbozar una sonrisa de simpatía y aparentando como puede un poco de interés.

–Iain me ha dejado –anuncio con tono solemne, intentando conmover a mi inconmovible hermana.

–Acabáramos. Pues menuda novedad. ¿Cuántas veces van?

Evidentemente, no lo he conseguido.

–No, ESTA VEZ va en serio, tía, te lo juro –insisto con un mohín ofendido, y éste no tengo que fingirlo porque me sale del alma–. Hace ya casi un mes. Nunca habíamos pasado tanto tiempo separados.

–Sinceramente, creo que es lo mejor que podía haberte pasado. Ese hombre no te traía más que disgustos –observa mi sensata hermana.

–¡Qué dices…! Era un encanto. Inteligente, tierno, sensible…

–¿Sensible? No me hagas reír. ¿Te acuerdas de aquel día en que nos encontramos en el Retiro? Tu pobre amiga Line, esquelética, anoréxica perdida que daba pena verla, a punto de ingresar en el hospital, y tu novio, el sensible, venga a decir «Esta chica cada día está más guapa. Cómo ha adelgazado». –Mi sarcástica hermana pega otro trago a su cocacola–. Hay que ser zopenco. Dejando aparte el hecho de que me parece bastante discutible que se ponga a hablar de lo guapa que es otra chica en presencia de su novia y de la hermana de su novia. Por cierto, ¿cómo está Line?

–Bien. Salió del hospital hace tiempo. No estuvo allí ni una semana, así que no fue para tanto. Ha comenzado a ir al psicólogo y está bastante controlada. Además, para que lo sepas, no está tan claro lo de la anorexia de mi amiga, porque la anorexia es una enfermedad mental bien definida, y Line no responde exactamente al cuadro clínico.

—Lo que está claro es que tu amiga parece la radiografía de un silbido.

—Eso sí, pero el caso es que tampoco, por lo visto, muestra el cuadro mental típico de una anoréxica, porque según el psiquiatra las anoréxicas suelen ser personas muy perfeccionistas e introvertidas, que renuncian al sexo…

—¿Renuncian al sexo? No me digas más. Ya me ha quedado claro que Line no es anoréxica. —Ésta es mi irónica hermana.

—En primer lugar, que sepas que desde que ha aparecido la histeria de las top models y el culto al cuerpo parece que ya hay anoréxicas de todo tipo. En segundo lugar, si estás intentando meterte con mi amiga, te recuerdo que si sólo hubiera que medir las cosas por ese rasero, entonces la anoréxica serías tú, que eres la que ha renunciado al sexo.

—Nadie ha dicho que yo haya renunciado al sexo. —Rosa adopta un deje ofendido. ¡Ofendida, Rosa! ¡Parece que he traspasado su barrera de impasibilidad!

Yo sonrío, satisfecha de mí misma.

—Pues cualquiera lo diría —sigo—, según los muchos novios que se te conocen. Hija mía, a tu lado la propia Virgen del Rocío es un putón verbenero.

—Que te quede claro: yo no he renunciado al sexo ni a las relaciones, en principio. Sencillamente he decidido ser independiente, mantenerme a mí misma, no tener que soportar numeritos y humillaciones, y estar sola.

–No me seas exagerada, Rosa. Digo yo que ambas cosas se podrán combinar: que puedes seguir siendo independiente y mantenerte a ti misma y aun así echar un polvo de vez en cuando.

–Ésa es la teoría. La práctica es muy diferente. Desengáñate, Cristina. –Y mi condescendiente hermana suspira, intentando adoptar un aire de mujer muy vivida–. Los hombres de mi edad han vivido en casa de sus padres hasta los veintimuchos años. Eso, si no siguen viviendo allí. Y durante todos esos años han vivido en una casa donde su mamá no trabajaba y se dedicaba a hacerles la cama y la comida, en una casa donde ellos no tenían hora de llegada, pero sus hermanas sí. Y para colmo, la mayoría han ido a un colegio de curas en el que se les enseñaba a buscar niñas dulces, calladitas y sumisas.

¿Y eso qué importa?

–Importa muchísimo. Porque son una generación de niños grandes que no pueden entender que yo no pienso dedicarme a arreglar la casa ni a cuidarlos ni a sustituir a su madre.

–Pero no todos los hombres son así...

–Puede que no, pero de momento yo no he conocido a la excepción. Lo veo clarísimo en el trabajo. Todas las chicas que están casadas y tienen niños se quejan de lo mismo. Él no las ayuda en casa, él no se levanta si el niño llora, él pasa de ir a hablar con los profesores...

–Pero es que las secres de tu oficina son todas una panda de marus. No hay más que oír cómo cogen el teléfono.

–Mira, Cristina, se da por hecho de tal manera que es la mujer la que se va a encargar de los críos que la mayoría de las empresas no contratan a mujeres en según qué puestos directivos, a no ser que hayan pasado la cuarentena, o sea, que ya hayan tenido y criado a los niños.

—No entiendo por qué.

—Pues es así. Yo misma debería ser vicepresidente. Estoy mejor preparada, con mucho, pero con mucho, que el inútil que tiene el puesto. Pero soy mujer, así que no me ascienden.

—Pues mira, qué quieres que te diga, si tan mal están las cosas, déjalo, dedícate a vivir la vida, no te amargues en una oficina.

—¿Qué quieres decir con eso de «vivir la vida»?

—Pues eso, salir, conocer gente, ir de copas… —Hago una pausa premeditada antes de soltar la bomba—. Follar.

Mi imperturbable hermana finge no haber captado la indirecta.

—A mí no me apetece salir de copas todas las noches. Y el sexo me atrae cada vez menos.

—Te estarás volviendo anoréxica. Esto de que bebas cocacola light es muy mala señal.

—No, no tiene nada que ver. Simplemente, me resulta muy poco satisfactorio tener sexo con alguien incapaz de respetarme y de asumir que podemos estar al mismo nivel. Mi sexo reside en mi cabeza, no en mi entrepierna.

—Es curioso, el otro día intentaba explicarle lo mismo a Line…

—No es curioso. Es el signo de los tiempos. ¿No te has dado cuenta de que cada día hay más películas y más libros de homosexuales, y que cada día tienen más éxito? Es porque, superada la era patriarcal, los sexos estamos condenados a no entendernos.

—La era patriarcal… Rosa, no te ofendas, pero cada día eres más redicha. Como un repollo con lazos. Pero es verdad, lo de la guerra de los sexos, digo.

El único tío que podría interesarme ahora, y te lo digo a ti porque eres mi hermana, es Iain. El resto, una panda de cafres.

—Eso es porque lo tienes idealizado. Iain es tan inmaduro como el resto. Si tú misma no hacías más que quejarte de que Iain era un pusilánime. Y él siempre estaba quejándose de que tú tenías demasiado carácter.

—Es que yo tengo mucho carácter.

—No más que la mayoría de los hombres con los que trato a diario. Sencillamente, es un rasgo que no está bien visto en una mujer pero sí en un hombre.

—Rosa, por Dios, no empieces otra vez con tus sermones feministas...

—Que sí, mujer... Se ve claramente en la oficina. Si yo me pongo dura con un proveedor que no nos ha presentado la factura a tiempo, si grito y me enfado, es un problema. El director de personal no pierde ocasión de recordarme que debería suavizar mis modales, el muy cretino. Y sin embargo, el director general se pasa el día tratando fatal a todo el mundo: proveedores, secretarias, administrativos y directora financiera, o sea, yo. En la vida le he oído dedicarle una palabra amable a nadie. Se comunica con la gente a gritos. Pero en su caso se trata de un ejecutivo agresivo, de modo que está bien visto, nadie le dice nada. Mientras que yo, claro está, debería suavizar mi comportamiento...

—Lo que hay que oír. ¿Ves? Yo, de camarera no tengo esos problemas.

—Tampoco tienes ninguna posibilidad de promoción. Ni ningún futuro. Ahora tienes veinticuatro años y quedas muy mona en una barra pero dentro de diez, cuando se te caiga esa delantera que tienes y puedas ponerte a jugar al fútbol con tus pechos, no habrá quien te quiera de camarera. Y entonces caerás en la cuenta de cómo has desaprovechado tu tiempo y tu cabeza.

–En primer lugar, deja de meterte con mis tetas, si no te importa. En segundo, que te quede claro que YO no desaprovecho mi cabeza.

–Eres demasiado lista para estar trabajando en una barra.

–Ya salimos con la de siempre. Yo trabajo en una barra si me sale del coño.

–¿Y qué satisfacción intelectual te reporta eso?

–Rosa, estoy harta de discutir el mismo tema. La satisfacción intelectual me la busco en el tiempo libre. Cuando salgo de aquí leo, voy al cine y…

–Leer es pasivo. Estoy hablando de hacer algo productivo. De ser y sentirte útil.

–Ya salió la feminista. Me dirás que tú eres muy útil, arreglándole los problemas a una multinacional que tiene puteados a todos sus empleados, jodiéndoles la vida ocho horas al día a cambio del salario mínimo. Y tú te encargas de que Hacienda no le pille en los desfalcos y los chanchullos que se monta. ¡Pues menudo orgullo! Prefiero ser una inútil. En definitiva, guapa, que dejes de meterte de una vez con mi trabajo. Al menos yo no voy a tener problemas de conciencia moral, y, además, YO no trabajo para una estructura machista –remato, cabreada.

Supongo que mi hermana se ha quedado con ganas de decirme que había más de una redicha en este bar, pero se interrumpe al ver llegar al primer cliente de la noche. Se trata de un tipo bajito y repeinado, que no debe de tener más de treinta años. Lleva un polo rosa, pantalones de pinzas y zapatos italianos. Apenas supera el metro setenta. Un pijillo en la treintena. Fijo que es broker, como si lo viera.

–¿Me perdonas un momento? –le digo a mi hermana overachiever y me marcho a atender al cliente–.
Dime.

–Quiero un whisky con cocacola –me anuncia el
de gafas con voz engolada. Habla como si se hubiera metido una patata frita en la boca.

–¿Qué whisky? –pregunto, y lo hago por pura
rutina. Bien sé yo que todas las botellas están rellena-
das con el mismo tipo de alcohol de garrafa.

–No sé –duda él–. ¿Cómo se llama el de aquella
botella marrón que está en lo alto del estante?

–Eso no es whisky –le hago saber con un deje de
superioridad digno de una reina–. Es ginebra.

–Entonces quiero una ginebra con cocacola. *Esa*
ginebra –recalca.

–Te advierto que *esa* ginebra es carísima –le avi-
so con retintín.

–No importa. El dinero no es problema.

Valiente gilipollas.

–Además, no voy a alcanzar ese estante…

–Pues te subes a una silla o a una caja. Yo soy el
cliente y tú la camarera, y si pido una ginebra determinada estás obligada a servírmela, ¿o no?

Le dirijo una mirada asesina, dudando entre si
mandarlo a la mierda o tirarle la cocacola de Rosa en
la cara, pero finalmente agarro una caja y me encara-
mo como puedo a lo alto del estante. Mientras intento alcanzar la botella de marras me vuelvo y caigo en
que el muy cabrón está aprovechando la ocasión para
mirarme el culo. Acto seguido vuelvo la cabeza hacia
Rosa, que también está contemplando la escena.

Mi altísima hermana se levanta del taburete y se
yergue cuan alta es sobre sus imponentes ciento
ochenta centímetros, sin tacones.

–¿Te importaría dejar de mirar el culo de mi novia con semejante descaro? —le pregunta cortésmente al chico del polo rosa.

Las mejillas del gañán adquieren el color de su polo.

—¿Es tu novia? —alcanza a articular con voz trémula.

—Ella es mi novia y yo soy cinturón negro de kárate, por si te interesa —escucho decir a mi imprevisible hermana.

Está de pie frente a mí, cuan alta es (más que él), las manos apoyadas en las caderas y soltando fuego por los ojos. Si hubiese tenido un revólver juraría que habría estado a punto de desenfundarlo. Me la quedo mirando con los ojos como platos y la boca tan abierta que Agassi hubiese podido colarme una pelota en ella. Pero mi impasible hermana ni se inmuta.

—¿Por qué no te vas yendo a la pista? —le sugiere Rosa al de las gafas, sin perder un ápice de su calma—. En breve empezarán a llegar hordas de adolescentes a las que les podrás mirar el culo con toda tranquilidad.

El de las gafas se marcha sin decir palabra, y sin la ginebra.

—No trabajas en una estructura machista. Ya veo —observa mi irónica hermana con tanta tranquilidad como si se estuviera refiriendo al tiempo, y a continuación apura su cocacola de un trago—. Son casi las once y yo mañana me levanto a las siete. Tengo que dejarte. No te olvides de llamar a Ana.

Recoge su abrigo y abandona el bar. Me cuesta unos cuantos segundos recuperar el habla, y por tanto no puedo llamarla hasta que se encuentra justo en medio de la pista.

—¡ROSA!

Ella gira la cabeza...

–¿Qué?

… y yo sonrío.

–Gracias.

–De nada. Y no te olvides de llamar a Ana.

–Lo haré.

Cruza la pista en tres zancadas, marcial, solemne y estilosa. Todas las luces del bar se reflectan en su abrigo porque ni siquiera los focos pueden sustraerse a la tentación de seguir con la mirada a esa amazona rubia distante e insondable. Y yo pienso para mí, cuando la veo cruzar la pista con la velocidad constante de una flecha disparada a un objetivo claro, puede que no me lleve mucho con mi hermana, puede que no tengamos nada que ver, pero, joder, hay que reconocer, aunque me pese, que hay momentos en que la admiro profundamente.

F de frustrada

El informe Harvard-Yale, publicado en 1987 por los sociólogos Bennet y Bloom y basado en el modelo paramétrico de análisis de diferentes grupos de población, dice textualmente: «A los treinta años las mujeres solteras con estudios universitarios tienen un 20% de posibilidades de casarse, a los treinta y cinco este porcentaje ha descendido al 5% y a los cuarenta al 1,3%. Las mujeres con educación universitaria que anteponen los estudios y la vida profesional al matrimonio encontrarán serias dificultades para casarse.»

Ya dicen los agoreros que a los treinta años es más fácil que te caiga una bomba encima que un hombre.

Yo tengo treinta años y estoy tan cansada que me cuesta trabajo empujar la pesada puerta de entrada de mi edificio. La cocacola que me he tomado en el bar de Cristina ha servido para ayudarme a superar el último tramo de la carrera, pero ahora caigo en la cuenta de que ya llevo encima del cuerpo catorce horas de actividad constante, y siento el agotamiento incrustado en cada uno de mis huesos.

No me atrevo a reconocer que probablemente mi hermana pequeña tenga razón y que no me sirva de nada trabajar tanto.

Las fábricas de la revolución industrial trabajaban con jornadas de hasta doce horas. Desde entonces la reducción de jornada ha sido uno de los principales objetivos de los sindicatos. Diversos estudios de psicología industrial publicados por la Universidad de Yale han demostrado que una jornada de trabajo superior a las ocho horas diarias incide negativamente en la salud física y psíquica.

Pero a pesar de los avances sociales y los cambios notables respecto a las condiciones laborales, yo llego a trabajar entre doce y catorce horas diarias, tanto como los más explotados obreros del siglo diecinueve.

Por pura inercia me detengo en el buzón y miro a ver si me espera una sorpresa. En mi buzón sólo pone mi apellido, Gaena, no mi nombre completo, Rosa Gaena. Es peligroso hacer saber que vives sola. Lo abro. Sé lo que voy a encontrar: cartas del banco y folletos publicitarios.

En el ascensor echo un vistazo al último extracto bancario que he recibido. Debería invertir todo este dinero en algo. Resulta absurdo mantenerlo congelado en una cuenta. Tengo que recordar que mañana debo consultarlo con mi asesor, a ver qué tipo de inversión me aconseja.

Empujo decidida la puerta de mi apartamento conceptual, estrictamente monocromático. Todos los objetos de adorno han sido eliminados. Resulta moderno. Sofá negro por elementos diseño Philip Stark. Mesa de metacrilato transparente. Televisor, vídeo y equipo de alta fidelidad negros. Incluso los cedés (música clásica, en su mayoría) están almacenados en un mueble negro diseñado específicamente para albergarlos. Estanterías negras, ceniceros negros, lámpara negra. Alfombra irreprochablemente aspirada, y negra. Hasta el ordenador portátil es de color negro.

Y al fondo, en la pared, una enorme ampliación en blanco y negro de una foto de Diane Arbus, que me costó un ojo de la cara. Es el único toque personal que me he permitido en este entorno minimalista.

Cuando llego a mi apartamento lo primero que hago es quitarme el traje de chaqueta gris y colgarlo cuidadosamente en el armario.

El informe *Dress for Success,* de John T. Molloy, publicado en 1977, recomienda a las ejecutivas el uso de un traje sastre en la oficina: «Las mujeres que llevan ropa discreta tienen un 150% más de probabilidades de sentirse tratadas como ejecutivas, y un 30% menos de probabilidades de que los hombres cuestionen su autoridad.

»Una indumentaria que proyecte una imagen de sexualidad menoscaba el éxito profesional de quien la vista. Vestirse para el éxito profesional y vestirse para resaltar el atractivo sexual son dos cosas que casi puede decirse que se excluyen mutuamente.»

Me gustan los trajes sastre, también, porque resultan prácticos. Me basta con cambiar a diario de camisa y accesorios y puedo usar el mismo traje tres días seguidos. Eso sí, mis trajes son de la mejor calidad: Loewe, Armani y Angel Schelesser. Tengo tres: gris, azul marino y negro.

Colores sobrios para una imagen sobria.

En la oficina siempre llevo camisas de seda abotonadas hasta el cuello, cuyo color combina con los elegantes conjuntos de gargantilla y pendientes que me gusta llevar. Si se trata de la camisa ocre, el conjunto de ámbar de Agatha. Si es blanca, el de plata de Chus Burés, y si es la verde botella, el de malaquita y oro de Berao.

Dispongo de tres pares de zapatos para combinar (gris, azul marino y negro), de exactamente el mismo modelo Robert Clergerie: corte salón y discretos tacones de tres centímetros. De esta manera, por las mañanas no tengo que emplear mucho tiempo en pensar qué me pongo.

Y el tiempo es oro.

El armario en el que almaceno mi ropa de trabajo exhibe un orden meticuloso. Los zapatos, alineados por parejas. Los trajes, cada uno en su percha correspondiente, en el lado izquierdo. Las camisas, bien planchadas, en el derecho. De plancharlos se ocupa la asistenta, por supuesto, porque yo no puedo desperdiciar mi tiempo planchando.

Las medias en un cajón, la ropa interior (sujetadores y bragas blancos de La Perla, elegantes a la par que discretos) en el siguiente, y, en el último, los pañuelos.

Todo impecable.

En el armario contiguo, el destinado al resto de mi ropa, reina el caos. De las perchas cuelgan pantalones vaqueros, camisas estampadas, trajes de noche y vestidos de verano mezclados en un batiburrillo de formas y colores. En uno de los cajones se acumula un remolino de jerséis de lana. En el siguiente, la ropa interior negra, las bragas, los bodies, los ligueros y las medias. Y en el último, una masa informe de diferentes prendas. Gorros impermeables y sombreros de fiesta, camisas hippies y camisetas psicodélicas, cinturones dorados y bufandas a rayas.

Vestigios y recuerdos de todas las épocas de mi

existencia que conforman una masa en la que un arqueólogo podría explorar, para verificar a través de los sedimentos a qué era correspondía cada uno de los hallazgos encontrados.

Supongo que este armario dividido en dos podría interpretarse como una metáfora de mi personalidad.

En la oficina no debo olvidar que, amén del modo en que visto, debo controlar cómo me comporto. He de recordar que en las reuniones no debo ahuecarme el cabello, ajustarme los tirantes del sujetador, manosearme los collares o los pendientes, estirarme los panties ni quitarme de la blusa una mota imaginaria.

«Debe usted controlar la postura de las piernas. Un hombre puede sentarse de cualquier manera que se le ocurra: piernas separadas o con un tobillo sobre la rodilla de la otra pierna o con las piernas cruzadas. Las mujeres deben tener más cuidado en el ambiente profesional, para evitar que la visibilidad de las piernas distraiga a otros.

»Si se cruzan las rodillas, pantorrillas y tobillos deben juntarse en línea recta, no separarse en forma de uve puesta al revés. Esta postura se acompaña con demasiada frecuencia de agitación nerviosa o balanceo de la pierna colocada sobre la otra. En estas condiciones se anula el aspecto de seguridad que es obligatorio ofrecer a los colegas masculinos y se sustituye por una apariencia infantiloide o algo coqueta.»

Imperdonable si se desea aparentar eficacia y ser tomada en serio.

Cómo me gusta llegar a casa y vestir como me da la gana y sentarme como me da la gana.

Y balancear las piernas si me da la gana.

Me deshago el moño, me pongo un pantalón de pijama y una vieja camiseta gris y me acerco a la cocina a ver si encuentro algo de comer. La nevera está llena de productos light: colas de dieta, yogures desnatados, quesitos bajos en calorías y botes de Nestea sin azúcar. Nada perecedero o caducable, dado que casi nunca como en casa.

Me armo de yogures y, cuchara en mano, me dirijo hacia el salón a mirar la televisión. Hoy ponen *El Gatopardo*.

Me arrellano en el sofá negro e intencionadamente balanceo las piernas.

Cómo lo disfruto.

Y en ese momento suena el teléfono negro.

Pego un respingo. Sospecho, o mejor dicho, sé, de quién se trata. Estoy tentada de dejar que el contestador automático se haga cargo de la llamada, pero finalmente no lo hago. La curiosidad es demasiado fuerte.

Descuelgo. Espero tres segundos y luego articulo con voz trémula un tímido «¿Diga?»

Al otro lado de la línea sólo se escucha el zumbido del vacío.

Hago acopio de valor y repito «¿DIGA?» con tono más decidido. Y sigo sin obtener respuesta.

Espero.

A través del auricular se escucha una música, al principio casi imperceptible. Luego, su volumen va ascendiendo gradualmente hasta hacerse perfectamente reconocible. Es *La hora fatal*, de Purcell. Reconozco la letra.

The fatal hour comes on a pace which I would rather die than see, cause when Fate calls you from this place you go to certain Misery.

Contengo la respiración. Pasan unos larguísimos minutos y la comunicación se corta. Sea quien sea, ha colgado. Muy despacio, como si lo hiciera a cámara lenta, vuelvo a colocar el auricular en su sitio.

Hace muchos, muchos años, yo había sido capaz de cantar esta misma canción nota a nota, sin fallar una sola. Estudié canto hasta los diez años y las monjas, que prepararon mi ingreso en el conservatorio, me consideraban un prodigio. Y no sólo para la música. Cuando rellené los test que todas las niñas del colegio debían superar para pasar a quinto curso de primaria, la madre superiora se apresuró a llamar a mi madre para comunicarle el asombroso descubrimiento: mi test había arrojado un cociente de inteligencia de 155.

El mejor resultado que se había visto nunca en toda la historia del colegio.

Pero entonces mi padre se marchó de casa, y yo dejé las clases de canto. Nadie me obligó. Habría podido seguir asistiendo, pero, sencillamente, ya no me apetecía cantar. Tanto mi madre como las profesoras aceptaron, a su pesar, mis razones. Lo cierto es que mi madre nunca ha cuestionado ninguna de mis decisiones.

Ha sido así desde que yo era pequeña.

El teléfono vuelve a sonar. Dejo que conteste la máquina y bajo la tecla del volumen hasta su punto mínimo. No me apetece volver a escuchar *La hora fatal*.

No puedo explicar exactamente qué relación conectó las dos decisiones; la de mi padre de dejarnos a nosotras y la mía de dejar el canto, pero sé que tuvieron que ver entre sí. Si él no se hubiera ido, yo habría seguido cantando.

Yo ya sabía que él iba a dejarnos, creo que incluso antes de que él mismo lo hubiera decidido.

Me di cuenta aquel verano, el último que pasamos en Málaga.

Solíamos alquilar un apartamento en Fuengirola pese a la oposición de mi madre, que habría preferido ir al norte, a San Sebastián o a Zarauz.

A mi madre las playas del sur le parecían demasiado chabacanas, y echaba de menos la elegancia burguesa de las playas vascas, de los cielos encapotados y el agua helada del Cantábrico.

A mi madre le gustaban aquellas playas matriarcales en las que las orgullosas mujeres vascas no se dignaban exhibir un centímetro más de lo necesario de su anatomía, y se paseaban, atléticas y decididas, enfundadas en elegantes maillots oscuros de una pieza.

A mi madre no le gustaba esa jarana de las sombrillas, las suecas en biquini, las cremas bronceadoras, los transistores a todo volumen y los lolailos de turno exhibiendo gruesos cadenones de oro sobre el pecho velludo.

Mi madre, que tenía esa piel blanca y pecosa, casi transparente, que yo he heredado, prefería no bajar a la playa hasta bien pasada la media tarde, para evitar quemarse. Se pasaba las mañanas encerrada en casa, a la sombra, leyendo un libro en su dormitorio, con el ventilador conectado a la máxima potencia.

Pero mi padre adoraba el Mediterráneo, los calamares fritos en los chiringuitos de la playa, las partidas de dominó que se organizaban espontáneamente en el patio central de la urbanización, el vocinglerío que armaban las marujas llamando a gritos a sus niños por la playa, TOÑI, DEJA YA DE COMERTE LA ARENA QUE TE VOY A CALENTAR EL CULO, DEMONIO CRÍA.

Mi padre adoraba, sobre todo, los ojos y los cabellos negros de las andaluzas, el reflejo de sus propios ojos y su propio pelo, que sólo había heredado una de sus hijas, Cristina, la pequeña.

Porque las otras dos habíamos salido blancas y rubias como mi madre, lánguidas y pálidas, tan delicadas que parecíamos talladas en murano.

Quizá fuese por eso que Cristina se convirtió en la niña de sus ojos, en la preferida, en la única a la que levantaba en volandas y hacía carantoñas, en su pequeño juguetito de rizos acaracolados.

Y Cristina se pasaba el día gorgoteando risas frágiles, en tanto que las dos mayores parecíamos mucho más serias y modositas.

Entonces me resultaba imposible decidir si Cristina había nacido así o si era más feliz porque su padre la quería más.

Porque el cariño de mi madre, la verdad, servía para bien poco.

Mi madre nunca perdía su hierática compostura aristocrática que la convertía en una verdadera dama a ojos de los hombres, y que le granjeaba la antipatía de las mujeres. Pero si a mi madre le afectaba pasarse las vacaciones aislada, encerrada en su torre de marfil y en su literatura, jamás lo reveló.

De la misma forma que no revelaba nada.

Debió de ser aquel cociente de inteligencia desmesurado lo que me hizo notar que las cosas no marchaban bien, que en la casa flotaba una tensión latente a pesar de que nunca hubiera una discusión, de que jamás se oyera una palabra en tono más alto que la otra.

Y precisamente esa misma frialdad presagiaba las peores catástrofes.

Era la calma que precedía a la tormenta.

No era normal ese distanciamiento absoluto. No era normal que mi madre se pasase las mañanas leyendo y los atardeceres dando largos paseos solitarios por la orilla y que mi padre se pasase las mañanas en los chiringuitos, los mediodías de siesta, las tardes en la partida de dominó y las noches de jarana.

Nunca supe a qué hora llegaba mi padre por las noches, pero, desde luego, pocas eran las que aparecía para cenar.

Yo paseaba por la urbanización con mi cubo y mi palita preguntándome por qué mi padre, tan charlatán y dicharachero en el chiringuito, se refugiaba en el más helado de los mutismos cuando llegaba a casa.

A veces nos sacaba a las tres niñas a pasear en barco. Yo le escuchaba reír contra el viento y hacer bromas sobre las gaviotas.

¿Por qué no podía ser igual de divertido en casa, por qué apenas decía una palabra en la mesa?

Pasó aquel verano. Llegó el colegio y con él el uniforme de falda a cuadros y los libros de texto forrados de hule. Mi madre se pasaba el día en la farmacia, nosotras, en el colegio, y mi padre quién sabe dónde. Mi padre poseía una pequeña oficina de importación y exportación, no tenía horarios fijos y viajaba mucho. No le veíamos demasiado.

Y llegó la tarde en que a la vuelta del colegio encontré a mi madre llorando desconsolada, con la cabeza enterrada entre los brazos sobre la mesa del comedor. Parecía que los sollozos iban a partirle el pecho.

Nunca antes la había visto llorar. Nunca.

Mi padre no estaba en casa, lo cual no era ninguna novedad. Pero tampoco estaban sus trajes ni sus camisas en el armario, ni su paquete de tabaco en la mesilla de noche, ni su brocha ni su jabón de afeitar en el estante del cuarto de baño grande. Se había ido. Había cogido sus cosas y se había ido. Nunca más se supo.

El mundo se derrumbó de repente, como un edificio dinamitado.

El timbre del teléfono irrumpe en mis recuerdos y me hace volver al salón negro.

Hay noches en que el teléfono llega a sonar hasta seis veces, desde las nueve, que es la hora a que suelo llegar a casa, hasta las doce y media aproximadamente, hora de la última llamada. No sé si se trata de alguien muy considerado, que decide dejarme dormir, o si el que llama también debe ir a trabajar a la mañana siguiente.

Por supuesto, yo echaba de menos a mi padre. Pero no mucho. Al fin y al cabo, por encantador que fuera tampoco se hacía notar tanto. Casi nunca estaba en casa, y, cuando estaba, todas las atenciones eran para Cristina.

Pero había algo más. Una razón más para echarle de menos. En mi clase todas las niñas tenían papá y mamá. Todas y cada una. No había hijas de viuda ni de madre soltera. Era espantoso sentirse tan distinta.

Cuando iba a las casas de mis amigas siempre me encontraba con una situación parecida. Padres distantes, inabordables, trajeados, que muy de cuando en cuando hacían acto de presencia en el cuarto de las niñas para ofrecer ayuda con los deberes o para imponer disciplina. Madres que olían a Legrain, cariñosas y algo llenitas, puerilizadas a fuerza de pasarse el día encerradas en casa cuidando a los niños.

Aquellas madres siempre me parecieron algo tontas. Nada que ver con la mía, aquella walkiria de ojos de acero, helada y fría como un iceberg, que leía a Flaubert y escuchaba a Mozart.

Esa mujer a la que tanto me parezco.

Me moría de vergüenza cada vez que me preguntaban por mi padre. No me gustaba ser diferente, más diferente todavía de lo que me había sentido siempre.

Siempre me había sentido distinta por muchas razones: porque me gustaban los libros y no me gustaban las muñecas, porque me gustaba Purcell y no me gustaba Fórmula V, porque prefería quedarme en casa leyendo que ir a jugar al club de tenis. Pero estos detalles nadie los apreciaba a primera vista. Yo los conocía, y punto.

Sin embargo, ahora se añadía una nueva circunstancia a la hora de distanciarme del resto de las niñas. Y ésta, al contrario de las otras, era visible.

En mi casa no había padre, y en las de las demás, sí.

Odiaba a mi padre por habernos hecho aquello, donde quiera que estuviese.

Teníamos que agradecer a Dios, al menos, que nunca hubiésemos dependido económicamente de él. Mi madre tenía la farmacia, de forma que la tragedia no alcanzaba proporciones catastróficas. En cualquier caso, resultaba difícil pagar todos los gastos ahora que faltaba un sueldo en casa, así que mi tía, la hermana de mi madre, que había enviudado un año antes o así, se trasladó a vivir a la casa, y con ella vino su hijo, Gonzalo.

Tía Carmen era amable y distraída. A mí me caía bien, aunque no sentía nada especial por ella. En realidad, la encontraba algo tonta y superficial.

Gonzalo era verdaderamente guapo. Nadie podría haber negado un hecho tan evidente. Alto, muy alto, el único chico que conocía que era mucho más alto que yo. De nariz recta y mirada penetrante. Sus ojos parecían dos lagos grises separados por un promontorio, su nariz, y daban la impresión de que, en su fondo, el agua debía de estar insoportablemente fría.

Me enamoré inmediatamente de él.

Él tenía quince años. Yo, diez.

No era la única. Gonzalo devastaba corazones a su paso. Prácticamente desde que llegó a la casa el aire se llenó de constantes campanilleos. El teléfono sonaba sin cesar. Parecía como si todas las chicas de Madrid se hubieran puesto de acuerdo para llamar a la vez a Gonzalo.

Él nunca cogía el teléfono. Era un axioma. Las féminas de la casa éramos las encargadas de indagar la identidad de la llamadora y comunicársela a Gonzalo. Es Laura. Dile que no estoy. Es Margarita. Joder, qué pesada. Bueno, me pongo. A veces Gonzalo comunicaba órdenes estrictas. Si llama una tal Anabel, no estoy. ¿Habéis entendido? No estoy.

Suena el teléfono. Y no es para Gonzalo. No me siento tentada de contestar. Bajo la tecla del volumen al mínimo y dejo que se haga cargo el contestador. Sé que no puede ser otro que el llamador anónimo.

Nadie más me llama últimamente.

Gonzalo se pasaba las tardes encerrado en su cuarto, que antaño había sido el cuarto de la plancha, escuchando música. Pero la música que Gonzalo oía no tenía nada que ver con la que yo había conocido hasta entonces.

La música que yo había conocido y amado era dulce y tranquila, metódica, pausada, con un orden interior y una razón de ser. Las notas se dividían en redondas, blancas, negras, corcheas, semicorcheas, fusas y semifusas. Una redonda equivalía a dos tiempos de blanca, una blanca a dos tiempos de negra y así sucesivamente. El pentagrama se dividía en compases que sólo podían albergar un número exacto de tiempos y estaba presidido por una clave, de *sol* o de *fa*, que determinaba la manera de ser de las notas.

Todo poseía un orden estricto, una razón de ser clara, una lógica.

Pero la música que Gonzalo escuchaba no se podía transcribir a un pentagrama. El compás era fácil de identificar, cuatro por cuatro. Todo lo demás era el caos. Las voces desafinaban y se iban de tono, las guitarras distorsionaban y chirriaban, el bajo se salía de compás. A veces no había melodía, y en otras la melodía se repetía con machacona insistencia hasta hacerse insufrible.

Sin embargo, puesto que a Gonzalo parecía entusiasmarle, intenté mostrarme interesada. Aprendí a seguir el ritmo con los pies, como hacía Gonzalo cuando leía, determiné que la mayoría de las composiciones de Hendrix estaban escritas en tono menor, me aprendí de memoria las letras de todas las canciones de los Stones, y habría podido solfear varias de los Kinks.

Y sin embargo Gonzalo no parecía apreciar ninguno de mis esfuerzos. Ni siquiera parecía enterarse de que yo existía. Gonzalo sólo tenía ojos para una de las hermanas: Cristinita. Cristinita, aquel revoltoso duendecillo de ojos negros.

Aquella ladrona de atenciones.

Cristinita se pasaba horas en el cuarto de Gonzalo. Él leía cómics y ella jugaba a las casitas. Sin embargo, cada vez que yo encontraba una excusa para penetrar en aquel sanctasanctórum –normalmente, anunciar una nueva llamada de teléfono– Gonzalo sólo acertaba a responder con monosílabos y con un muy explicativo «Cierra la puerta al salir».

Yo quería matar a Cristina.

Y sin embargo, cuando era más pequeña, cuando era poco más que una muñequita morena que no sabía hablar, la había acunado entre mis brazos hasta que se dormía. Le había cambiado los pañales, me había encargado de calentarle el biberón.

La había querido con locura.

Cuando era muy pequeña, cuatro, cinco, seis, siete años, jamás sentí celos de mi hermana, como habría sido de esperar. Puede que fuera porque nunca sentí que la pequeña me robaba ningún tipo de atención. Mi padre casi nunca estaba y mi madre no le dedicaba cariño a nadie.

Cristina era cosa mía, mi juguete.

Quise a Cristina hasta que cumplió cuatro años y empezó a cecear y a ser graciosa. La quise hasta que mi padre empezó a quererla. Cuando Cristina cumplió cuatro años, dejé de quererla.

Cuando cumplió siete, ya la odiaba.

La verdad es que nunca he tenido demasiado éxito con los hombres. En el colegio iba a lo mío. Me di cuenta desde el principio de que una chica como yo, tan alta y tan reservada, no estaba destinada a ser popular.

Me concentré en mis estudios y en mis intereses, y me daban igual los chicos, el *SuperPop*, los cuentos de Ester y su mundo, los guateques que acababan a las nueve y media de la noche, el esmalte de uñas color rosa bebé.

Prescindía de los intereses que se le suponían a una chica de mi edad.

Tenía mis libros, mis discos y mi universo propio, y no me importaba el de las demás. Hacía los deberes, estudiaba para los exámenes, escribía trabajos en los que incorporaba bibliografía y notas al final.

Alguna vez oí a las otras niñas hacer comentarios sobre mí en los lavabos del colegio, mientras yo me escondía en uno de los retretes. Es más estirada que un espantapájaros, decían. No me importaba. Seguí adelante, ajena al desprecio general. Me daban igual las niñas de mi edad. Me daba igual todo.

Me había convertido, sin saberlo, en una nihilista de trece años.

Lo único que no había dejado de importarme era Gonzalo. Seguía fascinada por él.

Pero ése era mi secreto.

El teléfono vuelve a sonar. Compruebo la hora en mi reloj. Son las doce y cuarto. No debería descolgar, pero lo hago. Sé perfectamente lo que voy a oír. *La hora fatal*. Acerco el auricular a la oreja y escucho.

The fatal hour comes on a pace which I would rather die than see.

Esta vez no espero a que quien sea cuelgue, y vuelvo a dejar el auricular en su sitio.

A los catorce comencé el bachillerato y sorprendí a toda la familia con mi decisión de escoger ciencias puras: matemáticas, física y química. Les extrañó porque yo nunca había manifestado particular interés por las ciencias. Al contrario, siempre había leído muchísimo, y había ganado todos los concursos de redacción del colegio. Ni mi madre ni las profesoras entendieron aquella decisión.

Pero para mí estaba muy claro.

Resultaba tranquilizador saber que en una existencia en constante cambio, en un mundo en que tu padre podía desaparecer de la noche a la mañana y tu hermana de seis años podía robarte el afecto de tu primo, existía un universo que se regía por leyes inmutables. Un universo en el que dos y dos siempre serían cuatro, se marchase tu padre o no, y la suma de los cuadrados de los catetos siempre sería igual al cuadrado de la hipotenusa.

Y nada de lo que Cristina hiciese o dejase de hacer podría cambiar eso.

Me lancé a estudiar matemáticas con el entusiasmo del converso, y, como era de esperar, saqué el BUP con matrículas de honor. Mientras mis compañeras de clase se dedicaban a pintarse las uñas con brillo, rizarse la melena, maquillarse los ojos e intercambiar citas y teléfonos con los chicos de los Maristas, yo me encerré en mí misma y en mis números, completamente ajena al hecho de que más allá de las paredes de mi casa y mi colegio existía un mundo lleno de citas, flirteos, risas, cocacolas y cucuruchos de helado.

Lleno de chicos.

Entretanto, la tía Carmen había decidido irse a vivir definitivamente a San Sebastián, y se llevó con ella a Gonzalo. Cuando me enteré me pasé dos noches enteras llorando, mordiendo la almohada para ahogar el sonido de los sollozos.

Antes morir que reconocer lo que me estaba pasando.

Superé su partida a fuerza de estudiar de corrido tablas de elementos y valencias, y la desesperación por el hecho de haber perdido a mi primer amor se tradujo en la primera matrícula de honor en química que había conocido el Sagrado Corazón.

Como era de esperar, obtuve un ocho con cinco en el examen de selectividad, la nota más alta que había obtenido jamás una alumna de mi colegio. Mi futuro se me antojaba claro como el agua: estudiaría exactas y luego trabajaría como auditora o me dedicaría a estudiar modelos matemáticos.

Me matriculé en la escuela de exactas. En mi clase éramos cinco chicas para sesenta varones. Pero a pesar de la sobreabundancia de machos entre los que elegir, yo seguía sin sentirme particularmente atraída por el sexo opuesto.

Hay que decir, de todas formas, que los chicos de mi clase no constituían precisamente el orgullo de su sexo. La mayoría tenía el pelo graso y el cutis acneico, y varios kilos de más, todo ello resultado de pasar la mayor parte del día encerrados estudiando a la luz mortecina de un flexo eléctrico.

Acabado el segundo curso fui la única de mi clase que no dejó una sola asignatura para septiembre. A nadie le extrañó. Por entonces me dedicaba al estudio con una fe casi mahometana.

En el fondo casi lamenté haber aprobado todo, porque me había acostumbrado a la hiperactividad y la perspectiva de pasar tres meses sin hacer nada me resultaba un poco desoladora.

Entonces Ana anunció que se casaba.

Mi hermana Ana, la mayor, siempre hacía gala de un vestuario sobrio, discreto y algo aniñado, como correspondía a su condición de niña modelo, ejemplo de sensatez y principios cristianos. Aquellos trajecitos de flores, aquellas faldas escocesas que no revelaban nada. Tan sólo inocencia y tranquilidad. Ana tenía novio formal, se encargaba de las tareas de la casa y apenas salía.

Vivía en la estratosfera.

Yo la encontraba excesivamente apocada e infantil para sus veintidós años. Siempre tan callada, tan modosita. Acababa de finalizar un curso de secretariado internacional pero no parecía albergar la menor intención de ponerse a trabajar. Todas habíamos tenido muy claro que en cuanto Borja, su formalísimo novio y proyecto de ingeniero, acabara la carrera y encontrase un buen trabajo, Ana se casaría y se dedicaría a cuidar de su casa como ahora cuidaba de la nuestra.

En fin, yo no tenía nada que criticar a Ana. No podía decir que la vida de ella fuese mejor ni peor que la mía. Y por lo menos, esa obsesión que Ana tenía con el orden y la limpieza nos ahorraba a las demás tener que preocuparnos de limpiar el polvo, hacer las camas o planchar la ropa. Teníamos criada gratis.

Lo triste es que la perderíamos en breve, ahora que se casaba.

Por supuesto, Gonzalo estaba invitado a la boda.

Hacía dos años que yo no veía a Gonzalo. No habíamos coincidido los veranos en Donosti, porque él los pasaba en Inglaterra o Francia, aprendiendo idiomas.

Para qué negarlo: ardía en deseos de volver a verle.

Me compré el mejor traje para la ocasión. Era de raso negro, entallado, con los bordes ribeteados de dorado. Zapatos dorados de tacón. Iba a resultar difícil andar sobre eso.

Me sentía ridícula así vestida, como un personaje de circo que hubiese caído por accidente en una reunión de gala.

Frente al espejo, me preguntaba qué pensaría Gonzalo al verme por primera vez en dos años, así, vestida de vampiresa. Me repetía a mí misma que la cosa no tenía mayor importancia, que al fin y al cabo aquella obsesión que tuve por Gonzalo no pasaba de ser un capricho de adolescencia y que cuando volviera a verlo caería en la cuenta de que, en realidad, nunca me había importado.

Que nunca había estado enamorada de Gonzalo, sino de la idea misma del amor.

En cuanto a Cristina, se compró su primer traje de mayor. Blanco, de lino, con volantes en la falda. Una bomba. El color blanco resaltaba su tez de oliva y sus rizos de ébano. Y el lino transparente dejaba clarísimo que acababa de dejar de ser una niña.

Cristina me eclipsaría. Estaba cantado. Desde hacía años.

Según entramos en la iglesia escuché un cuchicheo

a mi espalda: ¿Es verdad que sólo tiene catorce años? Me volví. Un joven de veintitantos miraba a Cristina con la expresión de un niño ante el escaparate de una pastelería. Debía de ser uno de los amigos de Borja.

Gonzalo estaba de pie en la primera fila de bancos. Llevaba un esmoquin negro. Me dio un vuelco el corazón. Nunca le había visto tan guapo.

Volvieron a mi cabeza todas mis fantasías de adolescente, aquellos sueños en que me colaba en el cuarto de Gonzalo en mitad de la noche y le besaba todo el cuerpo: las sienes, los párpados, las comisuras de los labios, el cuello, los hombros, los pezones, el vientre, el ombligo, y Gonzalo seguía allí dormido y no se despertaba. Mis fantasías de adolescente sólo llegaban hasta allí.

Pero la Rosa de veinte años que yo era, por muy virgen que fuese, sabía cómo completarlas.

Los labios seguirían bajando hasta la ingle, y encontrarían un falo perfecto, enorme, casi art déco, que parecería dibujado con aerógrafo, sin venas azules ni imperfecciones, un falo que estaría allí esperándome desde tiempos inmemoriales, y me lo metería en la boca, hasta el fondo, aspirando su olor dulzón, acariciándolo con la lengua, y después me montaría encima de él como había visto hacer en las películas y él me agarraría fuerte por las caderas, haría que me moviese arriba y abajo, dejaría impresas las huellas de sus dedos en mi cintura y me arrebataría de golpe esa virginidad incómoda que llevaba lastrándome desde hacía tantos años.

No dolería. No podría doler, e incluso si doliese, me gustaría. Disfrutaría del dolor de la misma manera que de niña había disfrutado del miedo que sentía cuando subía en la montaña rusa. Sería como la montaña rusa. Subir, bajar, marearse, perder el sentido de una misma.

Eso era exactamente lo que yo pensaba sentada en el banco de aquella iglesia, mientras veía a mi hermana contraer matrimonio.

Si aquello era un sacrilegio, habrá que disculparme. Nunca he sido creyente. Ni siquiera cuando iba al colegio. Los rezos, el rosario y las flores a María nunca fueron más que mecánicas repeticiones de palabras.

Muy bien. Todo el mundo estaba de acuerdo en que era una chica que sabía lo que quería. Estaba decidida a acostarme con Gonzalo esa misma noche. No creía que fuese a resultar muy difícil.

Al fin y al cabo, Gonzalo era un mujeriego. Lo normal es que si yo se lo ponía muy fácil, él acabara por aceptar. Además, yo era consciente de que era bastante guapa. Quizá no tan espectacular como Cristina, pero sí bastante interesante con aquel tipo de belleza lánguida y pálida, aquellos ojos grises del mismo tono que los de Gonzalo, y la piel blanquísima.

Había heredado de mi madre el porte aristocrático y la belleza elegante aunque poco evidente.

Después de la ceremonia hubo un banquete en el Mayte Commodore. Qué otra cosa cabía esperar de los padres de Borja.

Bebí litros de champán durante toda la velada, para darme ánimos. La noche se me pasó en constantes idas y venidas al cuarto de baño, tanto para deshacerme del champán que se me acumulaba en la vejiga como para retocarme una y otra vez el maquillaje, que lucía excepcionalmente en homenaje a lo especial de la ocasión.

Ensayé frente al espejo del hotel la mejor de mis

sonrisas. Me repinté los labios trescientas cincuenta veces. Me cepillé y recepillé la melena rubia. Intenté imitar las expresiones de deseo que había visto adoptar a las chicas de los catálogos de lencería. Mis labios, relucientes merced a la cosmética, se separaban para exhibir mis dientes, como si acabase de meter una mano en agua hirviendo.

Arqueé la espalda de modo que la luz se reflejara en la parte inferior de mis pechos. Mi cuerpo, pensé, era bonito. Ahora se habían puesto de moda las altas. Las modelos tenían mi talla.

No me encontré atractiva vestida así, pero pensé que Gonzalo sí podría encontrarme deseable. Al fin y al cabo, ¿no me parecía un poco a las chicas de las revistas?

Labios rojos entreabiertos, pelo rubio alborotado.

Cuando acabó la cena en el hotel, los más jóvenes propusieron salir a una discoteca. Yo odiaba las discotecas con toda el alma. En otras circunstancias habría preferido irme directamente a casa, pero no ahora. No pensaba desaprovechar la oportunidad más propicia de acercarme a Gonzalo.

Era una discoteca muy oscura. Los asientos estaban tapizados de terciopelo rojo. Una bola formada de millones de diminutos cristalitos rectangulares que pendía del techo de la pista daba vueltas y vueltas. La luz se reflejaba en cientos de rayos como aguijones que se disparaban directos a mi cerebro.

Vi a Gonzalo entrar por la puerta. Me armé de valor. Fui directa a él y me colgué de su brazo. Vamos a bailar, dije melosa. Él sonrió. Fuimos a bailar juntos.

La música sonaba, estruendosa. Caja de ritmo. Cuatro por cuatro. Tic tac tic tac tic tac. Muy rítmico. Resultaba difícil bailar aquello. Hacía falta desencajar los brazos y las piernas. Convertirse en una especie de robot animado.

Aquello no se me daba bien. Pero Gonzalo sonreía y yo me esforzaba por devolverle la sonrisa.

De pronto vi a Cristina, resplandeciente como una diosa blanca, en el centro de la pista. Bailaba con los ojos cerrados. Movía la cabeza suavemente al ritmo de la música, como si se acunase. Gonzalo permaneció mirándola fijamente. Se dirigió hacia ella como si fuera un autómata. Se puso a bailar a su lado.

Me resultaba difícil seguir la escena. En la pista había montones de cuerpos agitándose rítmicamente que impedían la visibilidad. Y aquellas llamaradas intermitentes de luz. Flashes. Sombras. Gonzalo se acerca a Cristina. Veinticinco años. La coge por la cintura. Catorce años. Su cabeza se acerca a su cuello. Una mancha bloquea la escena. Alguien se ha puesto a bailar delante de mí. Muevo la cabeza. Gonzalo apoya la suya en el hombro de Cristina. Los brazos de Cristina están laxos. Le cuelgan a los lados del cuerpo. Gonzalo sigue abrazado a ella. La mece de un lado a otro. La cabeza de Cristina se inclina. La cascada de pelo negro cae hacia la derecha. Suelta destellos azules. Cristina parece a punto de desmayarse. Gente bailando. Sombras que ocultan el final de la escena. Cristina y Gonzalo que desaparecen por la pista. Hacia las sombras. Abrazados. Y yo, inmóvil.

No pude seguir bailando. Tampoco pude seguirlos.

Me quedé despierta toda la noche. La rabia me mantenía en vilo. Y en el fondo, muy en el fondo, también el miedo. Al fin y al cabo Cristina no era más que una niña, y Gonzalo no tenía la mejor de las reputaciones.

Por fin, a las nueve de la mañana, la oí llegar. Aparecí en la cocina, legañosa, en camisón, justo a punto para presenciar el final de la escena. Cristina llegaba con el pelo revuelto, las medias en la mano y el vestido hecho una pena. Mi madre la llamó de todo, de puta para arriba, dijo que se arrepentía de haberla traído al mundo y le pegó dos sonoros bofetones.

No era normal en mi madre perder la calma de esa manera. Venía a confirmar lo que en el fondo todos sabíamos. Que mi madre no quería mucho a Cristina. Porque Cristina le recordaba demasiado a aquel padre que se había largado sin dar explicaciones. No, nunca la había querido mucho. Quizá ni siquiera la había deseado. ¿Cómo se explica si no la diferencia de seis años que nos separa a Cristina y a mí, cuando entre Ana y yo sólo existen dos años? Quizá todo lo que mi madre veía cuando miraba a Cristina no era sino el inesperado resultado de un encontronazo a destiempo.

Pero Cristina mantenía en la cara una expresión de arrogante felicidad, a pesar de los gritos y las bofetadas. Cómo llegué a odiarla en aquel momento. Le habría retorcido el cuello allí mismo.

Con mis propias manos. Sin remordimientos.

G

de gastada y gris

Por fin me he decidido a hacerles caso a Rosa y a mi madre y visitar a mi hermana Ana. He venido andando porque su casa no está muy lejos de la mía, apenas media hora a paso rápido, y por aquello de que hay que hacer ejercicio de cuando en cuando, que no todo va a ser beber y drogarse. En media hora he contado cinco tíos, cinco, que me han dicho alguna barbaridad. Uno se ha referido a mis «domingas», ancestral término acuñado por el varón celtibérico para referirse a los pechos femeninos. Otro, más cursi, ha opinado que yo era la primera flor de esta primavera. Los otros tres mascullaban sus burradas dirigiéndose al cuello de su camisa, así que no me he dado por enterada de lo que quiera que intentaran proponerme. Mientras venía hacia aquí reflexionaba sobre el hecho de que nunca parecemos poseer la exacta percepción de nuestra propia imagen. Soy una chica como cualquier otra, que no destacaría en un concurso de belleza. Y, sin embargo, por la calle todos los hombres me dedican adjetivos más o menos amables, más o menos procaces. Quizá sea más guapa de lo que yo creo. O quizá las monjas tuvieran razón y los tíos sólo piensan en lo Único.

Por fin llego al portal de Ana. Subo en el ascensor y compruebo mi aspecto en el enorme espejo de luna. En fin, ésta soy yo. Camiseta blanca, vaqueros nuevos, sin remiendos ni nada, botas de cuero. El pelo recogido en una coleta. Sin pintar. Es el aspecto más presentable que he conseguido adoptar. Pinta de estudiante universitaria, sin vicios ni aspiraciones en la vida. No quiero que mi hermana mayor, que jamás lleva un solo trapo que no sea de marca, me dirija una de sus miradas de desprecio. Sus miradas de desprecio son las peores, porque las de Rosa, al menos, son directas y contundentes. Los ojos de Rosa se pasean de arriba abajo y van recorriendo todo mi cuerpo, de la cabeza a los pies, y yo sé que opina que voy hecha una facha. Pero las miradas de Ana son las peores, porque ella no se atreve a mirarte pero aun así te mira. De repente la sorprendes lanzando una mirada transversal, de reojo, así, como quien no quiere la cosa, a tus vaqueros viejos o a tus medias hechas jirones y sabes lo que piensa: ¿cómo ha podido venir con este aspecto? Así que, para ahorrarme situaciones incómodas, he prescindido de los pantalones de campana y las camisetas por encima del ombligo, mi uniforme de barra, y vestida de persona decente he venido a ver a mi hermana Ana, más que nada porque Rosa ha insistido en que lo haga. Pero la verdad es que no las tengo todas conmigo. Ni siquiera me he atrevido a llamar a Ana por teléfono para avisarle de mi visita, porque tenía miedo de que mi hermana la pija me pusiese cualquier excusa para evitar verme.

Nos vemos poco, o no tanto como debiéramos, sólo en comidas familiares y tal, y en esos casos apenas nos dirigimos la palabra, como no sea para intercambiar tópicos. No me imagino que pueda hacerle mucha ilusión una visita mía. Enseguida se dará cuenta de que he venido obligada.

Quizá Ana no esté en casa. De ser así, dejaré una nota en su buzón, y habré cumplido. Habré cumplido. Como siempre.

Y no es que yo odie a Ana ni nada por el estilo. No me llevo mal con ella. Ni bien, para qué engañarnos. Simplemente, no soporto esos silencios incómodos que inevitablemente aparecen cuando estamos a solas. Mis temas favoritos (música, hombres, drogas, libros, cine, psicokillers, realismo sucio) no le interesan a Ana en lo más mínimo, y los de Ana (decoración, guardería, belleza, cocina, moda) a mí me aburren soberanamente. En las pocas ocasiones en que nos toca vernos (comidas familiares y celebraciones varias) evitamos cuidadosamente cualquier conversación profunda, porque sabemos que tarde o temprano acabará por aparecer lo evidente, lo que las dos sabemos: yo soy un putón a sus ojos y ella una maruja a los míos. No sé por qué. Joder, sólo nos llevamos ocho años. Ocho. No se trata de un abismo generacional precisamente.

Llamo al telefonillo una y otra vez. Nadie contesta. Estoy por irme cuando una señora con un perrito negro sale a la calle. Aprovechando que me deja la entrada abierta, me cuelo en el portal, una especie de templo ofrendado al mal gusto, con artesonados de escayola, espejos de marco dorado estilo rey Lear, láminas enmarcadas asimismo en dorado que representan unas marinas holandesas, dos sillones forrados de skay, y, lo peor, un paragüero decorado con escenas de caza. Una moqueta estampada con floripondios se pierde en el pasillo que llega al ascensor. Lo abro y subo al tercero.

Llego a la puerta del piso de Ana. Voy a llamar. No pierdo nada por intentarlo. Al fin y al cabo el piso es grande, y si Ana está en su cuarto es más que probable que no haya oído el telefonillo de la cocina.

Me tiro un rato largo llamando al timbre. No obtengo respuesta. Doy la cosa por imposible y me dirijo de vuelta hacia el ascensor. En ese momento escucho el estrépito de todos los cerrojos de la puerta blindada descorriéndose a la vez. Giro la cabeza y veo que la puerta se entreabre, aunque se mantiene enganchada una cadena de seguridad. A través de la rendija entreveo el rubio perfil de mi hermana, sus ricitos de hada, sus hoyitos de querubín.

–Ana, soy yo, Cristina –anuncio.

–¿Qué haces aquí? –la oigo decir. Parece asombrada de verdad. Su voz suena pastosa, como si acabara de levantarse.

–Pues… tenía que venir aquí al lado a comprar unas cosas y he pensado que podía pasarme un momento a verte.

Qué excusa más ridícula.

–Ya… –Se queda en blanco por unos segundos. Quizá su cerebro esté procesando la información que acabo de proporcionarle–. Pero no te quedes en la puerta… Pasa.

Abre la puerta del todo y se deja ver. Aún lleva puesto el camisón. Tiene el rubio pelo desgreñado y la expresión perdida. Me recuerda a los pastilleros que veo todas las noches en el Planeta X, esos que se arrellanan en los sofás tapizados de rojo y se quedan horas embobados mirando las luces estroboscópicas, con la mirada vacía y la boca entreabierta.

–¿Te encuentras bien? –pregunto–. Tienes mala cara.

–Creo que tengo una gripe –responde–. Me duele mucho la cabeza. Pero pasa, por favor.

La precedo al salón y me desparramo sobre el sofá Roche Bobois. Las cortinas del salón, de Gastón y Daniela, están echadas y la habitación se mantiene en penumbra a pesar de que ya son las doce del mediodía. Arcos, hornacinas y diferentes alturas de suelo y techo dan movimiento a un interior dominado por el blanco. Toda la carpintería metálica y la cristalería la ha realizado Vilches, a treinta mil pelas el metro cuadrado. Un costurero de pino viejo comprado en una almoneda y restaurado (ni pensar en lo que cuesta la chuchería) hace las veces de mesilla. Sobre él, un teléfono antiguo, adquirido también en una almoneda y elegido para no desentonar con el resto de la decoración, un armatoste negro y brillante que parece un escarabajo megaatómico. No penséis que soy una experta en telas y carpintería, qué va. Pero me conozco todos estos detalles porque este salón es la niña de los ojos de mi hermana, y la he oído tropecientas veces describir dónde compró cada cosa y cuánto tiempo le llevó elegir la tela adecuada, el color que combinaba. No puedo evitar un ramalazo de envidia al pensar en mi propio apartamento, una especie de caja de cerillas amueblada con cuatro trastos encontrados en la calle, con las paredes desconchadas y un baño que pide a gritos un fontanero.

El televisor (pantalla de 46 pulgadas con retroproyector, estéreo) un macroartefacto de tecnología japonesa que desentona entre tanto hallazgo de almoneda, tanto mueble rústico y tanta moqueta de sisal, está encendido. En la pantalla, dos chicas repintadas de peinados imposibles se pegan berridos la una a la otra con asento venesolano. Ana contempla la pantalla con las pupilas extraviadas. Intento sacarla de su semiletargo.

–Pues eso, que cómo estás.

Vuelve la cabeza hacia mí, sorprendida. Parece que alguien la hubiese sacudido.

–Ah, perdona, se me había ido la cabeza. ¿Quieres tomar algo?

–Un vaso de agua. Pero no te preocupes, ya voy yo. No hace falta que te levantes.

Me dirijo hacia la cocina y saco un vaso del armario de gresite blanco. La vajilla, cristalería y objetos de menaje de la casa de Ana son diseño Ágata Ruiz de la Prada. Gracias a Dios, Ana, al contrario que yo, no es dada a estampar vasos contra el suelo cuando se enfada, porque cada uno debe de costar un ojo de la cara y medio. Me sirvo agua en una antigua pila de granito que en su día Ana hizo importar expresamente de Italia y a la que ha añadido unos grifos antiguos de bronce de Trentino. Los azulejos antiguos de la pared provienen de una fábrica de cerámica ibicenca. Más que una cocina esta estancia parece un museo, y esto, más que un fregadero, una pila bautismal. Vaso de agua en mano, vuelvo al salón. Ana ha apagado la televisión.

–Bueno, pues aquí estamos… –(Mamá y Rosa me han obligado a venir a verte. Dicen que te pasa algo. He venido a ver qué coño te pasa y si se te puede echar una mano. No tengo ovarios para ser tan directa)–. ¿Qué has hecho últimamente?

–Nada, absolutamente nada. Nada de nada. –Pronuncia las palabras con un tono monocorde, como lo habría hecho un ordenador, una computadora asesina que dirigiera una nave espacial, la versión femenina de *Hal*.

–Mujer, no seas tan drástica. Algo habrás hecho.

–Comer y dormir. Comer poco y dormir menos aún. Cuidar de mi marido y de mi niño. Cuidarles poco.

–Por cierto, ¿dónde está el niño?

–En la guardería. Hay que llevarlos pronto para que adquieran un temperamento sociable.

–¿Y quién dice eso?

–Los psicólogos.

–Sí, fíate tú mucho de los psicólogos. Ya ves cómo me han dejado a mí.

–Cállate, que tú no estás tan mal…

Incómodo silencio. (Desde luego, tú no tienes pinta de estar muy bien. Si no fueras mi hermana, diría que estás colgada. En la vida te había visto con semejantes ojeras. Pareces un poema.)

–Sí estoy mal. He cortado con Iain. Hace un mes.
–Me arrepiento de mis palabras prácticamente antes de acabar de pronunciarlas. En el fondo ¿le importa a ella un comino mi vida privada? Pero supongo que me encuentro tan mal que no puedo evitar proclamar mi ansiedad a los cuatro vientos.

–¿Le dejaste tú? –me pregunta.

–No, me dejó él a mí.

–Vaya, lo siento. De todas formas no tardarás en encontrar a otro. A ti nunca te ha costado mucho.

(¿Me estás llamando putón en la cara?)

–Sobreviviré.

–Claro que sí. Tú sobrevivirías a una guerra nuclear.

(¿Qué coño quieres decirme con eso? ¿Va de indirecta?)

–No tanto.

–Casi. Siempre has sido una chica fuerte. Rosa y tú podríais comeros el mundo. No como yo. Yo no soy más que una mosquita muerta.

–¿Qué estás diciendo?

(Ana, por favor, no te hagas la mártir.)

–Nada, no sé qué digo. Últimamente no me encuentro muy bien.

–Deberías salir a la calle, que te diera el aire. No te puede sentar bien pasarte todo el día encerrada en casa.

(Deberías liarte la manta a la cabeza, correrte cuatro buenas juergas y ponerle los cuernos al memo de tu marido. Lo que a ti te hace falta es un buen polvo. Lo estás pidiendo a gritos.)

–Eso mismo dice mamá.

Me levanto, vaso de agua en mano, y miro a través de la ventana. Hace frío y el día está medio nublado. Los árboles, las aceras, los columpios, todo está rodeado de una especie de aura blanca (¿el vapor del aire congelado?, ¿mi imaginación?), y el paisaje entero parece pintado en una sola gama cromática: grises acerados y azules desvaídos. Contemplo a unos niños que juegan en el parque. Una niña rubia con coletitas y un jersey a rayas que me recuerda ligeramente a Line se desliza por el tobogán. Sentado sobre la arena, peligrosamente cerca de los columpios, hay un niño que no tendrá más de tres años comiéndose la tierra. Una chica joven, que debe de ser la encargada de cuidar a la parejita, está sentada en el banco de madera, leyendo una revista. La pintura verde que antaño recubrió el banco hace tiempo que se ha oxidado. Respiro hondo. No me puedo quedar mirando eternamente por la ventana. Tengo que volver con mi hermana. Sé muy bien cómo continuará la conversación. Hablaremos de cosas intrascendentes, del bar que mi familia está empeñada en que deje; de por qué yo, licenciada y trilingüe, sigo trabajando detrás de una barra; de lo caro que se está poniendo todo últimamente; del niño, que cada día está más grande; del último aumento de sueldo de Borja, su marido, mi cuñado, y de todas esas cosas que en el fondo nos importan un comino y que utilizamos para olvidar las cosas que realmente nos importan y de las que, por tanto, no nos atrevemos a hablar. No mencionaremos la nostalgia desesperada que yo siento de Iain ni las razones que puedan haber conducido a Ana a convertirse en una zombi catódica, una adicta a los culebrones y a la ruleta de la fortuna. Con los ojos clavados en el cristal (sobre un vidrio mojado escribí su nombre) experimento una mezcla de rabia contenida e impotencia (y mis ojos quedaron igual que ese vidrio) que me sube por el esófago como un vómito reprimido. Allí, al otro lado del cristal, hay un parque y un tobogán y unos niños que juegan, y millones de cosas por ver y por hacer, pero mi hermana se conforma con contemplar un sucedáneo de realidad comprimido dentro de una pantalla de 46 pulgadas. Siento ganas de agarrarla por el cuello de la bata y sacudirla. Me gustaría hacerla reaccionar. Pero, por otra parte, no me siento con autoridad moral para dar consejos. Al fin y al cabo, yo tampoco soy precisamente un ejemplo de radiante felicidad ni me siento quién para cuestionar el sistema de vida de nadie. Decido volver al sillón, sentarme con las piernas muy juntas, como una chica decente, y aguantar estoicamente media hora de charla tópica, que no revele, que no comprometa. Está decidido. El tiempo exacto para no quedar mal. Y luego regresaré a mi casa, a mi apartamento de cincuenta metros cuadrados y paredes desconchadas, amueblado con muebles viejos rescatados de los contenedores, grunge por pura necesidad.

Me vuelvo hacia ella con una sonrisa, decidida a

echar una nueva paletada de tierra sobre el túmulo de la verdad. Media hora de conversación intrascendente y habré cumplido con mis deberes de hermana. Habré cumplido. Como siempre.

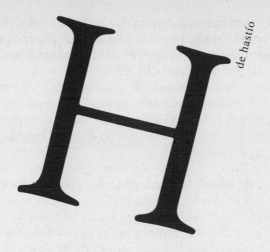

Cristina se ha marchado y ha dejado en el aire su perfume, un aroma dulzón que no sé identificar. No es una marca conocida. Será pachulí o algo así que habrá comprado en un mercadillo de esos modernos. Habría podido decirle muchas cosas, y sin embargo he pasado la mayor parte del tiempo sin abrir la boca, revolviendo inútilmente la cabeza en busca de un tema de conversación. Creo que al final se ha marchado porque no me aguantaba más. La aburro, o la deprimo, o ambas cosas a la vez. Y la verdad es que no la culpo. Me ha dejado sola en este salón. Sola, como paso casi todas las mañanas. Borja está en el trabajo y el niño en la guardería. No tengo de quién cuidar, excepto de mí misma. Y ni siquiera eso sé hacerlo bien.

Rendijas de luz se filtran a través de las cortinas y arañan el suelo para recordarme que fuera existe un día por vivir. Un día que transcurre ajeno a mí, sin

que yo haga nada por evitarlo, no sé. Esta mañana
había venido al salón decidida a coser, pero al cabo de
dos puntadas me ha entrado un cansancio horrible y
al final me he quedado mirando la tele, sin hacer
nada. Pensaba aprovechar las cortinas, los vestidos y
los manteles viejos para confeccionar una colcha de
patchwork, cosiendo distintos trozos y retales los
unos a los otros hasta que acabasen componiendo
una única superficie.

La historia de papá y mamá está confeccionada
como un edredón, como un trabajo de patchwork. Yo,
que soy la mayor, he visto más, he vivido más, he escuchado más; y de todas maneras, no sé, me parece que
sólo sé que no sé nada, como dijo el filósofo aquel.

Puedo relatar la historia a partir de viejos álbumes
de fotos, de conversaciones espiadas a mamá y a tía
Carmen, de inesperadas confidencias que mamá se ha
permitido alguna vez, cuando la tristeza le oprimía
como una faja demasiado ceñida. Algunas cosas me
las han contado, otras las he deducido, otras, quizá,
sólo las imagino. Yo necesitaba una historia porque
todos necesitamos un pasado, y yo confeccioné una
historia como si de una colcha de patchwork se tra-
tase, uniendo como pude trozos de recuerdo y retales de memoria, para que compusieran una historia
que, creo, es la que más se ajusta a la verdad.

Yo siempre he estado orgullosa de este salón. Lo
he mantenido pulcrísimo, y tampoco es que sea tan
fácil. Hay que pasar la aspiradora una vez al mes,
como mínimo, por sillas, sofás y cortinas. Hay que
lavar los visillos también una vez al mes con agua y
jabón, sin frotarlos ni retorcerlos. Para darles consis-
tencia una vez limpios hay que sumergirlos en agua
con azúcar y colgarlos todavía húmedos a fin de eliminar cualquier arruga.

Si la vida se pudiera limpiar igual que unos visillos, si pudiéramos hacer desaparecer nuestras manchas en una lavadora, todo sería más fácil. De todas formas, hace tiempo que no me preocupan mis visillos ni mis cortinas. Ahora todo me da igual.

Hace más o menos un mes que no dejo de llorar.

Mamá era una niña de familia bien de San Sebastián que se vino a Madrid a estudiar farmacia. En Madrid se alojaba en una residencia para señoritas regentada por unas monjas, en la que la existencia estaba sujeta a imposiciones y horarios. Había una hora para levantarse y una hora para comer y una hora para estudiar y una hora para llegar a dormir.

Las fotos de entonces, borrosos testimonios en blanco y negro, me la presentan con los rasgos difuminados merced al polvo que el álbum ha ido acumulando con los años. Mamá, que todavía no es mamá, tiene una larga melena rubia alisada a fuerza de plancha y toga, y unos ojos claros que alguien le dibujó en la cara con trazo segurísimo, adornados con unas pestañas enormes que debían confundirse con mariposas cuando mamá pestañeaba y las hacía aletear. Mamá no se atrevía a usar minifalda y lleva un vestido cuadrado, que yo diría que es de Scherrer, y es posible, porque entonces mamá tenía dinero de sobra para pagarse un traje de Scherrer si quería, y la falda le sube un milímetro exacto por encima de una rodilla escueta y bien dibujada. Mamá es guapa. Muy guapa. Los chicos de su clase la apodan la Sueca por lo de la melena lacia y rubia y los ojos grises. Aquella melena larguísima era su orgullo, me contó una vez mamá. Cada noche, antes de dormir se entregaba a un ritual diario de cepillado. Media hora. Cien golpes de cepillo. Para que brillara. Para que resplandeciera en la universidad y él pudiera sentirse orgulloso de ella.

Lo peor de este salón son los cojines del sofá, que están hechos una pena. Tienen manchas negras del rímel que se ha quedado ahí como testimonio indeleble de mis llantinas, de cuando muerdo el cojín por la noche para evitar que Borja escuche los sollozos.

En cuanto a los cojines, hay que intentar lavarlos sin humedecer el relleno. Lo más fácil es cubrirlos con fundas de quita y pon para lavarlas independientemente, y limpiar la parte interior en seco.

No pienso lavar las fundas. Las tiraré directamente. Y compraría otras si no fuera porque no me apetece nada bajar a la calle.

Mamá conoció a papá en un guateque de colegio universitario, un guateque que acababa a las diez y en el que se escuchaban los discos de Paul Anka en un pick-up. No tuvo ni que fijarse en él. Papá se le impuso como una aparición nada más entrar en aquel enorme salón, porque papá se elevaba diez centímetros por encima del resto de los presentes en la sala. Y al segundo de verlo decidió que sería suyo o de ninguna. Menuda tontería, decía mamá más tarde, cuando rememoraba aquel primer arrobamiento de veinte años, la mayor tontería que hice en mi vida.

Acabo de darme cuenta de que hay una abolladura bien visible en el costurero de pino. Este costurero es una pieza de anticuario, pero ¿cómo puedes explicarle eso a un niño de dos años? Y cuando el niño agarra una de sus rabietas y le da por estampar su camión contra la madera, no hay quien le pare.

Para arreglar una abolladura sobre la madera hay que aplicar un trapo blanco húmedo, procurando que empape la madera. Acto seguido hay que colocar otro trapo grueso, también humedecido, y aplicar la plancha de vapor caliente, porque la acción del calor dilatará las fibras y las nivelará.

Ojalá la vida fuese tan fácil de arreglar como los contratiempos domésticos.

Papá era como para cortar la respiración. En mi recuerdo se mezclan la imagen que me queda de aquel papá que conocí hasta los doce años con las fotos del álbum, y el resultado es una especie de Gregory Peck con acento malagueño. El pelo y los ojos son oscuros; la nariz, dibuja un ángulo perfecto de treinta y cinco grados; la sonrisa, inmensa y deslumbrante. Dos filas simétricas de dientes tan blancos como los azahares de pureza que se le ofrecen a la Virgen. Es sorprendente lo mucho que Cristina se le parece, pienso cuando hojeo el álbum, y no puedo evitar una punzada de envidia. A mí también me gustaría ser guapísima, no simplemente mona. Anita es una niña monísima, ideal, dicen mis amigas, las de la cuadrilla de Donosti. Una niña ideal. Pero no soy una niña. Tengo treinta y dos años.

Papá estudiaba económicas y malvivía en un cuartucho desfondado de una pensión de la calle Huertas, en la que el frío era tan intenso que pegaba dentelladas y por la noche lo obligaba a dormir con dos jerséis puestos y un gorro de lana.

Papá le hacía reír a mamá con su acento malagueño, cambiaba las eses por zetas y se comía las consonantes finales. Decía todo lo que le venía a la cabeza. Su lengua era diez segundos más rápida que su cerebro. Y mamá se reía como no se había reído nunca, como nadie le había hecho reír en los aburridos paseos por el parque de San Sebastián. Papá paseaba con ella por la Gran Vía y ni siquiera podía invitarla a un café porque siempre andaba corto de dinero. Debían de hacer un contraste gracioso, mamá con sus trajes impecables estilo Jacqueline Onassis y papá con su viejo abrigo a cuadros, heredado de su padre y que le venía corto, y su raída bufanda de punto enmarcando su cuadrada mandíbula de actor de cine.

No había dos personas más diferentes. Ella era rubia, de ojos grises, como Rosa y como yo. Él era moreno, de ojos negros, como Cristina. Ella era bajita como yo. Él era altísimo como Rosa. Ella, reservada como Rosa y como yo. Él, tan dicharachero como Cristina. Ella era una niña de familia bien, hija de abogado. El padre de él era profesor de instituto y la familia no perdía ocasión de recordarle lo mucho que tenían que sacrificarse para poder enviarlo a la universidad.

Las cortinas de Gastón y Daniela están hechas una pena, sobre todo por los bordes. Eso es porque el niño se dedica a colgarse de ellas con las manos grasientas. Tengo que decirle a la asistenta que se encargue de lavarlas. Gracias a Dios, como son de hilo se pueden lavar en lavadora y después no hace falta plancharlas. Se centrifugan y se cuelgan. El propio peso hace que queden impecables.

La familia de mamá es mi familia. Los abuelos que me han criado y con los que he pasado todos los veranos en el caserón de San Sebastián desde que cumplí los doce años. La tía Carmen, que vivía en mi casa, que servía de aceite balsámico para curar las heridas de mi madre. La tía Carmen, tan buena chica, la pobre, y tan poco lista, la pobre. Y Gonzalo, mi primo, el hijo de tía Carmen, tan guapo, tan guapísimo, tan mimado y tan difícil. Todo el santo día encerrado en su cuarto oyendo sus discos y leyendo sus cómics y siendo tan altivo con todas las mujeres de la casa excepto con Cristina, su juguetito, que por entonces todavía llevaba coletas y ceceaba. Cristina, con aquello de que era tan mona y tan graciosa, siempre ha acaparado la atención de los dos adonis de la familia: mi padre y mi primo, que a las demás, por cierto, siempre nos hicieron mucho menos caso; no desagradables, vaya, simpáticos, cariñosos incluso, pero tampoco muy cercanos.

De la familia de mi padre no sé mucho. Cuando él se marchó no mantuvimos ningún contacto. Y no deja de resultar raro que un abuelo no muestre la menor preocupación por sus nietas. Pero lo cierto es que la familia de mi padre, por lo visto, se podía calificar de cualquier cosa menos de normal. Su madre, mi abuela, murió de parto cuando nació el hermano pequeño. Y su padre debía de ser un ogro, según tengo entendido, que les pegaba con la hebilla del cinturón y esas cosas. La hermana mayor, Remedios, se marchó de casa a los veinte años para casarse con un señor quince años mayor que ella y se suicidó cinco años después, cuando este señor la dejó. Por lo visto se abrió las venas en la bañera y se desangró. Mamá se enteró casi por casualidad, porque papá evitaba cuidadosamente mencionar el tema. Y cuando me lo contó a mí, me quedé blanca, porque me parece que hace falta mucho valor para hacer una cosa así. Desde luego, yo no sería capaz. El otro hermano, Francisco, se metió a cura y ahora es párroco en algún pueblecito de Málaga que no tengo ni idea de cómo se llama. Y el hermano pequeño, Mauricio, acabó ingresado en un hospital psiquiátrico. Supongo que es comprensible que mi madre no haya querido mantener el contacto con ellos. Lo que no entiendo muy bien es por qué mi abuelo paterno nunca ha intentado vernos. Debe de ser cierto que era un ogro.

El parquet está lleno de arañazos que ha hecho el niño arrastrando su camioncito. En buena hora le regaló Borja el dichoso camión. Dentro de nada nos va a tocar barnizar el suelo. Habría que alquilar una

lijadora, seguir con un lavado de agua caliente, al cabo
de un par de días limpiar juntas y grietas con disol-
vente para eliminar restos, y acabar aplicando dos
capas de barniz en intervalos de veinticuatro horas.

De verdad que hace dos meses me habría puesto
a barnizar yo misma. Pero ahora me siento demasiado cansada como para meterme en semejantes beren-
jenales. Sólo tengo ganas de llorar.

Papá y mamá se casaron al cabo de un año, a pesar de que mi abuelo, el padre de mamá, no estaba del
todo contento con la idea. Dice mi madre que ella
hizo una estupidez, que una persona no debería casarse con alguien a quien no está muy seguro de conocer. Cuando yo le dije que iba a casarme con Borja
ella no hacía más que repetir lo mismo una y otra vez:
que me lo pensase. Que no me precipitase. Que no
hiciese algo de lo que podía acabar arrepintiéndome.

Se casaron cuando mi madre aún no había acabado la carrera. Ella hubiera preferido esperar un poco
más, pero él insistió. Decía que no podía vivir sin ella.
Y que si ella le quería de verdad tenía que demostrarle
que era suya y sólo suya, para siempre. Ella nunca lo
ha confesado abiertamente, pero me ha dado a entender que ya se habían acostado juntos, y que su conciencia católica le obligaba a legitimar aquella unión.
Y supongo que la voz persuasiva de él, íntima como
el susurro de las sábanas, cimentó ese pensamiento
culpable, y él acabó engatusando a mi madre, clavan-
do el destello negro de sus ojos en el gris de los de
ella, como si fuera un hipnotizador.

Al principio todo iba bien. Ella estaba encantada
con la alegría perenne de él, con su sonrisa de estrella de cine, con sus bromas y sus atenciones. Él insistía en que salieran todas las noches. No importaba
que fuera al cine o a una tasca, o a casa de unos ami-

gos de él. Él no soportaba quedarse en casa. Lo que comenzó siendo tan divertido acabó por convertirse en una obligación. A ella no le apetecía salir todas las noches. Y él acabó por salir solo.

Y luego está la cuestión de lo mucho que bebía. Al principio mamá no concedía mayor importancia al hecho de que él bebiese todos los días. Al fin y al cabo, ella era muy joven y todo lo que él decía iba a misa. Pero al cabo de trescientas y pico noches de sentir su aliento agridulce en la cama aquello empezó a dejar de parecerle normal. Como no le parecía normal lo de quedarse sola todas las noches. Él le decía que podían salir juntos si quería, pero ella prefería quedarse en casa leyendo, porque no entendía a qué venía semejante perra con salir todas las noches, sobre todo cuando en casa había una niña pequeña a la que su padre ni miraba. Así que empezaban a distanciarse cuando todavía no habían acabado de acercarse.

Esta mañana he intentado hacer huevos rellenos. Era la primera vez que me ponía a cocinar en quince días, y eso que antes lo hacía a diario, y ha sido un desastre. Se me ha cortado la mayonesa. Para recuperar una mayonesa cortada hay que batir dos cucharadas de agua hirviendo con una pequeña parte de la salsa y luego añadir el resto de la salsa poco a poco y removiendo. Pero me parece que no hay forma de volver a hilar una pareja cuando los entendimientos entre ambos se han agriado.

Mis recuerdos de mi padre son muy confusos. Hay que tener en cuenta que se marchó cuando yo acababa de cumplir doce años, así que las imágenes que conservo son imprecisas, un entramado confuso de recuerdos entreverado de sensaciones que no sé si son mías o me las prestó mi madre, que iba metiéndomelas en la cabeza con sus conversaciones. El padre encantador que yo recuerdo, el que para mí era la alegría de la casa, para mi madre era poco más que un niño grande, marrullero y egocéntrico, incapaz de asumir responsabilidades, incapaz de estar en casa cuando se le reclamaba, incapaz de ofrecer a sus hijas otra presencia que la de los mimos y las caricias a destiempo, tanto más apreciados cuanto más inesperados, porque no se sabía cuándo iba a aparecer papá por la puerta o cuándo iba a desaparecer. Tía Carmen sugiere que había otra mujer, mamá opina que debía de haber varias, y, la verdad, parece que le importa más bien poco. Mamá es la mujer más fuerte que conozco, además de Rosa, claro. Resulta difícil entender cómo puede ser que las tres llevemos el mismo apellido.

Se supone que Cristina es idéntica a mi padre, y cuando una ve las fotos se da cuenta de que la afirmación es cierta. Parece que al retrato de mi padre le hayan pintado melenas y añadido curvas, y ésa es Cristina. Rosa es como mi madre, dicen, no sólo por lo rubia y lo delgada, sino por lo fuerte y lo decidida, con esa personalidad que parece moldeada a base de cemento y aplomo, mientras que yo soy como de gelatina, siempre a punto de romperme, idéntica a los moldes que cocinaba antes de que me diera por echarme en la cama a llorar.

Los hacía divinamente. A Borja le encantaba. Seguía paso a paso una receta de mamá: mezclar 60 mililitros de agua por dos cucharadas de gelatina en polvo. Dejar ablandar la mezcla unos dos minutos y disolverla después a fuego muy suave en un bol, sin dejar de remover. Enjuagar un molde con agua fría y verter en él la gelatina. Introducir este molde en un bol mayor, con hielo, y montar en el molde capas de gelatina y trozos de fruta, dejando cuajar cada una antes de añadir la siguiente. Antes de desmoldar dejarla enfriar dos horas en la nevera.

¿A quién me parezco yo? A mi madre en la estatura y en los ojos. Pero nadie sabe, yo no sé, de dónde me viene esta lágrima fácil y esta incapacidad para pensar con la mente clara. Y, sin embargo, yo sé muchas más cosas de nuestra casa de las que Rosa o Cristina pudieran llegar a sospechar. Lo que pasa es que no las cuento. No cuento nada aquí tumbada en la cama. Cuando venga la chica y pase el aspirador recogerá mi fuerza de voluntad, que está por los suelos.

Hay una escena que llevo enterrada en el alma y de la que nunca he hablado con mis hermanas, ni siquiera con mi madre. Yo tengo cinco o seis años. Duermo en mi cama abrazada a mi osito rosa, arropada en un pijama de franela estampado con florecitas rosas y azules. Lo recuerdo muy bien. El ruido me despierta y abro los ojos a la luz que viene del salón y entra por debajo de la rendija de la puerta. Atraída por esa luz, me deslizo por el parquet con los pies descalzos y, silenciosa como un gato, abro la puerta despacito, muy despacito, y avanzo por el pasillo a pasitos callados, tanteando las paredes para compensar la incertidumbre de la semipenumbra. A medida que recorro el pasillo los sonidos que llegan del salón se hacen más claros y lo que al principio no son más que ruidos incoherentes, palabras inconexas, retazos de conversaciones entrecortadas, se van articulando según aumenta el volumen y cada vez distingo más clara la voz airada de papá, por encima de las quejas tímidas de mamá. Supongo ahora, a los treinta años, que ella se quejaba, como de costumbre, de lo tarde que él llegaba. Supongo que él había bebido más de lo habitual. Anita de cinco años sigue avanzando a tientas por el pasillo y llega al salón.

Desde la puerta puedo verlos, pero ellos no me ven a mí. Los gritos han ido subiendo de tono hasta llenar el aire por completo. Papá ha agarrado a mamá por su larga melena de princesa y la obliga a arrodillarse, a arrastrarse por el suelo. Veo la expresión de dolor en el rostro de mamá. Pero en sus ojos gris acero hay un destello firme que demuestra que a su orgullo no ha logrado doblegarlo. Yo no sé qué hacer, me gustaría gritar y decirle que suelte a mamá, que no le haga daño, pero el miedo me tiene paralizada y no consigo abrir los labios. Él le pega una bofetada que rompe el aire como un disparo, y yo noto que me estoy haciendo pis encima, de puro terror. Y vuelvo a mi habitación a pasitos menudos, desandando el camino a toda prisa, intentando no hacer ruido.

Mamá lleva ahora el pelo corto y no ha vuelto a dejárselo crecer.

Creo que va siendo hora de podar los rosales de la terraza. Con la poda se eliminan los extremos de las ramas que no sirven para proporcionar a las plantas un aspecto más ordenado. Se deben cortar todas las ramas que nazcan debajo del injerto y dejar en cada una sólo dos o tres yemas, las más cercanas a la base, procurando que tengan buen aspecto.

Alguien me podó a mí, creo, y por eso soy como soy, ordenada y de buen aspecto. Ninguna rama ha crecido por donde no debía. Soy un arbusto podado que ha crecido merced a las indicaciones de los otros. Una tijera se llevó por delante las yemas rebeldes, los futuros capullos, las rosas cubiertas de espinas. Si hubiese nacido más tarde, quién sabe, habría podido ser Cristina.

I

Lo primero que ve el conductor cuando se abren las puertas neumáticas del autobús son mis piernas, enfundadas en unas medias, que ascienden hacia la plataforma. Una extensa carrera desciende peligrosamente desde el muslo hacia el tobillo de la pierna izquierda. Y la siguen otro par de piernas, éstas dentro de unos vaqueros desteñidos, estudiadamente rajados por encima de las rodillas y por debajo de las nalgas. Antes de que el conductor se dé cuenta, tiene ante sí, en el mostrador, a Line y a mí, monísimas, tal que salidas de un catálogo de Don Algodón. Todo en nuestro aspecto (el modelito compuestísimo, el maquillaje corrido, las carreras de mis medias...) delata que venimos de una fiesta y que todavía no hemos dormido. Pero no sé si el conductor será tan listo como para darse cuenta. De todos modos, ¿qué coño le importa a él?

Yo llevo un traje negro ceñido que revela con el

mayor descaro las curvas vertiginosas de mis cincuenta y ocho kilos, un tanto exagerado, quizá, y con él me siento con la planta de un toro de la ganadería de Pablo Romero: poderío y bravura cincelados en negro. Mi imagen contrasta enormemente con el aire angelical de Line, cuarenta y tres kilos, camiseta rosa talla doce años con estampado de la Bola del Dragón, flequillo, dos coletitas sujetándole los cabellos rubios y unos enormes ojos azul cielo que le confieren un aire de perpetuo asombro.

Abro mi enorme bolso y me pongo a registrarlo. Revuelvo y revuelvo, pero no consigo encontrar lo que busco. El conductor, boquiabierto, me clava la mirada en el escote. Ya decía yo que este traje era pelín exagerado... Desesperada, vuelvo la cabeza hacia Line, que, ajena al mundo, está ensimismada escuchando la música de sus walkman.

–Me cago en la hostia. No encuentro el puto monedero.

–¿QUÉEEEE? –dice Line, quitándose los cascos de las orejas. Me ha visto mover los labios pero no ha podido enterarse de lo que decía.

–¡QUE NO ENCUENTRO EL MONEDERO, COÑO!

Mi berrido ha roto la atmósfera de silencio que reinaba en el autobús. Line pone cara de haber visto la barrera del sonido romperse ante sus ojos atónitos, y yo caigo en la cuenta, así, de repente, de que el resto de los ocupantes del autobús, todos ellos varones, están pendientes de nosotras. En medio de esta reunión de machos pasamos tan inadvertidas como una cucaracha en un plato de nata.

–A lo peor nos lo han mangado, Cris –me dice Line.

–No me extrañaría –murmuro yo, que me voy cabreando por momentos–. Lo dejé tirado con todos los demás bolsos y no volví a preocuparme hasta esta mañana, y la verdad es que esa fiesta estaba llena de chusma. Qué coño: a grandes males, grandes remedios.

Le doy la vuelta al bolso sobre un asiento vacío y se desparraman todo tipo de cosas: unos támpax, un libro, kleenex, unas bragas de repuesto, la barra de labios… y una caja de condones que cae hasta los pies de un jovencito de aspecto tímido, escuchimizado, con gafitas, pelo engominado y camisa a rayas. El chico se ruboriza, abre inmediatamente la carpeta que lleva y entierra la nariz entre los apuntes fingiendo repasarlos.

Sobre el asiento vacío también ha aparecido el monedero.

Saco un billete de mil pelas y lo pongo sobre el mostrador. El conductor me dirige una mirada furibunda de la que hago caso omiso con desprecio de reina. Mientras el autobús se pone en marcha, vamos a sentarnos juntas en la fila de asientos paralelos a la ventana que hay cerca del conductor.

Desde el centro del autobús un par de obreretes no nos quitan la vista de encima. Uno debe de tener cincuenta y tantos años y el otro veintipocos, mono azul y bolsa de deportes sujeta entre los zapatos. El más joven sonríe, evidentemente complacido por nuestra presencia.

–Lo que me faltaba –suelto yo, porque acabo de descubrirme ¡otra carrera en la media!–. ¡Jooder! Si hubiera invertido en una cuenta a plazo fijo todo lo que he invertido en medias en los últimos años, ahora tendría más pasta que Mario Conde.

Sentado en la fila de asientos contigua a la nuestra hay un treintañero vestido de chándal. Probablemente ha salido a correr por la mañana, pero luego seguro que se ha cansado y ha decidido tomar el autobús. Tiene aspecto de falso deportista y de creerse muy seductor. Cuando el treintañero se da cuenta de que estoy mirándole, me dirige una amplísima sonrisa edulcorada. Yo le ignoro con desdén soberano y me pongo a hablar con Line.

—Bueno, ahora cuéntame qué coño has estado haciendo toda la noche. Apenas te he visto un cuarto de hora.

—No mucho —responde ella—. HE ESTADO FOLLANDO —agrega, y cada palabra suena como si estuviese escrita en tipos negros.

La contundencia del término desentona con su aspecto infantil.

—Bien, ¿Y QUÉ? Ya me lo estás contando todo, punto por punto —exijo con voz impaciente.

—No gran cosa, hija. ¡Menudo coñaaazo de tío...! Y encima nos lo hemos hecho en la cama de sus padres, con el crucifijo en la pared y la foto de su mamá en la mesilla. Bueno, bueno... ¡me daba un maaal rollo! Todo el rato con la impresión de que la foca esa me miraba con cara de mosqueo.

—Pues no sé de qué te quejas, guapa. Ayer bien que parecía que el tío te gustaba... porque era aquel con el que te vi hablando al principio, supongo.

—Ese mismo, Miguelito —confirma Line.

—Pues lo tuyo sí que fue llegar y besar el santo.

Ajena a la ironía, Line saca un espejito y una barra de labios Margaret Astor de su bolso en forma de corazón, hace un monino mohín frente a su propia imagen y comienza a pintarse los labios de color rosa fucsia. En el cristal del espejo ve reflejada la imagen del obrerete mayor, que le está sacando lascivamente la lengua. Ella pone cara de absoluto asombro, y, como si la cosa no fuese con ella, acaba de pintarse los labios y continúa tranquilamente con la conversación.

–En cualquier caso, querida, y para que te consueles, que sepas que, visto lo visto, mejor me habría quedado en casa para hacérmelo con el dedo. Así por lo menos me habría corrido.'

El conductor, que estaba atento a la conversación desde el principio, da un respingo y, como consecuencia, el autobús pega un frenazo salvaje. Nosotras salimos disparadas de nuestros asientos.

–OIGA USTED –le grito al conductor–, A VER SI CONDUCIMOS CON MÁS CUIDADITO, QUE YO AÚN NO HE HECHO TESTAMENTO NI TENGO SEGURO DE VIDA.

Volvemos a sentarnos con mucho cuidado.

–De verdad, cada vez que me siento me acuerdo del bruto ese –dice Line–. Qué ganas tengo de llegar a casa. Lo primero que voy a hacer va a ser pegarme una ducha de las que hacen época, para quitarme las babas del memo aquel. ¡Qué manía! Ni que me quisiera hacer un traje de saliva.

–Pues yo me lo he pasado divinamente –digo, y Line me dirige una mirada escéptica que finjo no captar–. Estuve bailando *trance* toda la noche y acabé mirando el amanecer desde la terraza. Mucho mejor que si me hubiera ido a follar con un pesado. Yo, qué quieres que te diga, ya paso.

–Menos lobos –me suelta Line con su vocecita aguda–. A ti lo único que te pasa es que desde que te ha dejado el bobo de Iain no levantas cabeza. Estás colgadísima de él, admítelo. Pero tienes que asumir que el mundo no se acaba, que hay más hombres. Además, perdona que te diga, pero Iain era un memo y un pedante y un redicho. No sé qué pudiste ver en él.

En ese momento Line cae en la cuenta de que

cerca de la puerta central, de pie, agarrándose a la barra con una mano, hay un chico jovencito que está mirándola embobado. Viste un traje barato de alpaca con corbata, lleva zapatos italianos y calcetines blancos. Cuando repara en el hecho de que Line también le mira, se ruboriza y regresa apresuradamente a su lectura.

—El hecho de que no me apetezca follar no tiene nada que ver con Iain. Simplemente, paso. Es que es un coñazo. El otro día hice la cuenta y resulta que en lo que va de año me lo he hecho con once tíos diferentes…

—Más quisieras, guapa —me corta Line, escéptica.

Prosigo con mi discurso, ajena a la interrupción.

—Once. Y molarme de verdad, lo que se dice DE VERDAD, ninguno, excepto Iain, por supuesto. Total ¿a qué se reduce la cosa? Pillas a uno a las tantas de la mañana, completamente borracha, y al cabo de unas horas te despiertas de puro frío porque, claro, en su casa no hay calefacción, y te encuentras con que a la luz del día el tío no es ni la mitad de mono de lo que tú creías, y para colmo tiene un culo horrible…

—Lo de los culos es como los melones. No sabes si son buenos hasta que no los has abierto —dice Line, y señala con un gesto de la cabeza el culo del jovencito trajeado, que finge estar enfrascado en su lectura—. Aunque para culo bonito, todo hay que decirlo, el de Santiago.

—Line, por favor, no seas macabra. No es manera de hablar de un difunto.

—La macabra serás tú. Tenía el mejor culo de Madrid, y no veo nada malo en reconocérselo a título póstumo.

En ese momento al estudiante se le cae al suelo la carpeta, que arma un estruendo digno de una demolición. Agradezco la inesperada interrupción porque no quiero que se me instale en la mollera el recuerdo de Santiago. Volvemos la cabeza y vemos todo el contenido de la carpeta desparramado por el pasillo. Entre los apuntes hay un *Private*. El chico se apresura a recogerlo todo, agachándose, y enseguida Line cae en la cuenta de que el estudiante está aprovechando su posición para mirarle las piernas. Por toda respuesta, ella recoge el *Private,* muy digna, y se lo entrega a su legítimo propietario.

–Esto es tuyo –le dice, y sigue charlando conmigo como si tal cosa–. Continúa con lo que decías. Ibas por lo de la calefacción que no funcionaba.

–Pues eso –prosigo–. Y luego, cuando te levantas, vas a darte una ducha y te encuentras con que funciona con un termo jurásico al que sólo le dura tres minutos el agua caliente. Y cuando vas a la nevera a buscar algo de desayunar sólo hay un yogur caducado y una cerveza sin gas. Y a veces ni eso. Ya me dirás tú si lo de follar compensa.

Line se ríe con la risa cómplice de quien sabe de qué le están hablando.

–¡Y, además, luego tienes que volver a casa! –apunta ella–. Porque yo no sé cómo lo hago, hija, pero siempre acabo ligando con naturales del extrarradio. Creo que a partir de ahora voy a preguntarles dónde viven, por muy puesta que esté, y si no dicen que viven en el centro, la han cagado. Aunque vaya de éxtasis.

–Lo que es por mí, como si viven en la plaza Mayor –respondo con aire de superioridad–. Paso total de todos. Al final, los tíos con los que ligamos son idénticos a sus viejos, que le echan a la parienta el casquete de los sábados mientras piensan en los culos de las azafatas del Telecupón. Y no miro a nadie –remato, dirigiendo una explícita mirada al obrero mayor, por si no se había dado por enterado.

–O sea, que has decidido dejar de follar –concluye Line.

–Más o menos. Como mi hermana Rosa. O hacerme lesbiana, como Gema.

–Quita, quita, que bastantes problemas tiene la pobre Gema. Estoy segura de que se ha colgado con la tesis esa que está haciendo sólo porque no folla... Oye, ¿tú has leído a «freud»? –pregunta sin venir a cuento, y pronuncia «freud», como suena.

–¿A quién? –pregunto a mi vez, con una mueca de asombro.

–Pues hija, a «freud» –responde Line encogiendo los hombros, para dar a entender que me habla de algo muy obvio–. El padre del psicoanálisis... Me vas a perdonar, pero me sorprende que no lo sepas.

–Querrás decir «froid». Y sí, lo he leído –respondo ofendida, porque acaba de llamarme inculta con todo el morro, ¡a mí!

–Bueno, pues ése, «froid» o como se diga. He oído que escribió una cosa muy interesante que se llamaba teoría de la sublimación.

–Sí, y también escribió que las mujeres tenemos envidia del pene. Menuda tontería. Es evidente que con un solo coño te puedes agenciar todos los penes que te de la gana, así que no sé por qué íbamos a envidiarlos.

–Sí, vale, pero yo de lo que hablo es de lo de la sublimación esa. O sea, que si toda la energía que concentramos en el sexo, que en nuestro caso es mucha, la empleásemos en otra cosa, nos haríamos ricas. Tú, por ejemplo, si has decidido dejar de follar, puedes ponerte a escribir una novela. Piensa en todo el tiempo que te va a quedar libre.

–Pues mira, a lo mejor me lo pienso…

–Además, no te hablo sólo de la energía que empleamos en hacerlo, sino también de la energía que empleas en pensar en ello y en buscarte con quién hacerlo y en desembarazarte luego de él. Bueno, pues si toda esa energía la empleas en hacer otra cosa más importante, pues eso, que la sublimas.

Yo la miro con aire condescendiente, aparentando prestar interés, pero convencida, en el fondo, de que a Line se le ha ido un poco la olla.

–Ejemplo –prosigue Line–. Cuando estaba en COU el gilipollas de tu primo Gonzalo me pasó unos hongos.

–Típico de él.

–Y tuve que pasarme casi un mes sin follar, porque la cosa se complicó y se me inflamó la vulva… No voy a describírtelo. Gore puro. Pues ese mes tenía exámenes y saqué tres sobresalientes por primera vez en mi vida. Sublimación.

–¿Tú has tenido sobresalientes alguna vez? –pregunto yo, incrédula. Entre nosotros, Line es de las que para leer un libro tiene que ir siguiendo las líneas con el dedo índice.

–Sí, pero no creo que la cosa se repita, porque yo, qué quieres que te diga, por muy mal que me salga soy una adicta al sexo. No pasa una semana sin que lo intente otra vez. Ellos, los muy cabrones, sí que lo tienen fácil –suspira–, porque al final no importa que la cosa les salga mejor o peor, el caso es que siempre se corren, mientras que nosotras… es como jugar a la lotería.

–Exacto, como la lotería; nunca toca.

–¡Tampoco exageres…! Aunque la verdad es que son todos unos inútiles. La mayoría se cree que con metértela, ¡hala!, ya está todo hecho. Y todavía tienen el descaro de preguntarte después si te lo has pasado bien.

–Y no creas –sigo yo–, que a veces casi pienso que eso es lo mejor, porque cuando les da por hacer de amantes hábiles entonces sí que no hay quien les aguante. Hay algunos que deben de creerse que trabajan en el circo; una vueltecita, ¡hop!, ahora otra vueltecita, ¡hop! Qué manía con el vuelta y vuelta, ni que una fuera un filete.

Line saca una lima del bolsillo y comienza a limarse las uñas con pinta distraída.

–Joder, que mal tengo las manos… A lo que íbamos, yo a veces tengo la impresión de que se acaban de empollar el *Kamasutra* y que pretenden ponerlo en práctica conmigo, que casualmente soy la primera pardilla con la que topan dispuesta a hacer de conejillo de indias. Pero a los que menos soporto es a esos que no controlan un pijo y se empeñan en durar horas y horas, traca, traca, y cuando están a punto de correrse…

El autobús se detiene bruscamente en una parada.

–… paran –remato yo. Sé perfectamente de lo que me está hablando.

–Exactamente, y hala, otra vez, horas y horas, hasta que acaba por dolerte el coño.

La parada está en medio de un descampado que tiene aspecto de pesadilla tóxica. Sube al autobús un jovencito de pelo largo y rubio. Es raro que suba aquí. Debe de venir del Cerro de la Liebre. Habrá ido a pillarles jaco a los gitanos. Como si lo viera. Es mono. No le echo más de veinte años. Lleva una camisa a cuadros sobre una raída camiseta de los Sonic Youth. Enseña su pase al conductor y busca dónde sentarse. Mientras cruza el pasillo Line le dirige una mirada breve y voraz. Una vez que ha calibrado su coeficiente de presa potencial, retoma la conversación.

—Lo peor de todo es cuando quieren que se la chupes —dice, y suelta una risita sarcástica.

El jovencito melenudo ha ido a sentarse, precisamente, en el asiento posterior a Line.

—No me hables —digo yo—. Hay algunos que se ponen de un pesaaado con eso… Parece que no hubiese otra cosa en el mundo.

—Y encima tardan una barbaridad. —Line abre exageradamente la boca hasta que casi se desencaja la mandíbula—. Dezpued de un dato con la boca así, acabas con ajujetaz en la lengua. —Vuelve a cerrar la boca—. Te juro que más de una vez me han dado ganas de pegarle al tío un buen mordisco en la polla y acabar de una vez con el asunto.

El conductor se gira a mirarla, sorprendido. Un bocinazo le hace volver la vista a la carretera y le obliga a dar un volantazo para esquivar un coche. Nosotras dos pegamos un nuevo respingo en nuestros asientos.

—¡JOOOODER! —exclamo yo, con la voz de cazallera que me sale cuando me cabreo—. ¡YA VAN DOS! Este autobús es más peligroso que un misil crucero.

El conductor frena bruscamente y se vuelve hacia mí. Si las miradas mataran, ya habría caído fulminada.

—Mira, guapa —me dice el conductor—. La culpa es tuya por no bajar el volumen. ¿O te has creído que los demás estamos aquí para escuchar vuestras vulgaridades?

—PERO ¿USTED QUIÉN SE HA CREÍDO QUE ES, OIGA? —respondo, a berrido limpio. Vaya por Dios, mis niveles de testosterona se han vuelto a disparar.

–Diga usted que sí, señor conductor –interviene el obrerete mayor–. A éstas me las llevaba yo a la obra y se les iban a quitar las ganas de cachondeo.

–No nos caerá esa breva –musita el obrerete más joven.

–Pues no le gustarán a usted nuestras ganas de cachondeo, pero bien que no se ha perdido palabra de nuestra conversación. ¡Si sólo le ha faltado sacar una trompetilla para poder escucharnos mejor! –responde Line al obrero mayor con su vocecita aguda.

–Mira, rubita –replica él–. Tengo una hija que debe de tener tu edad, y te aseguro que si alguna vez la oigo hablar como tú, le doy cuatro hostias y le lavo la boca con jabón.

–Se creerá usted que su hija no folla –intervengo yo.

–Pues mira por dónde, más bien no, porque la ha dejado su novio, como a otra que yo me sé, que no me extraña que no pudiera contigo, hija. –El obrero sonríe, complacido ante el golpe bajo que sabe que acababa de atestarme.

–¡USTED QUÉ SABRÁ! –respondo, roja de rabia. Su observación me ha sentado como un tiro.

Line me coge del brazo.

–Anda, no te sulfures. No hagas caso a estos RE-PRI-MI-DOS. –Dirige al obrerete una mirada de despectiva superioridad–. Mejor nos bajamos. Prefiero seguir andando que quedarme en este autobús lleno de MA-CHIS-TAS. –Y recalca con desprecio la última palabra, dejando una pausa evidente entre cada sílaba.

Miro alrededor. El treintañero chandalista esboza una sonrisa que pretende ser seductora y sólo consigue ser ridícula. El obrerete mayor y el del traje de alpaca han adoptado un rictus serio. El obrerete joven pone cara de circunstancias. Probablemente le gustaría reírse, pero la presencia de su ¿jefe de obra? no se lo permite. El estudiante sigue con la cabeza enterrada en sus apuntes. Sólo el joven grunge indie pop, el mono, sonríe abiertamente.

El autobús se detiene en la siguiente parada. Nos levantamos y nos dirigimos hacia la puerta. Antes de bajarnos, Line le dirige al jovencito indie pop la más dulce de las miradas, digna de una colegiala virgen que quisiera ligarse al capitán de fútbol de su instituto. Él sonríe a su vez.

—Decididamente —suspira Line—, ellos lo tienen más fácil.

J de jeringuilla

Como todas las mañanas a las ocho y veinte, dejo el coche en el aparcamiento y paso por la plaza de la Luna camino de las oficinas en que trabajo. El cielo muestra un aspecto tan gris como mi propia vida. Llueve.

Me gusta sentir las gotas golpeándome la cara, el viento que revuelve los mechones huidizos. Dentro de veinte minutos me encerraré en un despacho, para todo el día. Ya no habrá viento ni agua, sólo aire acondicionado. Temperatura constante e invariable: veintidós grados centígrados. Como reza el manual de Seguridad e Higiene en el Trabajo.

Enfundada en mi abrigo de piel de camello, el frío no me afecta, como tampoco me afectan las barbaridades que me dicen los cuatro viejos verdes que han venido a buscar prostitutas.

La plaza es el hogar de un grupo indefinido de politoxicómanos que se alimentan de lexatin y rohipnol, diazepán y optalidones, prozac y naxtrelsona, heroína y bollos.

Caras delgadas y pálidas, bocas contraídas y amargadas, duros y de gesto estilizado. Las narices se alargan, los pómulos se marcan. Son las huellas de una batalla constante, perdida de antemano.

Se arrastran por las calles con los ojos vacíos, se empujan los unos a los otros y examinan los teléfonos públicos para conseguir monedas de cinco duros.

No parecen particularmente desgraciados. Rebuscan en la basura y musitan conversaciones entrecortadas que mantienen con ellos mismos. Gritan a los coches aparcados y les cuentan su vida a los semáforos en rojo.

Desde el centro de la plaza se baja por una escalera a unos soportales que ofrecen un refugio a estos zombis urbanos, con el suelo lleno de cagadas de paloma, escupitajos, chicles, colillas, jeringuillas y trozos de papel albal.

Allí duermen los que no han tenido valor para levantarse, envueltos en un amasijo de mantas sucias, acurrucados los unos contra los otros, con los huesos ateridos por la humedad.

No les preocupa el futuro, el agua caliente, las sábanas limpias o la televisión.

A veces contemplo a esos chicos y chicas de edad indefinida y me digo, Rosa, creo que lo que hacen con su vida no es peor que lo que tú has hecho con la tuya.

En casa dispongo de agua caliente, sábanas limpias, lavadora y televisión con antena parabólica. Pero apenas tengo tiempo para mí misma. Doce horas diarias de mi tiempo están hipotecadas para conseguir el dinero que pague esos lujos de que no puedo disfrutar.

Doce horas diarias de mi tiempo enclaustrada en un despacho de nueve metros cuadrados, batallando contra el Lotus, sometida a una presión de treinta mil atmósferas.

Yo no podría hablar con los semáforos, aunque quisiera.

Puedo alardear de una amplia cultura general. He leído a la mayoría de los clásicos. Saqué la carrera con media de sobresaliente. No cometo faltas de ortografía y jamás se me escapa un acento. Puedo recitar de memoria la lista de los emperadores romanos y la de los reyes borbones y sé que Dacca era el nombre de la antigua capital de Bangla Desh. Poseo una licenciatura en exactas y soy capaz de averiguar la raíz cuadrada de un número de cuatro cifras sin necesidad de utilizar lápiz y papel.

¿Qué significa la geografía cuando podemos hablar con gente del planeta entero a través de nuestras redes de computadoras y nuestros módems? ¿Qué es la historia cuando podemos recibir setenta y cinco canales de televisión a través de la antena parabólica? ¿Quién se acuerda de Ovidio cuando Richard Gere cobra seis millones de dólares por película? ¿De qué sirve la aritmética cuando una computadora puede realizar operaciones de veinte cifras en décimas de segundo?

¿Qué sentido tiene la vida de una mujer de treinta años brillante, profesional, bien pagada y sola?

K
de kool

Recuerdo el cómo, el cuándo, el dónde y el porqué. Pero no podría describir los detalles. Fue como tenía que ser, como siempre había deseado que fuera. Nadie escribió la escena: me la dictó el deseo con su propia voz. La primera vez que me acosté con Iain estaba borrachísima. Esto no tiene nada de particular, porque, por lo general, la primera vez que me acuesto con alguien estoy borrachísima. Si no, no lo hago. Me acuerdo de que llegamos a su casa en taxi y de que yo caminaba por la acera recién regada con los zapatos en una mano y una botella de champán en la otra, una botella que me había llevado de la fiesta en que habíamos estado, la fiesta en que conocí a Iain, todo ojos azules y sonrisa de niño, maneras delicadas como una flor de seda y una voz que acariciaba los oídos como el susurro de las olas. Nada más verle pude sentir el deseo revoloteando en torno a mí. Casi pude ver al mismísimo Cupido. Y no sé cómo me encontré tum-

bada en su cama, ni me preguntéis cómo había llegado hasta allí. El intervalo que transcurre entre el taxi
y su cama se perdió en mi memoria entre brumas
etílicas, y lo primero que recuerdo después del taxi es
el fresco contacto de las sábanas limpias y los cuatro
ángulos de la cama difuminados gracias a la luz mortecina de las velas. Él me colocó boca abajo, me puso
las manos en la espalda y las sujetó con una de las
suyas. Después escuché un tintineo metálico, algo
parecido al sonido de un llavero, sentí cómo me sujetaba por las muñecas y escuché un crujido de acero cerrarse alrededor de ellas: unas esposas. Quizá si
hubiera bebido menos se lo hubiese impedido, pero
estaba como una cuba, y él era tan mono y tan encantador, y en la fiesta me había gustado tanto y, para
qué vamos a negarlo, la cosa no dejaba de tener su
morbo; así que no me quejé ni cuando me esposó ni
cuando me vendó los ojos con un pañuelo. Y de repente, a pesar de la borrachera, me volvió el sentido
común a la cabeza, de pronto, como una corriente
eléctrica, y caí en la cuenta de que apenas sabía quién
era aquel tío, de que nadie me había visto irme con él.
Acudieron a mi mente todas las historias de psicópatas que había visto en el cine, que había leído en esos
libros baratos de tapas blandas que se compran en
las librerías de los aeropuertos. Y me vi a mí misma
descuartizada en pedacitos, diseminada en diferentes
bolsas de basura a lo largo de todos los contenedores
de Madrid. Intenté tranquilizarme y recordarme que
eso era algo que sólo ocurría en las películas y que no
conocía a ninguna que hubiese acabado descuartizada por echar un polvo con un desconocido. Pero luego me vino a la mente una historia que me contó Line
acerca de un tío que se folló una noche y de cuya casa
había tenido que salir por piernas porque se empeñó

en pegarle mientras follaban. Y según estaba pensando en esto escuché un zumbido a mi espalda, un ruido constante y machacón que se interrumpía a lapsos para volver a reiniciarse con renovada energía, y me dije a mí misma: éste es el fin, ése es el zumbido de la sierra eléctrica. Nadie me había visto salir de la fiesta. Mis hermanas pensarían que había desaparecido en uno de mis cuelgues de costumbre, en el bar buscarían a otra camarera que hiciera mi turno, y pasarían al menos quince días antes de que alguien se decidiera a buscarme. Y en quince días el tío ese ya habría podido comerme entera, como Jeffrey Dahmer, *el Carnicero de Milwaukee*, aquel que guardaba troceadas a sus víctimas en el congelador para poder devorarlas poco a poco. O como Richard Trenton Chase, *el Asesino Vampiro*, que mezclaba los órganos y la sangre de sus víctimas en una licuadora y luego se bebía el batido resultante, para evitar, según él, que la sangre se le convirtiera en polvo. Y además vete tú a fiar de un británico, cuya historia está plagada de psicópatas desde Jack el Destripador: *los Ladrones de cadáveres* de Edimburgo; Brady y Hindley, *los Asesinos del Páramo*; Peter Sutcliffe, *el Destripador de Yorkshire;* Fred y Rose West, los dueños de *la Casa de los Horrores* de Gloucester; John Duffy, *el Asesino del Ferrocarril...* En el Ulster y Escocia, en Manchester y Gales, los británicos deben de poseer, en Europa, el récord de mayor densidad de pirados por kilómetro cuadrado. La falta de luz y el frío, supongo, los vuelve perversos y reconcentrados. En España se lleva más el matarife impulsivo, ese que sale a la calle escopeta en mano a vengar afrentas maceradas en odio durante años, como en Puerto Hurraco o en Chantada. Si nos llevamos a alguien por delante, nos encargamos de que todo el mundo se entere. Allí no, allí llevan una vida aparentemente normal, y luego, cuando se descubren cinco cadáveres emparedados en los muros de una casa, en el barrio comentan que nunca lo habrían esperado de aquel vecino modelo, un poco reservadillo quizá, como el chico aquel que me había ligado, que parecía tan mono y tan inocente y que me tenía allí, con una sierra eléctrica zumbando a mi espalda, y atada a la cama, sin poder moverme.

Intenté relajarme. Ese chico no podía ser un psicópata. ¿Con esa cara de niño? ¿Con esos modales? ¿Qué traumas iba a arrastrar una monada como ésa? Qué razonamiento más absurdo. No hace falta ser horroroso ni grosero para ser un psicópata. Al *Asesino de la Biblia*, aquel que se cargó a cinco chicas en Glasgow (y al que nunca encontraron, por cierto), lo describían como un hombre muy atractivo, y por eso sus víctimas se dejaban acompañar por él, sin conocerle, a pesar de que estaban avisadas de que había un estrangulador rondando por la ciudad, porque el tío era tan guapo y tan educado que nadie podía sospechar de él. Exactamente igual que Iain. O como Ronnie York y Jim Latham (pero aquéllos eran yanquis), a quienes les atribuían siete víctimas en una especie de juerga que se corrieron pasando de un estado a otro, llevándose por delante, a golpes o a machetazos, a todo incauto que se les hubiera puesto por delante allí donde no hubiese testigos. Eran extraordinariamente guapos –uno, rubio de ojos azules, el otro, moreno de ojos negros– supongo que tan guapos, o más, que Iain, y gracias a aquel atractivo se explicaba el enjambre de jovencitas que habían acudido al proceso. Y aquel zumbido que amenazaba a mi espalda era sin duda el de la sierra eléctrica, una sierra eléctrica idéntica a la que había usado Dennis

Nilsen, *el Estrangulador de Musswell Hill,* para despedazar y mutilar los cadáveres de sus trece víctimas hasta dejarlos reducidos a minúsculos pedacitos que luego hacía desaparecer por el sumidero del lavabo. Y yo no podía moverme porque estaba esposada y no podía ver nada porque tenía los ojos vendados. Sólo una gilipollas como tú se va tranquilamente a la cama con un desconocido y encima permite que le espose y que le vende los ojos sin oponer resistencia. Empecé a revolverme con todas mis fuerzas, pero resultaba imposible desasirse de las esposas, y, de paso, quitarme la venda de los ojos. Intenté incorporarme, pero la cama era demasiado blanda. Resbalé sobre el colchón. Me sentía aterrorizada. Gruesos goterones de sudor me caían por la frente. Notaba cómo tropezaban al llegar al pañuelo que me impedía ver. Las esposas estaban bien apretadas, probablemente para impedir que pudiera quitármelas, y el roce del acero me hacía daño en las muñecas. Intenté gritar, pero estaba tan aterrorizada que me resultaba imposible. La voz se me quebraba y al llegar a la garganta se contraía en un pitido agudo. Pensé en hacerme pis encima, que es lo que los expertos recomiendan para desanimar a los violadores, pero tampoco podía, quizá porque estaba muy ocupada revolviéndome, intentando librarme de toda la parafernalia sado light.

Noté que él, suave pero firmemente, me atenazaba contra la cama, y escuché su voz deslizarse cuesta bajo por mi oído, un susurro hipnótico que repetía que me tranquilizara, que no iba a hacerme daño. Entonces percibí algo duro que vibraba y me recorría la espalda. Una especie de cosquilleo subía por mis vértebras. Yo no sabía qué coño era aquello, pero resultaba evidente que no se trataba de una sierra eléctrica; de modo que decidí relajarme y disfrutar, y como estaba tan borracha podía abandonarme con tranquilidad y abstraerme de todo, excepto de mi cuerpo. Todo resultaba dulce, caliente, pegajoso. Saboreaba en la boca delicias al fondant. Bombones de deseo fundidos a cien grados. Aquella cosa dura bajaba por mi espalda y morosamente se demoraba en mis nalgas. Y de pronto algo duro, muy duro, tan duro que dolía, se me metió entre las piernas, y entraba y salía como un pistón hidráulico. Sólo cuando lo tuve dentro caí en la cuenta de que lo que vibraba era un consolador. Me daba morbo, sí. También me daba miedo. ¿Qué clase de perverso era aquél, que sacaba de pronto una verga de plástico sin pedirme permiso ni discutirlo antes? Era el hombre que yo había soñado. Aquel que iba a hacer maravillas conmigo. El que no parecía pedir nada a cambio. Podía ser también el último de todos. De todas formas, si había llegado hasta allí no podía echarme atrás. Así que me concentré en aquel aparato que vibraba entre mis piernas e intenté convencerme de que aquel engendro mecánico conseguiría hacer que me corriera en tres minutos. Lo sentía entrar y salir, al principio con dificultad, luego cada vez más suavemente a medida que yo iba lubricándome, y al final con toda la fuerza de una tormenta, cada vez más enérgico, cada vez más profundo. En algún momento él sacó el vibrador y lo sustituyó por su miembro, y yo noté perfectamente la diferencia entre un cilindro y otro, porque el segundo era más suave y más flexible, y no me hacía daño, y rogué, no sé muy bien a quién, por favor, que no sea de los que se corren a los cinco minutos, por favor, que se tome su tiempo, que tarde horas. No sé a quién dirigí aquella súplica, pero fuese quien fuese, lo cierto es que me escuchó, porque aquella masa de carne que se agitaba a mi espalda se tomaba su tiempo y seguía y seguía. Progresivamente aminoró el ritmo y sus embestidas fueron haciéndose cada vez menos rotundas. Me penetraba dulce y profundamente, y cuando llegaba hasta el fondo lo dejaba allí dentro un rato, y yo podía sentir la punta de su glande empujando las paredes de mi coño. En algún momento sentí un líquido frío y pegajoso deslizarse por mi espalda, y luego noté que su lengua lo lamía. Pensé que bebía su propio semen. Me esperaba cualquier cosa de aquel tío. Tardé un rato en comprender que se trataba del champán. A estas alturas yo aceptaba lo que fuera. Me dolían los brazos y las piernas, me costaba respirar porque tenía la cara sepultada entre la almohada, pero no me importaba. Habría podido asfixiarme allí mismo, desvanecerme para siempre en aquella cama, y no me habría importado. Él seguía moviéndose, hacia adelante y hacia atrás. Me agarraba del pelo. Arqueé la espalda. Oía su voz, un distante canto de sirena que decía que quería ver cómo me corría, cómo me temblaban las piernas, cómo se contraían los músculos de mi estómago, y aquello me excitó tanto que sentí que una corriente cálida subía desde mi monte de Venus hasta mi garganta como un cohete, que mis entrañas se fundían como chocolate caliente, y me oí gemir, de una forma tan aguda que casi no reconocí aquella voz como mía. Fue un gemido largo y profundo que me subía desde muy adentro, desde algún punto recóndito e inexplorado hasta entonces, y que cortó el aire como un cuchillo. Me dilataba en dimensión de océanos. Fue como si se abriera un dique. Olas y olas de agua salada surgieron de mí. Sentía que creaba ríos, lagos, mares…, y él avanzaba con esfuerzo hacia mi fondo como un nadador contra corriente. Cuántos peces, cuántos óvulos, cuántas bacterias y bacilos nadan en mi fondo, cuánta flora y fauna me habita, cómo estoy tan inmensamente viva, yo, ecosistema hembra, Gaia. Y después de que yo me corriera él siguió culebreando dentro de mí, sincronizando ballets acuáticos, durante unos minutos que me parecieron horas, porque me dolía enormemente entre las piernas, y al final le oí gemir y comprendí que él también había acabado. Entonces cerré los ojos, ahíta, y me quedé dormida casi de inmediato.

Desperté a la mañana siguiente porque estaba cayéndome de la cama. Él dormía en posición diagonal y había conseguido desplazarme a una esquina. Me desperecé y le miré. Pensé que era bastante guapo, pero tampoco era nada espectacular. Había dormido con especímenes bastante mejores. Y, sin embargo, un pensamiento cruzó por mi cabeza como un relámpago: éste va a ser el padre de mis hijos.

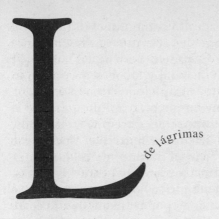

L de lágrimas

A veces, no sé, me siento como la pieza de un rompecabezas que apareció por equivocación en la caja que no correspondía. No encajo. Esta mañana me he decidido a salir porque me he dado cuenta de que mamá tiene razón, y es que no puedo pasarme la vida encerrada en casa, sola, llorando como una Magdalena. Así que aquí estoy, Anita frente al mundo, haciendo cola en la caja del supermercado del barrio, junto a otras diez señoras que en conjunto forman una especie de jauría salvaje de marías entre los cuarenta y cinco y los noventa y cinco años, ávidas de bronca, dispuestas a todo por un simple quítame allá ese choped. No debería reconocerlo, pero estas señoras repintadas y con cara de mal genio me dan miedo, y me siento tan pequeña, tan distinta… Probablemente porque lo soy, porque, sinceramente, en la vida saldría yo a la calle con un traje como el que lleva la señora que tengo detrás, una especie de imitación de Chanel de baratillo con botones dorados con el que esta mujer debe de creer que va muy elegante y que se parece a la Consuelo Berlanga. Y anda que la de atrás… Va con chándal y tacones, y con eso lo digo todo. Ana, ya has cumplido los treinta y dos, ya es hora de que ganes un poco de aplomo, de que le pierdas el miedo a todo, tienes treinta y dos años, pero nadie lo diría. Cuando me miro en el espejo y me doy cuenta de que todo el mundo me echaría unos veintitantos, me gustaría medir unos centímetros más, no sé, quizá así la gente me tuviese más respeto, y sé que muchas me envidiarían por aparentar menos edad, pero para mí es una cruz. Cristina y Rosa son las dos bastante altas, y parece que la gente las trate de otra manera, pero yo he salido bajita como mamá, y eso no es ninguna suerte. Quizá parezco más joven por el modo en que visto, porque hoy, por ejemplo, llevo una camisita de cuello redondo con estampado de florecitas rosas y unos vaqueros de Caroche, y tengo que reconocer que el modelito es más propio de una niña de quince años que de una mujer casada y madre de un niño. No sé, a veces me gustaría aparentar más edad, pero, sencillamente, no me veo con otro tipo de ropa, es que alguna vez he intentado probarme jerséis negros y pantalones grises, no sé, colores más sobrios, ropa más seria, pero me deprimía muchísimo, me daba la impresión de que iba de luto, supermal, no sé… El caso es que ahora estoy en la cola del supermercado, amarrada a un carrito lleno hasta los topes de bolsas y cajas que arrastro como puedo, porque la verdad es que pesa bastante; no sé, quizá no pese tanto y sólo me lo parezca, porque yo no soy muy fuerte, no, y comprimida entre esta masa de señoras gritonas me siento cada vez más débil. Y no sé.

La vida en general es como la cola de un supermercado: lenta, incómoda, y llena de gente insoportable.

Una señora que sólo lleva un bote de Coral Vajillas intenta colarse delante de las que llevan carritos llenos, aprovechándose de mi aspecto de niña… lo que yo digo, que nadie me tiene respeto, y esta señora ha debido de notar nada más verme que yo sería incapaz de impedirle colarse o de quejarme. Pero las otras señoras de la cola, que tienen más arrestos que yo, sí se han dado cuenta, y se han puesto enseguida a vociferar: ¿SERÁ POSIBLE? ¡QUE SACOLAO, SEÑOOORA!, NO SE HAGA LA SUECA, QUE NOSOTRAS VAMOS PRIMERO, y dirigiéndose a mí: NIÑA, MIRA A VER QUE NO SE TE CUELE OTRA DE ÉSTAS, QUE PARECE QUE ESTÁS DORMIDA, HIJA, mientras que la que se ha colado hace como que no se entera y mira al tendido con deferente frialdad. El alboroto continúa hasta que la cajera se decide a serenar los ánimos con un par de gritos bien dados al tiempo que enarbola amenazadora la barra que separa los productos en la cinta de la caja. SEÑORAS, ¡YA ESTÁ BIEN! ¡UN POCO DE TRANQUILIDAD!, AMOS, DIGO YO.

Por fin llega mi turno. La cajera, con el moño bastante alborotado ya y un humor de perros, intenta pasar los artículos por el lector electrónico de la caja: cerveza para Borja, cocacola light para mí, Casera cola sin cafeína para el niño, detergente saquito Eco (envase más ecológico, producto más natural), bayeta gigante suave Cinderella, Scotch Brite Fibra Verde con esponja (3 × 2 precio especial), fregasuelos Brillax, latas (melocotón familiar en almíbar Bamboleo, champiñones Cidacos, espárragos de Navarra al natural Iñaqui, guisantes Gigante Verde, huevas de lumpo Captain Sea, atún claro Calvo pack de tres latas), congelados (gambas con gabardina, sanjacobos, croquetas de pisto, bombones helados y una paella hibernada), pan de molde integral Panrico, yogures desnatados sin azúcar para mí y yogures de fresa para el niño, tomate frito Orlando, macarrones Gallo y una docena de huevos. Eso es todo. Creo que no se me olvida nada.

A medida que los artículos son contabilizados voy introduciéndolos en una bolsa de plástico. Me esfuerzo en ir todo lo rápido posible, pero no resulta tan fácil porque me hago un lío a la hora de desdoblar las bolsas de plástico, que vienen como pegadas las unas a las otras, supermal, no sé, pero se ve que no lo consigo, porque la señorita, obviamente molesta por la poca celeridad con que ejecuto la tarea, me dirige una torva mirada de reprobación. Yo intento acelerar pero, no sé, como que no me sale. Cuando todos los artículos están dentro de sus respectivas bolsas me dispongo a sacar el monedero para pagar y revuelvo y revuelvo sin éxito en el bolso de Farrutx que Borja me regaló en nuestro aniversario, pero no encuentro el monedero.

Los segundos transcurren inexorables, y la expresión de la cajera va adquiriendo un matiz psicopático y las señoras parecen dispuestas a lincharme, y creo que la tensión podría cortarse con un cuchillo. Y no me queda más remedio que hacer acopio de valor y enfrentarme a la cajera y decirle que no encuentro el monedero. SEÑORA, QUE ES PARA HOY, QUE NO TENEMOS TODO EL DÍA, brama una de la cola, que lleva el pelo teñido de azul y una bata de flores. ESO DIGO YO, QUE ME DEJAO LA OLLA EN EL FUEGO, replica otra, gordísima, con el pelo teñido de amarillo y las raíces negras. PUES ME VA A EXPLICAR CÓMO ARREGLAMOS ESTE ASUNTO, me grita la cajera, y creo que un matón a sueldo de los que salen en las películas de la tele no hubiera adoptado un tono más amenazador, y yo intento explicarle que lo… lo único que, que se me ocurre es… es que dejemos las bolsas aquí mientras yo subo a casa a por el monedero, y ella dice que le hago la pascua, porque ya ha contabilizado los productos y ahora le toca anularlo todo, y eso es un follón, sobre todo con la cola que hay montada, y yo intento explicarle que lo siento muchísimo, que debe comprender que no lo he hecho adrede, pero me interrumpo porque advierto que me he ruborizado y que estoy a punto de echarme a llorar, y ella que me dice que me tranquilice, que no es para tanto, y me llama bonita y adopta de pronto un tono conciliador, como la Nieves Herrero.

Me parece que mis problemas han introducido un elemento de animación en la rutina diaria del súper. Las de la cola se lanzan a comentar la jugada con la emoción de un comentarista experimentado. A la de la bata de flores le oigo decir que seguro que he *tenío* un disgusto con mi *marío*, y su amiga le da la razón, sí hija, sí, le dice, que nadie se pone así porque se le pierda el monedero, y la otra le responde que no creas, Chari, que a mí mismamente se me olvidó el monedero el otro día y me llevé un disgusto enorme. Señora, sepa usted que yo no tengo disgustos con mi marido, que mi marido es un santo y una bellísima persona, aunque un tanto aburrido, eso sí, aunque tenga menos gracia que un besugo congelado, y no se meta usted donde no le llaman, porque usted no tiene la más remota idea de por qué lloro o dejo de llorar, y, además, no le importa. Pero no me atrevo a decírselo, porque además de tímida soy una persona educada, no como usted, señora, que parece usted una verdulera.

El tiempo se interrumpe en mi cabeza, y por un

momento dejo de ser esta niña grande que soy y me convierto en SuperAna, y me enfrento con una jauría de marujas a latazos, y pongo fuera de combate a la cajera de un certero golpe en el moño propinado por una lata de espárragos al natural. Pero no soy SuperAna, no soy más que la Anita de siempre y estoy cansada, inmensamente cansada y sólo quiero ir a casa y tumbarme en la cama y olvidarme de latas y de congelados y de productos para la limpieza, y cerrar las persianas y los ojos y sumergirme en la nada, arropada por capas y capas de oscuridad que vayan asfixiándome lenta y dulcemente.

La voz chillona de la cajera me devuelve a la realidad. Abro los ojos y otra vez estoy delante de la caja, petrificada y sin el monedero de Farrutx que me regaló mi marido en nuestro aniversario de bodas.

—Bueno, bonita, entonces me dirás qué hacemos, que no tenemos todo el día.

Siento esa voz chirriante invadir mis fantasías como si se tratara de un ejército enemigo, con cientos y cientos de pesadas botas pateándome el cerebro, y me duelen las sienes. Me duele la cabeza.

—Anúlalo todo. ¿Me oyes? ANÚLALO TODO.

Me he sorprendido a mí misma, porque casi nunca grito y no sabía que mi garganta pudiese alcanzar semejante nivel de decibelios. Mi grito ha helado el ambiente. Durante veinte segundos podría escucharse el zumbido de una mosca. Sorpresa, milagro. Las señoras se han callado todas a la vez, como un solo hombre, o mejor dicho, como una sola maruja, y me miran con los ojos muy abiertos, con una mezcla de asombro y reprobación.

Pero rápidamente la cajera recupera el aplomo. Menuda es ella, la cajera, como para que la achante una pocacosa como yo.

—Bueno, vale, guapa, que no es para ponerse así. ¡Menudos humos!

Cierro con decisión el bolso de Farrutx. Se me llenan los ojos de lágrimas. Me muero de vergüenza. No hay peor humillación que llorar en público, y peor aún, llorar delante de esta panda de arpías. Mañana a estas horas todo el barrio estará enterado de que ando desequilibrada.

Sabía que iba a acabar así. Necesito volver a casa. Necesito desesperadamente volver a casa.

Con la poca dignidad que me queda me dirijo hacia la puerta intentando mantener bien alta la cabeza, sin mirar atrás, con las lágrimas deslizándose por las mejillas y llevándose el rímel por delante. Lo que faltaba. Señor, que no me encuentre con ningún conocido. Que no me vean la cara llena de churretones.

—Estas niñas bien, que se creen que las demás estamos aquí para servirlas —oigo que explica la cajera, indignada, a quien quiera escucharla.

—Y que lo digas. Desde que el barrio se ha puesto de moda y se han venido a vivir aquí los yupis estos, hija, lo que tenemos que aguantar —le confirma la de la bata de flores.

Y la cajera anula mi compra y le hace una seña a uno de los aprendices para que retire las bolsas y vuelva a colocar los artículos en su sitio. Y supongo que la cajera tendrá razones para estar con ese humor de perros, porque, al fin y al cabo, se pasa ocho horas diarias de pie, pasando latas y congelados por un lector electrónico y seguro que le pagan un sueldo de miseria que apenas le da para mantener a los dos niños, porque su padre sabe Dios dónde andará, como ella repite siempre, y no dudo que le importan un comino las llantinas y los arrebatos de una niña mimada, porque eso es lo que piensa que soy yo, una niña mimada que lleva un bolso que vale la mitad de su sueldo. Cuántas veces he oído repetir a la cajera, quien se lo ha oído decir a su madre miles de veces, que los que más lágrimas derraman suelen ser los que menos razones tienen para llorar. Y, no sé, quizá tenga razón, quizá yo no tenga razones para llorar. Tengo un marido maravilloso y un niño guapísimo y una casa que podría salir fotografiada en el *Elle* decoración, y sin embargo, no sé qué me pasa, sólo tengo ganas de llorar. Y para colmo me muero de vergüenza. No alcanzo a comprender cómo he podido perder los nervios delante de todo el mundo en el supermercado. Después de semejante apuro no pienso volver nunca allí. A partir de hoy encargaré la compra por teléfono. O mejor aún, que haga la compra la chica, que para eso está, que no sé a cuento de qué me ha dado a mí por bajar a hacer la compra. Ahora sólo quiero volver a casa. Volver a casa, volver a casa, tumbarme en la cama, cerrar las persianas y los ojos y sumergirme en la nada, arropada por capas y capas de oscuridad que vayan asfixiándome lenta y dulcemente...

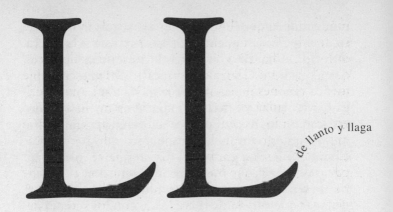

LL de llanto y llaga

No echamos de menos a las personas que amamos. Lo que echamos de menos es la parte de nosotros que se llevan con ellas.

He crecido entre discos. Cuando mi padre se marchó estuvimos unos años viviendo con la tía Carmen y su hijo Gonzalo. Gonzalo es once años mayor que yo. Al principio casi ni me hablaba, pero yo estaba encantada con él. Era tan guapo... tan, tan guapo. Impresionante, de verdad. Gonzalo era, por guapo, el tipo de hombre que le gustaba a todas las mujeres. No dejaba indiferente a ninguna. Sólo he conocido otro caso parecido, aunque aquél no era tan guapo, pero sí más simpático. Se llamaba Santiago y era el camarero más mono del bar donde trabajo, ese espacio tecnificado y cyberchic que constituye el escenario de mis noches. Pero Santiago acabó muy mal, y no me gusta hablar de él porque me pongo triste.

Volviendo a cuando Gonzalo vivía en casa, el caso

es que mi primo se convirtió en mi segundo padre, y desde el primer momento quedó claro que yo sería su preferida. Gracias a él aprendí a escuchar música. Hasta que llegó Gonzalo en mi casa sólo se escuchaba música clásica, que es la que le gusta a mi madre y a mi hermana Rosa. (Mi hermana Ana no tiene oído musical, un rasgo que, sospecho, heredó de mi padre aunque no estoy muy segura, puesto que a él apenas le conocí.) Pero a partir del día en que se instaló en mi casa Gonzalo, se mezcló con el aire, con el perfume de mi madre y con los olores de especias y fritangas que venían de la cocina, y con los seriales de *Lucecita* y *Simplemente María* que subían por el patio, un fondo permanente de guitarras eléctricas, y me he tragado a Dylan y a Hendrix y a la Joplin y a Leonard Cohen y a los discos censurados de Lluís Llach tirada en la alfombra del cuarto de Gonzalo, mientras jugaba con mi Lego y mis muñecas. Pasaba el dedo, fascinada, por las portadas psicodélicas de los discos de Genesis, de Lennon, de los Who, y me contaba a mí misma cuentos que transcurrían en el mundo del *Submarino amarillo*. Mis historias fluían entre alucinaciones psicodélicas. Dragones de mil colores, sirenas de metal, espirales de fuego penetradas de azul. Con siete añitos Gonzalo me llevaba de la mano a cinestudios de tercera fila a ver películas de los Rolling Stones y de los Beatles, sesiones interminables en las que me aburría lo indecible. Los dibujos animados de los Beatles aún tenían un pasar, pero lo de las películas de los Rolling y las de los Who… aquello era harina de otro costal. Lo único que recuerdo de *Performance* y de *Tommy* es el aburrimiento pesado que me aplastaba como una losa sobre el sillón del cine, la agobiante necesidad de encontrar por fin un espacio donde encajar las piernas que me colgaban, el orgullo que se me extendía por dentro cuando dirigía la mirada hacia mi primo, que contemplaba ensimismado las escenas para mí incomprensibles que se sucedían en la pantalla.

En fin, debe de ser por eso, por esa musiquilla de fondo que me ha acompañado desde la infancia, por lo que todos mis problemas y todas mis historias y todos mis sentimientos siempre acaban asociados a una canción.

El primer disco que me compré, por supuesto que me acuerdo, era *Oceans of Fantasy,* de Boney M. Tenía yo diez años. Gonzalo puso el grito en el cielo y me calificó de hortera para arriba. Dos años después, coincidiendo con mi conversión a la modernidad, empecé a comprarme discos de la Human League y Spandau Ballet, que a Gonzalo tampoco le decían demasiado. Me avergoncé enormemente de mi primera elección y escondí el disco de Boney M en el fondo de un armario. Qué inseguridad de adolescente... Ahora, después de que los años me han enseñado a hacer valer mi instinto más allá de modas pasajeras y de críticos sesudos y de opiniones ajenas, cuando reivindico con orgullo aquella primera elección, no tengo ni idea de dónde acabó aquel disco de portada delirante, con los Boney M ataviados de Neptuno y sus nereidas. Supongo que Gonzalo acabó vendiéndolo en el rastro, o lo cambió por un disco de rock and roll «auténtico», de aquellos con mucha guitarra y mucha distorsión.

Pero mi auténtico primer flechazo, mi primer grupo idolatrado, fueron los Kinks. Tenía yo trece años y un solo disco (recopilatorio, eso sí) del grupo, que me había regalado Gonzalo cuando se fue a vivir a Donosti con mi tía Carmen, dejándome más sola que un bebé en un bosque. Escuché aquel disco, su regalo de despedida, una y otra vez, y otra vez, y otra vez, hasta que casi me lo sabía de memoria. Con aquellos acordes en los oídos y el pecho extenuado de tanto esperar en vano, cerraba los ojos y atravesaba de punta a punta el vasto territorio de la nostalgia. No se puede llorar con los ojos cerrados. Con los ojos cerrados una no puede ver que un cuarto esta vacío, que han desaparecido los discos y los cómics. Al tiempo se me abrían los hilvanes de la mente y las notas se colaban para bailar con mis neuronas. Y aunque no entendía casi una palabra de las letras, me daba la impresión de que Ray Davies sintonizaba perfectamente con mi estado de ánimo y entendía perfectamente lo que me pasaba por la cabeza, o eso creía yo, simplemente a través de lo que me transmitía la música y el tono de su voz. Llegué a tal punto de devoción que me juré que si tenía hijas las llamaría Lola y Victoria, como dos canciones de los Kinks. Todavía puedo tocar a la guitarra *Lola*, Lo-lo-lo-lo-looo-la con cierta gracia.

Cuando por fin entendí las letras, y cuando tuve dinero para comprarme todos los discos editados, no me desilusioné. No entendía cómo a la gente podía entrarle semejante perra con los Beatles –que al fin y al cabo son unos sosos cuando van de románticos y unos pelmas cuando van de místicos– ni con los Rolling Stones –tanto satanismo y tanto sexo salvaje para acabar casándose con una maru de cara de caballo y pinta de recién salida de un culebrón– cuando existían los Kinks, que tenían las mejores melodías y las letras más ácidas e inteligentes. Me encantan sus descripciones irónicas y su escepticismo, y me encantan, sobre todo, sus canciones de amor, ebrias de entusiasmo y vida.

Podría cerrar los ojos cuando escribo, y aun así

fluirían las palabras; no tengo tema, sólo un ritmo. Y volviendo al principio, cuando explicaba que siempre acabo identificando mi estado de ánimo con una canción determinada, resulta que todos estos días me he levantado tarareando el mismo tema, que no oigo desde hace por lo menos dos años y que no puedo escuchar porque se me ha estropeado el tocadiscos y sólo puedo poner cedés, y por tanto me parece que no es casualidad que la repita una y otra vez. Es una canción de los Kinks que probablemente conocéis, de la que sólo recuerdo la primera estrofa, y que empezaba así: *Thank you for the days / those endless days, those precious days you gave me / I'm thinking of the days / I won't forget a single day, believe me...*

Pienso en Iain y en que no olvidaré un solo día, créeme.

M

Gran parte de mi vida, por no decir toda, me la paso encerrada en un despacho, tecleando sin parar. Cada día produzco más y más información. Ha llegado un punto en que mi memoria está duplicada, y la memoria exteriorizada en archivos y bases de datos supera a la almacenada en mi cerebro biológico.

Una gran cantidad de información está guardada en mi computadora. Para acceder a ella hace falta teclear una clave de acceso que sólo yo conozco. Otra parte, menos confidencial, se archiva en disquettes, guardados bajo llave. Los disquettes y la memoria RAM contienen cifras y datos precisos, archivados por orden alfabético en carpetas y subarchivos fácilmente localizables. Esta información procesada en dígitos binarios conforma mi identidad laboral, la que me identifica frente al mundo.

Luego está mi otra memoria. Dentro de mi cabeza navegan recuerdos difusos almacenados sin orden ni categorías. Recuperarlos no es fácil. Un día cualquiera afloran a la superficie conjurados por un aroma, un sabor, un perfil familiar entrevisto en la calle. Imágenes olvidadas, nombres que ya no recordaba, dolores que creía enterrados. A partir de ellos, supongo, se construye mi *verdadera* identidad, mi vida propia. ¿Acaso la tengo?

El otro día, por ejemplo, al ir a comprar el periódico, me fijé en una niña que debía de tener doce años. Expresión ensimismada, ojos dulces, melena descuidada. ¿A quién me recordó…? A una compañera de clase con la que apenas hablaba.

Días de colegio.

Pienso en el colegio y me viene a la cabeza cómo me creció el pecho de pronto, casi de la noche a la mañana. Recién cumplidos los doce años, la Valkiria me compró mi primer sujetador. Marca Belcor, modelo Maidenform, talla 80, color rosa salmón. Me venía un poco grande y fue necesario ajustarlo. Fui la primera de mi clase en usar sujetador.

Rosa Gaena, doce años, cociente de inteligencia 155, contorno de pecho 80, 166 centímetros de estatura. Las cifras de la Mujer Biónica.

Aquel invento de la ortopedia femenina me convirtió, en contra de lo que habría podido suponerse, en el hazmerreír de la clase. No sólo las otras niñas no respetaban mi recién adquirida condición de mujer con pechos y todo, sino que me martirizaban estirando del tirante trasero, elástico, para que se me clavase en la espalda al soltarlo.

Qué cruz.

Y, también casi de un día para otro, todas las niñas de la clase se pusieron a hablar de chicos. No había otro tema. Cada una tenía el chico que le gustaba –un vecino, un primo, el hermano de una amiga o uno con el que coincidían en el autobús– y se dedicaban a escribir su nombre en la carpeta de los apuntes, en las cubiertas de los libros, en la cartera y en el pupitre.

Y yo la más alta de todas, la de las mejores notas, la única que usaba sujetador, no tenía a «mi chico». No tenía nombre que escribir en las carpetas ni en las cubiertas de los libros. A Gonzalo, el único, el importante, el irremplazable, no podía citarlo, porque era mi primo hermano, y no podía casarme con él a no ser que el Papa lo autorizara expresamente.

Eso lo sabía yo muy bien, por algo sacaba siempre sobresaliente en religión.

Como en todo.

Por si fuera poco, Gonzalo no me hacía ningún caso, y yo siempre he sido muy orgullosa. Antes morir que reconocer que estaba enamorada de un primo borde que me despreciaba abiertamente.

Me habría gustado contar con un nombre que escribir en los cuadernos, pero no conocía a ningún chico de mi edad –ni siquiera uno un poco mayor, que también habría valido– con el que tuviera la ocasión de mantener una conversación de más de cinco frases seguidas.

Había un par de vecinos que podrían haber servido, pero uno tenía la cara llena de granos y al otro le sacaba yo por lo menos cinco centímetros, así que no me quedó más remedio, a mi pesar, que descartarlos como posibles candidatos a convertirse en protagonistas de mis sueños adolescentes.

Sin embargo, estaba rodeada de chicas.

Sólo en mi clase había treinta y cinco. Y en todo el colegio, casi mil. Aunque las de los otros grupos casi no contaban.

En la hora de matemáticas era tradición que, de

una en una, las niñas saliesen a la pizarra para resolver, delante de todas las demás, los problemas que la profesora había dictado la tarde anterior como «tarea para casa».

Por lo tanto, cada día le correspondía a cinco pobres infortunadas pasar por ese calvario y aguantar diez minutos de tortura psicológica, viéndoselas y deseándoselas para averiguar cuál podía ser la raíz cuadrada de 324.

Como la profesora era una auténtica sádica, jamás sacaba a la pizarra a alguien a quien se le dieran bien las matemáticas. Es decir, una niña capaz de salir a la pizarra, resolver el problemilla en escasos tres minutos y acto seguido regresar a su sitio con expresión de felicidad.

Muy al contrario, las víctimas elegidas eran niñas con una media tradicional de insuficiente o aprobado pelado. Así se garantizaba que se equivocasen al menos cinco veces antes de conseguir resolver la ecuación, la raíz cuadrada o el quebrado correspondiente, para gran diversión y regocijo de profesora –principalmente– y alumnas.

Esto quería decir que a mí –sobresaliente de toda la vida– nunca se me llamaba a la pizarra, lo que suponía, por una parte, que podía pasar mis tardes entregada a la feliz lectura de Emilio Salgari en lugar de a la resolución de farragosos problemas aritméticos, sin la menor ansiedad o cargo de conciencia, y, por otra, el privilegio de poder dedicarme durante las clases de matemáticas a examinar detenidamente a mis pobres condiscípulas sin que sobre mí pendiera, cual espada de Damocles, la posibilidad de ser la próxima en ser llamada a la pizarra.

Durante diez minutos las condenadas a pizarra permanecían en una tarima elevada y debían volverse unas cuantas veces, mirando ora a la pizarra, ora a la profesora, ora al respetable público, en busca de ayuda. Yo podía, pues, evaluar con tranquilidad factores como la longitud y el color de la melena, la estrechez de los tobillos, la gracia de los movimientos o la calidad de la sonrisa.

Ya entonces tenía yo unos gustos muy definidos.

No me gustaban las bellezas oficiales de la clase, un círculo restringido de cuatro niñas (Verónica a la cabeza, Leticia, Laura y Nines) que, vete a saber por qué, también eran las listas oficiales y compartían una serie de características que las convertían, a ojos de las demás, en privilegiadas: tipo de bailarina, lacia melena trigueña, ojos claros y estilo impecable.

Y más valía que no me gustaran, porque a ésas, en cualquier caso, nunca las sacaban a la pizarra.

Por el contrario, sentía debilidad por una morenita que aparentaba exactamente sus doce años, y ni uno más, que no hablaba de chicos, ni de casi nada, que se pasaba las horas del recreo vagando sola por las pistas de tenis y que se ruborizaba instantáneamente cuando la profesora sádica descubría, delante de toda la clase, su innata incapacidad para las matemáticas.

Ella no pertenecía a aquel mundo.

Ella resultaba inclasificable dentro de las estrechas categorías que podían definirse en aquel limitado universo de uniformes y encerados. No pertenecía al grupo de las ratitas grises y poco agraciadas que se esforzaban como podían en sacar el curso adelante a pesar de sus escasas luces. Pero tampoco era una de las listas gatitas que se empeñaban en hacer evidente su recién adquirida condición de lolitas.

Ella era otra cosa.

Yo no tenía muy claro si era excesivamente inteligente o retrasada mental, pero resultaba evidente que la integración con sus condiscípulas le inspiraba la indiferencia más total. Podía pasarse horas enteras sentada en su pupitre, mirando por la ventana, sin prestar atención a nadie.

Me sentía fascinada. Me parecía que aquella niña era guapa. Más aún, bella. La belleza, lo esencial, es invisible a los ojos, dijo el zorro.

No lo era, desde luego, según el canon de belleza que imperaba en aquel colegio. No tenía ojos azules ni boquita de piñón. Pero era muy distinta de las otras, para bien.

Y eso se veía a la legua.

Verónica, Leticia, Laura y Nines, con aquello de que eran las guapas indiscutidas, eran también las únicas que «salían» oficialmente con un chico. Algún pelele del colegio de al lado que las esperaba a la salida de clase en la parada del autobús (nunca a la puerta del colegio, pues las monjas no lo habrían permitido), y que se ofrecía a llevarles los libros, igualito igualito que en las películas yanquis de los cincuenta.

Éstas eran las chicas que en clase de dibujo fantaseaban, entre risitas contenidas, sobre cómo debía de ser darle un beso «de verdad» a un chico, o sea, un beso con lengua y todo.

Pero yo recibí mi primer beso de verdad antes que ellas.

¿Por qué yo, a los doce años y siete meses, me dejé magrear impunemente los pequeños senos comprimidos dentro de mi sujetador marca Belcor, modelo Maidenform, talla 80, color rosa salmón, que me venía grande y hubo que ajustar, por un adolescente granujiento con pelusilla sobre el labio inferior?

Porque nadie me había explicado nunca de qué iba aquello de los besos con lengua y los magreos, a excepción de los gorjeos cantarines y poco reveladores de Verónica, Leticia, Laura y Nines en las clases de dibujo.

Porque no había conocido más educación sexual que la proveniente de un libro para niños titulado *De dónde venimos* que la tía Carmen había tenido a bien regalarme al cumplir los ocho años. Un libro en el que espermatozoides animados con cara de pillines corrían en busca de un óvulo rosa, caracterizado como una matrona rechoncha de cara amable y repintada y expresión de expectante felicidad.

Porque no acababa de entender qué se proponía el caracráter cuando empezó a meter la mano por debajo del sujetador marca Belcor, modelo Maidenform, talla 80, color rosa salmón, que me venía grande y hubo que ajustar, mientras bailábamos las lentas.

Porque había oído hablar de lo de los besos con lengua, pero jamás había oído hablar de los magreos, ni sospechaba remotamente que los pechos femeninos pudieran ser un punto de atracción erótica.

Porque el comportamiento del caracráter me pareció raro, pero en ningún momento reprobable, y le dejé hacer suponiendo, con razón, que él sabría mejor que yo lo que correspondía hacer cuando se bailaban lentas.

Porque en las películas que yo había visto, y que constituían mi única fuente de información sexual a excepción de los relatos de Verónica, Leticia, Laura y Nines (fuentes no autorizadas y poco fiables), el apasionado beso final de los protagonistas desaparecía en un fundido en negro. Así que yo no tenía ninguna razón para creer que después del beso apasionado el chico no jugueteara con los pezones de la chica.

Porque era el único chico de la fiesta más alto que yo.

Porque cuando aquel caracráter empezó a morrearme y a meterme mano mientras bailábamos las lentas yo no tenía muy claro si debía dejarme hacer o pegarle una bofetada con expresión ofendida, como había visto hacer en las películas; y finalmente decidí dejarme.

Porque no tenía valor para abofetear a un chico que me sacaba por lo menos diez centímetros.

Y también, sobre todo, porque quería ponerme de una vez por todas por encima de Verónica, Leticia, Laura y Nines.

Diez de la noche. Fiesta terminada. Antes de entrar en casa, frente al espejo del ascensor hice desaparecer con un kleenex el brillo de labios y la máscara de pestañas. Porque mi madre me habría matado si me hubiese visto llegar a casa pintada. Y me enjuagué los dientes con el elixir Licor del Polo que guardaba en el bolso para que tampoco se notara que había dado cuatro caladas a un cigarrillo Mencey.

Sin tragarme el humo, claro.

Ya dentro de casa, me fui directamente a la cama, sin cenar. Sin mis zapatos «de salir» con tacón de tres centímetros, y sin mi sujetador marca Belcor, modelo Maidenform, talla 80, color rosa salmón, que me venía grande y hubo que ajustar, volvía a parecer lo que en realidad era. Una niña de doce años y siete meses, más interesada en las aventuras de Sandokán o en la melena de una niña morenita que en las habilidades linguobucales de un adolescente granujiento.

Me acordé de los morreos del caracráter y no sentí la sensación de gozosa plenitud que según Verónica, Leticia, Laura y Nines debía acompañar al primer beso. En realidad, el recuerdo me resultaba, me resulta todavía, de lo más desagradable, y me entraron ganas de vomitar.

Y aquella niña de doce años y siete meses se levantó muy digna de la cama y rebuscó en su primer bolso (donde guardaba los kleenex, las llaves, el brillo de labios, la máscara de pestañas, el elixir Licor del Polo y el dinero) hasta que encontró el billete de metro en el que había apuntado el teléfono de caracráter (él no podía ni debía llamarla a casa, porque a mi casa no llamaban chicos) y lo rasgó en montones de pedacitos pequeñitos.

Después regresó a su cama, satisfecha.

Y desde entonces, mientras mis compañeras de clase se dedicaban a pintarse las uñas con brillo, rizarse la melena, pintarse los ojos e intercambiar citas y teléfonos con los chicos de los Maristas, yo me encerré en mí misma y en mis números.

Se acabaron los experimentos con los chicos.

Al año siguiente aquella niña morena dejó el colegio. No he vuelto a verla, y sí he vuelto a verla. No he vuelto a ver a aquella Bea en particular, pero alguna vez he visto, o conocido en alguna fiesta, en la calle, en un bar, a una mujer con la misma expresión ensimismada, con la misma dulzura en los ojos, y he sentido esa misma fascinación, esa intuición de haber encontrado a mi alma gemela.

Y entretanto la vida se me va entre números y cuentas, documentos internos y disquetes de ordenador, y resulta difícil recordar que mi cerebro no está hecho de chips, que soy humana.

Aunque cada día se me note menos.

N

Ya decía Valmont aquello de que el camino más directo a la perversión pasa por la inocencia absoluta, y que nada resulta más fácil que enseñarle a una novicia prácticas sexuales que la prostituta más experimentada se negaría a realizar. Y si nos atenemos a mi caso, entonces el señor vizconde de Valmont tenía razón, porque, como tantas niñas educadas en un colegio de monjas yo no conocía educación sexual de ningún tipo, excepto la de la propia experiencia, porque nadie, nadie, hablaba de sexo en mi familia. Anita y mi madre son de las que cambian de canal cuando aparece una escena subidita de tono, y Rosa... Rosa es para darle de comer aparte. Siempre he tenido la impresión de que pasa bastante del tema. Por lo menos nunca la he oído hablar de sexo. Ni tampoco puedo imaginármela follando. Seguro que se lo plantea como una ecuación: energía más resistencia es igual a orgasmo. O que en el momento cumbre se pone a repasar mentalmente los valores de la bolsa, no sea que mañana bajen los tipos de interés y la cojan desprevenida.

Obvia decir que en el colegio el tema ni se mencionaba. Nos advertían, eso sí, de que teníamos que llegar vírgenes al matrimonio (las pobres monjas, qué ingenuas…), y con eso estaba todo dicho. Y siempre se nos describía a los hombres como una especie de maníacos sexuales que sólo deseaban una cosa, y que una vez que la consiguieran nos abandonarían. Me costó mucho darme cuenta, años más tarde, una vez convertida en el pendón que soy, de que la mayoría no nos abandonaban, es más, no se conformaban con una sola y se mosqueaban bastante si dabas a entender que eso era lo que tú habías esperado de ellos.

Además, durante todo el día sólo veíamos mujeres. Quisiera resumirlo así: había dos reacciones extremas. O se estaba realmente loca por los hombres, o una acababa relacionándose con una mujer. De hecho, el grupo mejor visto era aquel en que todo el mundo sabía que las parejas de amigas no eran sólo amigas. Yo salí de las primeras, creo que no hace falta aclararlo.

Así que cuando empecé a tener encuentros sexuales, y como no quería que nadie me tomara por tonta, daba por sentado que mi pareja sabría más que yo y me limitaba a hacer sin rechistar lo que me sugería. Afortunadamente, o no, tampoco me relacionaba precisamente con expertos (entre nosotros, mi primo, el supuesto donjuán, no tenía ni idea de follar) de modo que debo agradecerle a la divina providencia el hecho de que en mi primera adolescencia no hiciera ninguna barbaridad de la que hoy pudiese arrepentirme. Nada de lo que descubrí me pareció demasiado sorprendente. Llamadlo instinto, llamadlo tolerancia natural.

En ésas estaba cuando a los diecisiete años llegué a la facultad. Allí conocí a Gema y a Line, que desde entonces han sido mis inseparables.

La gente se sorprende mucho cuando se entera de que Gema es lesbiana. Como si fuera marciana. Y luego dicen esa memez de «Huy, pues se la ve muy femenina...» ¿Qué esperan? ¿Que se corte el pelo al uno y se vista de comando? ¿Que haga culturismo? El propio Iain me preguntaba si no sentía cierto reparo, si no me sentía amenazada. Pues no. Nunca. Ella nos lo dijo desde el primer momento, y a mí no me pareció mal, ni a Line tampoco.

En cualquier caso, en primero de carrera las tres nos encontrábamos en idéntica situación, aunque nuestros objetivos fueran diferentes. Nuestra experiencia no resultaba lo suficientemente amplia para satisfacer nuestra curiosidad. Y fue a Line a quien se le ocurrió la feliz idea de alquilar películas porno. Así podríamos adquirir información de primera mano sobre todo tipo de técnicas y posturas que en aquel momento sólo podíamos imaginar.

Hicimos una excursión de media hora en metro hasta Aluche, en busca de un videoclub donde no existieran posibilidades de toparse con ningún conocido. El dependiente nos dirigió una miradita lasciva y nos preguntó si nos gustaba mucho ese tipo de cine. Se ofreció a quedar con nosotros cualquier día para enseñarnos algunas cintas especiales que no estaban a la venta. Salimos de allí por piernas.

Al final encontramos otro videoclub, éste en Pueblonuevo, regentado por un viejecito amabilísimo que no sólo no nos hacía ninguna pregunta comprometida sino que nos asesoraba sobre las últimas novedades. Con el tiempo nos enteramos de que el videoclub era en realidad de su hijo, pero que el chaval pasaba poco por allá porque le traía más a cuenta dejar al viejo al cargo. Así el abuelete se distraía y el dueño podía irse de cañas. El vejete nos llamaba juventud y siempre que íbamos se tiraba un rato largo de charla con nosotras. Casi nunca se refería a las películas que alquilábamos, excepto para comunicarnos la opinión de sus otros clientes. Yo creo que nos cogió cariño y todo.

Como elegíamos las películas sin ningún criterio y cogíamos a toda prisa la primera cinta nueva que llegaba al videoclub, por aquello de la vergüenza que se nos había inculcado y el pudor que se nos suponía, en nuestro universo se mezclaban las starlettes falsamente impúberes y los barrigones casposos de principios de los ochenta con las guerreras siliconadas y los galanes esteroidados de las postrimerías de los noventa.

Lo hemos visto todo.

Jovencitas con pinta de estudiantes de colegio mayor cuyo halo de piadosa inocencia no les impedía realizar los numeritos más osados. Garañones de aspecto sórdido con pinta de estibador portuario, felices poseedores de arietes de treinta centímetros que les catapultaban directamente a la cima del star system postsicalíptico. Decididas colegialas de cuerpo engañosamente preadolescente y garganta abisal que compensaban sus senos más bien escasos con un entusiasmo sin precedentes a la hora de engullir con la mayor voracidad trancas hiperdesarrolladas. Nínfulas que relamían con deleite y con la expresión más inocente, como si de helado de vainilla se tratara, los restos de semen que quedaban en las comisuras de sus boquitas de piñón. Ositos de peluche de discreto tonelaje que exhibían con orgullo los veinticinco centímetros de rigor en la profesión. Californianas oxigenadas, tigresas insaciables de curvas esculturales y facciones de leopardo, concienzudas y expertas en la fellatio, rítmicas y agitadas en la fornicación. Morenazos de pelo en pecho, inagotables e inventivos, auténticos latin lovers. Diosas reconstruidas armadas de una delantera megaatómica, que avasallaban a sus incrédulos partenaires con sus generosas glándulas siliconadas. Recicladas venus plásticas que se despojaban con orgullo de sus sujetadores de encaje rosa y nos permitían ver cómo su pecho de guerreras de hierro ascendía orgulloso hacia el cielo, desafiando las más elementales leyes de la gravedad y de la genética. Sementales con una energía digna de una locomotora que arrancaban a la garganta de sus compañeras auténticos rugidos de placer. Galanes de coletita engominada que parecían proxenetas de posibles. Mulatonas de traseros sabrosones que movían las caderas con la potencia de un tornado. Chuloputas de vaquero prieto y camiseta ceñida, sobrealimentados de anabolizantes, cuya coraza de músculos cincelados, en contraste con sus exiguas herramientas, sugería poca mecha para tanta dinamita. Exquisitas orquídeas asiáticas, más sofisticadas que precisas, delicadas y peligrosas como una flor carnívora. Camioneros que compensaban su escaso sentido del ritmo y su total inexpresividad con la potencia desaforada de sus fluidos seminales, un auténtico diluvio. Y rubios hiperoxidados que se resarcían de la poca espectacularidad de un riego vital inconsistente y cristalino con una naturalidad portentosa ante la cámara y un ímpetu y un brío desmedidos.

Llegamos a sabernos de memoria la identidad de las principales luminarias de la constelación genital: Ginger Lynn, John Holmes, Tori Welles, Gabriel Pontello, Ashlyn Gere, Christophe Clark, Savanah,

Peter North, Tracy Lords, Ron Jeremy... Nombres y apellidos inverosímiles que habían elegido chicos y chicas procedentes de pueblos anónimos el día que llegaron a Los Ángeles y decidieron asumir una nueva identidad: la de superdotados sexuales destinados a habitar nuestros sueños más húmedos.

Los guiones eran inexistentes y el argumento no era sino una excusa para hilar las seis escenitas clave que toda película exigía. En las más cutres, las escenas se sucedían sin ilación ninguna. Las chapuzas eran de antología. En muchos casos se veía la pértiga del sonido. Casi todos los actores se quedaban mirando a la cámara en pleno polvo, esperando instrucciones, y en la mayor parte de las cintas era fácil apreciar que la herramienta que ejecutaba la penetración no correspondía, por color o por tamaño, con la que segundos antes enarbolaba orgullosamente el actor de turno, o que el pene que se había introducido en la vagina embutido en un condón salía de ésta sin él. Se ve que con las prisas ni se habían tomado el trabajo de buscar un inserto que no cantase... Pero, seamos sinceros, ¿qué importancia tienen una iluminación calamitosa o una composición de planos simplemente inexistente cuando lo que importa es ver puro y duro metesaca?

Como resultado de esta atípica educación sexual me quedó la idea de que los tíos siempre se corrían fuera, excepto cuando querían tener hijos, porque eso habían hecho mis cinco amantes y eso hacían los chicos del porno. Y se me fijó una obsesión por las pollas grandes, ay, ¡pobre de mí!, que ya nunca me abandonaría; y es una desgracia, porque la experiencia y el tiempo me han demostrado que, al contrario de lo que el porno me había hecho creer, las trancas de veinticinco centímetros no suponen la regla, sino la excepción.

A veces pienso que eso fue lo que hizo que me enamorase de esa manera de Iain: que materializó todas mis fantasías de adolescente, las que el cine porno me había hecho albergar. Porque él tenía una polla enorme, y duraba tanto como los garañones del porno, y hacía tantos numeritos como ellos.

La verdad es que nadie se explica por qué me colgué de aquella manera. A ninguna de mis amistades le caía bien. No era lo que se entiende por un chico encantador, precisamente. Era borde como él solo. Apenas dirigía la palabra a mis amigas, y cuando lo hacía era para soltar alguna inconveniencia. En el bar no le soportaban. Y no era para menos, con sus numeritos de celos.

Sí, es difícil de entender. Pero si me paro a pensarlo, no podía ser de otra manera. Estaba cantado. Tenía que acabar loca por un tipo como él.

La explicación más obvia, la de psicoanálisis de a duro, es aquella que me daban mis terapeutas, esa historia de que yo ando buscando al padre que me abandonó y por eso me cuelgo con tíos mayores que yo, tranquilos, responsables y de aspecto protector. Pero eso no explica, por ejemplo, por qué antes de Iain me gustaba tanto Santiago, que era más joven que yo y al que se podía calificar de todo menos de responsable. Las explicaciones simplistas no sirven para nada.

Hay que tener en cuenta cómo me encontraba yo cuando conocí a Iain. Más sola que un cacto en medio del desierto y más perdida que un bantú en un cuarto de baño. De pronto, todo se me había juntado. La muerte de Santiago, la hospitalización de Line y la ausencia de Gema. Uno la palma de un pico chungo, a la otra la ingresan, por enésima vez, en un hospital de paredes blancas donde la atiborran a concentrados de proteínas y donde sólo me permiten visitarla media hora cada dos días. Y Gema, que siempre había sido mi agarradera, mi lastre, la fuerza sensata que me conectaba con el mundo, estaba encerradísima con su puñetera tesis, y casi no podía contar con ella. Yo tenía la impresión de que utilizaba lo de la tesis como excusa, porque después de lo de Santiago quería apartarse un poco del ambiente, cosa que yo no podía reprocharle.

Así que conocí a Iain por casualidad en una fiesta, y me colgué. Me encoñé porque tenía la polla enorme y porque era un plusmarquista sexual. Y me enamoré porque era completamente distinto de la gente que me rodeaba. No iba por la vida a mil por hora. Leía a los clásicos, escuchaba jazz, veía películas en la Filmoteca… No parecía acarrear ese aura de provisionalidad que caracterizaba a todo lo que me rodeaba. Acabé fascinada por cualquier detalle relacionado con él, por mínimo que fuese.

Me encantaba su escritura, por ejemplo. Esas des que parecían bes y esas bes barrigonas e inacabadas que nadie sabe lo que parecían. Era una escritura desaliñada, imprecisa… Me encantaban las notas que iba dejando por toda la casa en pequeños papeles amarillos. Las manos, huesudas, nerviosas. Los dedos larguísimos. Y la voz. La voz era suave y él arrastraba las palabras lentamente, forzando siempre la última sílaba. Podría haberme dormido escuchándole. Me gustaba la forma que tenía de manejar las cosas, los tenedores, los bolígrafos, los lápices. Los trataba con un cuidado exquisito, como si temiera que fueran a romperse. No como yo, que nunca trato con cuidado nada que caiga en mis manos y que, efectivamente, soy muy dada a romper cosas. Esa tranquilidad, esa cotidiana parsimonia de Iain contrastaba tanto con el ritmo anfetamínico de mis amistades, y era tan desesperada mi necesidad de estabilidad, que irremediablemente tenía que sentirme atraída por su calma.

Me gustaba su sentido del humor, tan sutil que a veces resultaba imperceptible. Me gustaba el olor dulzón de su piel, la curva de su nuca, el tacto solidísimo de sus hombros. El gesto de concentración que dibujaban sus labios cuando, inclinado frente a su ordenador, se peleaba con las historias que no conseguía escribir. Me gustaban todos los pequeños detalles que había aprendido a reconocer como familiares. Podía hundirme entre su ropa y marearme con su olor. A veces llamaba a su número sólo para escuchar su voz grabada en el contestador automático. Habría reconocido a ciegas sus pasos entre una multitud. Y todas esas pequeñas cosas que le identificaban y que componían su carnet de identidad eran para mí tan sagradas e inmutables como las letanías que había aprendido de pequeña. Me las sabía de memoria aunque jamás me parase a pensar en su significado.

La ignorancia es una traidora que se ha aliado con la imaginación. No sé nada de él ni de lo que pueda hacer. ¿Habrá escrito mucho? ¿Se habrá follado a otras? ¿Me echará de menos? Dibujo mentalmente su imagen, uniendo piezas. Primero los ojos de agua, después el ceño infantil, acto seguido el cuerpo hecho de leche, los pies enormes, las piernas largas, el torso compacto y robusto. No me lo imagino solo. Me lo imagino en fiestas con su sempiterna copa de whisky y una rubia remilgada colgada del brazo.

Vivimos una luna de miel que duró cosa así de un mes. Vacaciones en el Planeta X. Sexo y diversión. Venía a buscarme al bar cada noche. Me llamaba zorra cuando me follaba. Supongo que no está bien admitirlo y cargarse de plano todos los postulados feministas. Supongo que no está bien decir que me gustaba, que no me importaba que me obligara ni que me agarrara por el pelo para obtener lo que quería. Sé que no está bien echar eso de menos. Dulces oleadas de leche derramada disparaba su sexo, incrustado en mi vientre, y yo le oía gemir, desnudo, concentrado, ascendiendo cielos hacia el séptimo. Me llamaba zorra y decía que yo nunca tenía suficiente.

Pero nada bueno dura eternamente. Llega un momento en que el sexo salvaje no lo cubre todo y surge el peligro de conocerse, y el compromiso. Y es el fin. Ahí fue cuando empecé a caer en la cuenta de todos los misterios que rodeaban a Iain. ¿Por qué vivía en España? Al fin y al cabo, prácticamente no tenía amigos ni razones para venir aquí, porque no se dedicaba a enseñar inglés ni nada por el estilo. Y ¿de qué coño vivía?

Tenía un apartamento precioso que debía de costarle una pasta. Al principio me dijo que tenía una beca, pero no me lo tragué. En primer lugar, porque el importe de una beca ni siquiera le habría dado para pagar el apartamento, y en segundo porque jamás le vi estudiar ni investigar. No hizo falta que me explicara que era rico. Estas cosas se notan, por mucho que uno vaya vestido con vaqueros raídos y camisetas desteñidas. Se nota en la tranquilidad ante la vida que sólo ofrece una posición acomodada, la seguridad de que ningún golpe va a ser demasiado doloroso porque tus padres han almohadillado la superficie sobre la que planeas. Me pregunto si Iain habría exhibido la misma tranquilidad en los pequeños detalles si hubiera nacido en otra familia.

Prácticamente vivíamos juntos. Poco a poco, sin advertirlo, había trasladado mis pertenencias indispensables a su apartamento y apenas pisaba el mío, si acaso una vez cada quince días para recoger correspondencia, discos y ropa. Yo había cedido, le había concedido ventaja y jugábamos en su campo. Con la excusa de que su apartamento era más bonito y espacioso me había llevado a su territorio.

Una tarde de domingo estaba hojeando sus libros, buscando algo que leer, cuando un papel amarillento que había estado guardado entre las páginas de *Othello* cayó al suelo. Cuando lo recogí me di cuenta de que se trataba de una carta. Debería haberla dejado donde estaba, pero no pude resistir la curiosidad. Él había salido a comprarme los periódicos. Eché un vistazo superficial a la misiva, decidida, en principio, a dejarla donde la había encontrado. La firmaba una tal Shiboin. La carta era muy larga, casi diez páginas. La curiosidad me pudo. Comencé a leerla con manos temblorosas. Temía que no me diese tiempo a leerla toda y que al regresar él me sorprendiera con las manos en la masa.

La chica tenía una letra bonita, pulcra y ordenada, que se volvía cada vez más caótica a medida que avanzaba la narración. Al final las líneas, que habían comenzado horizontales, se inclinaban hacia el suelo, descendentes y depresivas. Los palos de las tes se disparaban, como si escribiese apresurada, como si su mano intentase desesperadamente adaptarse a la velocidad de su pensamiento. Ella decía que nunca le olvidaría, que lo que habían vivido juntos era demasiado fuerte como para borrarlo. Que no soportaba su ausencia. Que necesitaba que la perdonase. «Ya no te acuerdas –le decía– de cuando nos juramos que si a uno de nosotros le sucedía algo, el otro se suicidaría para que estuviéramos juntos para siempre. ¿Cómo has podido olvidar eso?»

Me quedé de piedra. En primer lugar, porque no podía imaginar que él hubiera vivido una historia tan importante. Nunca me había hablado de eso. Ni siquiera me había mencionado de pasada a una antigua novia. En segundo lugar, ¿cómo había podido dejar una carta como aquélla entre los libros, tan descuidadamente, cuando sabía que yo me pasaba el día hurgando en sus estanterías, buscando lectura? Se me pasó por la cabeza que quizá lo había hecho intencionadamente, para que yo lo descubriera, porque no se atrevía a hablar de eso.

Por supuesto, yo no hice ningún comentario del descubrimiento, porque eso habría supuesto admitir que yo leía correspondencia ajena, y a mí se me había educado para considerar la invasión de la intimidad un crimen tan reprobable como el robo.

La curiosidad se instaló dentro de mi cabeza como un pulgón en el seno de una rosa, invisible y devoradora al mismo tiempo. Reparé en una carpeta marrón que reposaba en la estantería y a la que yo, hasta entonces, no había concedido mayor importancia. A primera vista se advertía que contenía correspondencia. Podían entreverse los sobres de correo aéreo, con sus bordes azules, blancos y rojos. Estaba decidida a investigar su contenido a la primera ocasión. Pero no resultaba tan fácil, porque Iain se pasaba el día en casa. No tenía que trabajar y ningún deber le obligaba a comprometer su tiempo, así que cuando yo no estaba en el bar él hacía lo posible por estar siempre a mi lado.

La oportunidad se presentó dos semanas después, el día en que Iain tuvo que ir al aeropuerto a recoger a un conocido de su padre, un hombre de negocios que hacía escala en Madrid de camino a Sudamérica. Calculé que estaría por lo menos dos horas ausente.

Una vez que se hubo marchado esperé una media hora, para asegurarme de que no volvería a buscar cualquier cosa que hubiese olvidado y no me sorprendería con las manos en la masa, y luego me abalancé sobre la carpeta. Estaba tan nerviosa que no sabía por dónde empezar. Me leí todas las cartas, una por una. La mayoría estaban fechadas dos años atrás, cuando Iain aún residía en Dublín. Me dolió comprobar que le importaban tanto como para haberlas traído con su equipaje. Las cartas hablaban mucho de amor y casi no mencionaban el sexo. Si lo hacían era muy de pasada y eufemísticamente, refiriéndose a «aquella noche tan bella que pasamos juntos» y cursiladas por el estilo.

Recuerdo un párrafo casi de memoria. Creo incluso que, si me concentro, puedo verlo escrito en aquellos caracteres redondos: «Más que nada siento haberte mentido, más que cualquier otra cosa que haya hecho. Pero haría cualquier cosa, cualquier cosa, por que me perdonases…» Por las cartas me enteré de que Shiboin estudiaba enfermería en Dublín. Sus padres vivían en Cork. Escribía a Iain desde montones de paraísos vacacionales: había cartas enviadas desde Grecia, escritas en la cubierta del yate de su padre y franqueadas en el transcurso de una escala técnica en Corfú; cartas escritas desde un refugio alpino en Gstaad, que hablaban de slálhoms y ventiscas y de los progresos de Shiboin en las pistas más difíciles; cartas enviadas desde su casa de Cork, donde pasaba la Navidad junto a su familia, y donde montaba todas las mañanas en su caballo… Evidentemente, era muy rica. O mejor dicho, su padre lo era.

En último lugar había un sobre repleto de fotos de todo tipo. Fotos de Shiboin e Iain juntos en una fiesta, abrazados, con sonrisa de circunstancias, gorritos de papel en la cabeza y los ojos enrojecidos por el flash. Shiboin en el campo irlandés, el pelo rubio cayendo indolente sobre la cara, abrazada sonriente a su caballo. Shiboin en traje de noche, posando junto a un hombre mayor de perfil aristocrático y expresión orgullosa, vestido de esmoquin, que supuse debía de ser su padre. Shiboin en la playa luciendo un traje de baño de una pieza lo suficientemente sobrio como para no ser comprometedor y lo suficientemente revelador como para dejar adivinar un cuerpo espléndido, moldeado a fuerza de años de ejercicio y buena alimentación.

No encontré, sin embargo, las típicas fotos comprometedoras que suelen hacerse los amantes, esas fotos que tantos quebraderos de cabeza causan cuando llega la ruptura. Ninguna foto de Shiboin desnuda. Ni siquiera una foto de Shiboin recién levantada de la cama. Me extrañó un poco, y me alivió a la vez.

Era guapa. Y elegante, además. Aunque es fácil ser elegante cuando una puede permitirse el lujo de gastarse una fortuna en vestuario. Era exactamente el tipo de chica que yo había odiado en el colegio. Aquellas princesitas de buena familia católica que te miraban por encima del hombro porque tus zapatos no eran Castellanos ni tus polos Lacoste. Y lo peor de todo era que Shiboin escribía bien. No parecía nada tonta.

Me pregunto si las cosas me habrían resultado más fáciles si ella se hubiera parecido más a mí, si no hubiera sido mi perfecta antítesis. La rubia espiritual versus la morena carnal. Un millón de preguntas bullían en mi cabeza, como un enjambre de abejas asesinas. ¿Seguía Iain enamorado de ella? ¿Por qué conservaba sus cartas? ¿Por qué las dejaba tan a la vista? ¿Por qué dejó una de las cartas dentro de un libro, como si de una puesta en escena se tratara? ¿Cómo podía sentirse atraído por dos mujeres tan distintas entre sí? ¿Se habría decantado por el tipo opuesto a su anterior novia precisamente porque ella le había hecho sufrir demasiado? En la cama, ¿haría con ella lo que hacía conmigo? Y si lo había hecho, ¿por qué ella nunca lo mencionaba, por qué pasaba por alto una cosa tan importante? Quizá hubieran mantenido un tipo de relación que yo ni siquiera podía imaginar, una historia que no necesitaba sexo para cimentarse. Quizá él hubiera cambiado la virgen por la puta, porque ésta resultaba menos peligrosa.

Una segunda lectura de las cartas, especialmente de las últimas, me permitió adivinar, a través de las veladas referencias de Shiboin, algo que antes se me había pasado por alto, ocupada como estaba en averiguar cómo era Shiboin, por encima de la historia que había vivido. Aunque ella nunca lo decía explícitamente, resultaba evidente que cuando hablaba de sus mentiras y de aquello que él no podía perdonar le estaba refiriéndose a un desliz con otro hombre. Aquello me dolió muchísimo, porque implicaba que si él la había abandonado no era porque hubiese dejado de quererla, sino precisamente porque la quería demasiado, y automáticamente yo pasaba a convertirme en el segundo plato, en el sucedáneo, en la merluza congelada que se compra cuando no hay medios para comprarla fresca. ¿Quién podía garantizarme, a partir de entonces, que él me quería tanto como aseguraba? ¿Qué validez tenían sus palabras y sus promesas? Por primera vez conocí de cerca el fantasma de los celos, la amargura de la incertidumbre, una sensación mezcla de abandono y bajón drástico de autoestima, una comezón que nunca antes había experimentado y que no le deseo ni a mi peor enemigo. Y para mayor castigo, se añadía la vergüenza de sen-

tirme inmadura, de saber que era presa de un sentimiento que todos mis terapeutas despreciaban unáni-
memente y que atribuían a una inseguridad neurótica.
Yo siempre había llevado muy a gala el hecho de que
era una chica moderna, independiente, una de esas
chicas en cuyo vocabulario no entra la palabra pose-
sión. Autodestructiva, politoxicómana, maníaco depresiva, quizá. Celosa, no.

Olvídate del sida y de las drogas, de las bombas
nucleares, de los experimentos genéticos, de la mani-
pulación de la información por parte del poder. La
verdadera amenaza, la más presente, son los celos y el
deseo, el éxtasis, el arrebato, el momento en que te
tocará derribar las estructuras sobre las cuales asen-
taste tu equilibrio mental. La pasión es la amenaza
más presente, no importa lo racional que creas que
eres. Nadie está a salvo.

Y comprendí a qué venían los numeritos de Iain,
las miradas torvas que me dirigía cada vez que uno de
los camareros me cogía de la mano o que uno de los
clientes fijaba su mirada en mi escote, las broncas que
montaba cuando me paraba a saludar a algún amigo
en la calle y le sonreía más de lo que él consideraba
necesario. No quería que se repitiese lo de Shiboin.
Le había dolido mucho. Y a mí me dolía aún más que
a él le hubiese dolido tanto.

Acabamos precisamente por eso. Por sus numeritos de celos. El día en que decidí que ya me había
hartado de soportarlos. El día en que le dejé. O quizá
me dejó él…

Puede que fuera mejor así… Quizá más vale acabar de forma abrupta, cortar mientras la llama aún
está encendida, que llegar a ese punto en que la ter-
nura se convierte en amabilidad, la necesidad en simple obligación. Mejor echar algo de menos que acabar

echándolo de más. Prefiero la nostalgia a la rutina.

Me levanto todas las mañanas, sola, aprieto la tecla de play del loro que está al lado de la cama y escucho siempre la misma canción. Un adolescente desganado de acento mancuniano desgrana con voz perezosa el mismo estribillo una y otra vez: *She can't get enough, can't get enough, can't get enough… love,* por encima de una sección de vientos que ataca lentíísima el mismo riff hipnótico, y así los demás entendemos que cuando Sean dice amor en realidad quiere decir sexo. Exactamente igual que el común de los mortales. Tarareando ese estribillo y moviéndome al compás me dirijo hacia el cuarto de baño, me ducho y me lavo los dientes. La cara que miro en el espejo es la de una chica que tampoco consigue bastante amor ni bastante sexo. De hecho, nada en absoluto.

Después, me voy a trabajar. Copas y discusiones con el encargado. Subir y bajar cajas de cerveza. Esquivar a los pesados que quieren averiguar a qué hora sales. Las interminables horas que paso en el bar no cuentan. Estoy muerta. No soy yo. Soy un doble cibernético, una réplica catódica, un zombi andante, cualquier cosa. Hablo como yo, visto como yo, miro como yo, pero no soy yo.

Y cuando vuelvo a mi casa a las seis de la mañana llego tarareando el mismo estribillo que llevo grabado a fuego en la cabeza. Me digo a mí misma que esta vez voy a controlarme y no pondré la misma canción, pero no puedo evitarlo. Llego y vuelvo a pulsar la tecla de play y vuelve a sonar el mismo compact que sonaba esta mañana, y ayer por la noche, y el día anterior. *She can't get enough, can't get enough, can't get enough… love.* Sí, señor, ésa soy yo.

Capto, por supuesto, el doble significado de la frase, no sólo sobre el amor y el sexo, sino sobre la supuesta insaciabilidad de la heroína de la canción y no concibo por qué me he obsesionado tanto, pero no puedo evitarlo. Todos los movimientos mecánicos que vienen después –preparar la cena, recoger la ropa, poner la lavadora, desmaquillarme– están dominados por el mismo estribillo, una y otra vez. Leo, como siempre, antes de acostarme, y entre cada línea se me va colando la dichosa frasecita: *She can't get enough love.*

Cierro los ojos e intento reconstruir en mi memoria el tacto de su cuello firme y sólido y de sus hombros perfectos, el olor de sus camisas y el timbre de su voz. Mientras sea capaz de recordar cada uno de esos detalles, sé que no habré perdido a Iain del todo. El recuerdo de esas pequeñas cosas no me entristece. Todo lo contrario, me tranquiliza. Exactamente igual que repetir una letanía. Recordarte a ti misma que tienes algo que adorar.

Por supuesto que salgo, de cuando en cuando, y bailo y flirteo y me drogo y me emborracho y reparto por aquí y por allá ramalazos de belleza, de la belleza que aún me queda. Pero de momento, nadie ha pisado mi casa. Tengo la impresión de que nadie podría compartir la banda sonora, de que nadie podría entender como yo entiendo el significado de esa frase. A veces me quedo leyendo hasta la madrugada y el compact sigue adelante, hasta el final, y todos esos saxos lánguidos se empeñan en recordarme que no tengo suficiente amor.

Uno de estos sábados, por la noche, marcaré el número de Iain. Andará por ahí con su sempiterno vaso de whisky en la mano y una rubia remilgada colgada del brazo. Saldrá el contestador y dejaré grabada la puñetera musiquita. Cuando escuche que ella nunca tiene suficiente… amor, sabrá perfectamente que se trata de mí. Él sabe que yo nunca tengo suficiente.

Ñ

de ñoñería

Tedio y tiempo empiezan por la misma letra, y las horas y los días pasan sin hacer nada, como una sucesión inacabable de hojas en el calendario. Es muy aburrido vivir cuando no tienes nada que hacer y nadie en quien apoyarte. Mi marido y mi hijo, ya lo sé, pero ya no me basta. Aquí encerrada en casa todo el día… No sé, me encantaría tener amigas. Aparte de la cuadrilla de San Sebastián, que al fin y al cabo no eran otra cosa que amistades de conveniencia, de qué me serviría a mí negarlo ahora, lo cierto es que no tengo ninguna amiga de verdad, excepto mamá, creo, no sé.

Me gustaría llevarme mejor con mis hermanas, pero no es tan fácil. ¿De qué podría hablar con ellas? Rosa todo el día con su carrera y su trabajo, y Cristina tan moderna ella… No es que yo no lo intente, yo intento ser amable y esas cosas, pero no, no es tan fácil. La sangre no une tanto como debiera, y cuando las personas no son afines, no lo son, y eso no hay forma de arreglarlo.

A veces, sin embargo, me apetece llamar a Cristina, porque creo que ella podría entenderme y podría explicarme por qué últimamente no consigo parar de llorar. Al fin y al cabo, se supone que es ella la que tenía problemas mentales, ¿no?

No sé, lo de los problemas mentales de Cristina es una historia que no conozco de primera mano, porque ocurrió después de que yo me casara, y todo lo que yo sabía era a través de mi madre, que me llamaba desesperada y harta para desahogarse: «No puedo con esta niña, es que no puedo, te lo advierto, Ana, cualquier día voy a hacer una barbaridad.» Y confiaba en mí para que le ayudase, por aquello de que yo era una mujer casada y sensata, y yo pensaba para mis adentros que qué podía hacer yo, si tenía muy claro que a Cristina no la paraba nadie, y mucho menos yo, porque yo seré muy buena chica y muy sensata y muy todo, o eso piensa mamá, pero no dispongo de la mitad de las energías de mi hermana pequeña.

Cuando Cristina nos pegó el primer susto ella tenía dieciséis años y yo acababa de casarme, como quien dice. A ella le costó una semana en la UVI y a todas nosotras un montón de lágrimas y de dolores de cabeza. Ninguna tiene muy claro por qué lo hizo. Y la historia que yo sé no la conozco de primera mano y sólo sé lo que mamá y Rosa me contaron. Que Cristina llegó borracha a las tantas de la mañana y que se encontró a mamá despierta, esperándola. Que tuvieron una de sus broncas de costumbre, porque, según mamá, cualquier persona que viviera bajo *su* techo (y remarcaba aquel posesivo) debía ajustarse a un horario decente, y por decente se entendía que a los dieciséis años una debía estar en casa a las diez de la noche, como habíamos estado las demás. Que Cristina se metió en su habitación pegando un portazo y que a la mañana siguiente, cuando Rosa fue a despertarla, se dio cuenta de que Cristina no se movía, no reaccionaba, de que jadeaba de forma extraña, y de que un reguero de saliva solidificada le bajaba desde la comisura de la boca hasta la curva de la mandíbula. Fue en ese momento cuando reparó en que al lado de la cama había una caja de neorides y una botella de pacharán, vacías las dos. Y ya puede agradecerle Cristina a Dios que mi hermana Rosa sea tan lista y se diese cuenta inmediatamente de lo que había hecho, porque si llego a ser yo la que se la encuentra seguro que, primero, no me habría enterado de lo que pasaba, y, segundo, que aunque me hubiera enterado no habría sabido qué hacer. Y Rosa llamó de inmediato una ambulancia, y para el hospital se fue Cristina, que tuvimos mucha suerte, decían los médicos, que la niña era muy fuerte y no sólo había sobrevivido sino que, además, la burrada que hizo no tuvo consecuencias más graves, porque podía haberle afectado la cabeza y nos habríamos quedado con una hermana medio sorda o medio ciega o yo qué sé…

Recuerdo una vez, y de esto no hace tanto, en una comida familiar, mamá estaba quejándose de la vida que lleva Cristina, trabajando en un bar y eso, cuando tiene una carrera terminada, y con muy buenas notas, además, y Cristina dijo, lo recuerdo perfectamente, que daba igual lo que ella hiciera con su vida, porque al fin y al cabo estaba viviendo de prestado. Y supongo yo que se refería a que, como había sobrevivido por casualidad, la vida que tiene se la ha regalado Dios o el azar o la suerte, pero que en cualquier caso no la considera como suya, porque la suya, la que le tocaba de verdad, se quedó allí, en la UVI, y desapareció durante los tres días que estuvo inconsciente, supongo.

Pero aquél sólo fue el primer susto, a pesar de que mamá envió a la niña a uno de los mejores psicólogos de Madrid, que nos lo había recomendado mi suegro y que le salía a mamá por un ojo de la cara, pero que no nos sirvió de nada porque después vino el resto de los numeritos, una sucesión de animaladas con las que Cristina nos sorprendía periódicamente, tan brillantes y tan previsibles como la luna llena, aunque nunca sabíamos, eso sí, cuál sería exactamente la próxima sorpresita que nos depararía la niña. En una ocasión desapareció durante cinco días y cuando por fin nos dijeron dónde estaba tuvimos que ir a recogerla a un centro de acogida de la Comunidad de Madrid, totalmente demacrada y cubierta de moratones, incapaz de recordar dónde había estado. Otra vez Rosa se la encontró inconsciente, tirada en el garaje de casa. Al principio Rosa pensó que estaba muerta, porque llegó a pellizcarla y todo y Cristina no se movía. Y vuelta a llamar a la ambulancia, y vuelta a llevar a Cristina al hospital, y resultó que lo que le pasaba a la niña es que se había metido heroína, sí, heroína, que mamá no podía ni creérselo ni yo tampoco, porque hasta entonces yo siempre había asociado lo de la heroína con esos chicos famélicos y desgreñados y sucios que intentan venderte kleenex en los semáforos, y no con una niña de dieciséis años, sana y guapa, y de buena familia, además, que por entonces aún iba al instituto. Y cada dos por tres Cristina tenía una bronca nueva con mamá y pegaba unos berridos que se enteraban todos los vecinos y decía que no entendía por qué había venido a este mundo, y mamá me llamaba desesperada diciendo aquello de que aquella niña era la piel del demonio, y que seguro que había salido a su padre porque todas las demás mujeres de la familia siempre habíamos sido muy tranquilas y muy controladas.

Así, según lo cuento, da la impresión de que Cristina estaba completamente loca y de que, además, era insoportable, pero para nada. Cuando Cristina estaba de buenas no había niña más encantadora en el mundo, y como encima era monísima, que todavía lo es, se traía a todo el mundo de calle. Tenía tantos novios, o amigos, o lo que fuera, que nos resultaba imposible llevar la cuenta, y cuando ya le habíamos cogido cariño a uno entonces teníamos que olvidarnos de él y hacernos al siguiente, y la pobre Rosa se hacía un lío con los nombres de los unos y los otros. Todos se parecían, todos más o menos guapos, con moto, y siempre con las mismas pintas, cazadora de cuero y pelo cortísimo, muy modernitos ellos, y siempre babeando por detrás de los pasos de mi hermana. A mamá casi le daba un telele cada vez que veía a uno de esos pintas esperando en el portal de casa, porque ya sabía que por fuerza tenía que tratarse de una de las últimas adquisiciones de Cristinita, adquisiciones que a ella no le hacían ninguna gracia, por supuesto. De la misma forma que no le hacía gracia la manía de Cristina de escuchar sus discos a todo volumen, aquellos discos que parecían pasos de Semana Santa, con unos cantantes que ni cantaban ni nada, en cuyas portadas andaban todos vestidos de negro y cubiertos de crucifijos, o su manía de pasarse días enteros sin comer, o de empeñarse en llevar medias con agujeros. Por no hablar de aquella vez que apareció con el pelo rapado al uno, que parecía recién salida de un campo de concentración, y que los vecinos todavía deben de recordarlo, porque los gritos que pegó mi madre cuando la vio entrar en casa debieron de oírse hasta en Sebastopol, según me contó Rosa.

Y también tenía millones de amigas, compañeras de clase tan chaladas como ella que se empeñaban en llevar las uñas pintadas de verde y el pelo cortado en forma de palmera, y vestidas todas de negro, como una cofradía de plañideras, y que se colaban en la habitación de Cristina silenciosas y rápidas como un ejército de cucarachas, porque mamá, por supuesto, no podía ni verlas. Y entre los novios que la perseguían y las amigas que la llamaban para contarle sus penas la cuestión es que los fines de semana el teléfono de casa de mamá estaba bloqueado a todas horas, y a mamá, claro, se la llevaban los demonios.

Un día mamá me llamó histérica y me pidió que por favor fuese a casa corriendo porque a Cristina le había dado uno de sus arrebatos después de haber tenido una bronca monumental con ella y se había encerrado en el cuarto de baño con un cuchillo y no atendía a razones, y conociendo a Cristina cualquiera sabía por dónde podía salir la niña.

Así que agarré el bolso y me planté en casa en un santiamén, más que nada porque mamá me lo había pedido, porque a saber qué iba a poder hacer yo con Cristina, yo, que no levanto dos palmos del suelo y que nunca he entendido a mi hermana pequeña. Pero ya he dicho que a mí mamá me tenía por la sensata y la madura, y debió de pensar que quizá conmigo la niña se avendría a razones, porque con mamá ya ni se hablaba, y a Rosa parecía que la niña le daba igual, Rosa siempre encerrada en su cuarto, echando codos, sin importarle otra cosa que sus libros.

Cuando llegué a casa mamá y Rosa estaban esperándome con cara de preocupación. Mamá fumaba sin parar un cigarrillo tras otro, y Rosa, siempre tan pragmática, insistía en que nos lo tomásemos con calma, que no llegábamos a ninguna parte poniéndonos al mismo nivel de Cristina.

Cristina llevaba varias horas encerrada en el cuarto de baño y se negaba a abrir la puerta. Rosa se empeñaba en que lo mejor era tirar la puerta abajo no fuera que la niña se hubiese metido otro bote de pastillas, porque todos sabíamos que a la mínima que mamá se descuidaba Cristinita se las arreglaba para hacerse con pastillas de la farmacia. Pero mamá, siempre tan preocupada por el qué dirán, insistía en que mejor no hacerlo, porque con el escándalo que íbamos a montar tirando la puerta abajo se enterarían todos los vecinos. A mí, sinceramente, me parecía un poco absurda aquella obsesión de mamá con los vecinos, ¡como si a estas alturas todos nuestros vecinos no estuviesen al corriente de los numeritos que montaba Cristina!

Yo me acerqué a la puerta del cuarto de baño y sin mucho convencimiento susurré aquello de Cristina, soy yo, Ana, ¿te encuentras bien? Al principio no hubo respuesta, pero al cabo de un rato la puerta se abrió un poco, sólo un poco, y entreví la cabecita desgreñada de mi hermana que, cuando comprobó que ni mamá ni Rosa estaban a la vista, abrió la puerta un poco más y me dejó pasar. Yo entré en el cuarto de baño y Cristina volvió a echar el cerrojo tras de mí.

Había una enorme mancha roja sobre los azulejos blancos. Brillaba muchísimo y parecía palpitar, como si estuviera viva, y es que estaba en perpetuo movimiento, porque era una mancha de sangre aún fresca, roja, brillante, líquida, sin solidificar. Había sangre por todas partes. Los azulejos blancos aparecían salpicados de motitas carmesí, y el papel higiénico teñido de escarlata. Cuando me fijé bien reparé en que Cristina, que iba en camisón, estaba cubierta de sangre de cintura para abajo, y lo primero que pensé es que tenía el período, porque supongo que ésa es una de las cosas que nos diferencian a hombres y mujeres: que los hombres ven sangre y piensan en violencia y nosotras vemos sangre y pensamos en óvulos desperdiciados o en niños no nacidos. Pero no se trataba ni de lo uno ni de lo otro, sino que la chalada de mi hermana pequeña había estado todo aquel tiempo haciéndose cortes en las piernas con una cuchilla de afeitar. No caí en la cuenta hasta que vi la cuchilla en la mano y me fijé bien en sus muslos, llenos de arañazos, por los que la sangre fluía como si fuese salsa de tomate rezumando de una jarra rota. Dios bendito, Dios bendito, pero ¿por qué has hecho esta barbaridad?, le pregunté. No me cabía en la cabeza cómo había sido capaz de hacerse aquello y lo curioso es que lo primero que pensé cuando lo vi no fue que mi hermana estuviera loca ni nada por el estilo, sino que hacía falta mucho valor para ser capaz de ignorar de semejante manera el propio dolor. Entonces mi hermana se sentó en el borde de la bañera y se secó las lágrimas de la cara, con lo que sólo consiguió embadurnársela de rojo, porque tenía las manos ensangrentadas. Me recordaba el cuento de Blancanieves, cuando la reina está bordando en la ventana y una gota de sangre cae sobre el alféizar de ébano, y la reina pide un deseo: tener una niña con las mejillas rojas como la sangre, la piel blanca como la nieve y los cabellos negros como el ébano. Mi hermana podría haber sido una Blancanieves pálida, con los ojos brillantes como copas de cristal de Bohemia recién lavadas y el pelo corto y negro cayéndole sobre la cara, con una belleza trágica y convulsa, como una heroína de novela de Barbara Cartland (sólo que con el pelo corto, claro). Cristina empezó entonces a susurrar, como si recitase una letanía, y exactamente igual que si estuviera rezando el rosario. Intentó explicarme que se hacía daño porque no podía aguantarse a sí misma y que se odiaba, y no hacía más que quejarse de mi madre. Según Cristina, mi madre no la soportaba y no la dejaba vivir en paz, nunca le dirigía una palabra agradable y era incapaz de encontrar algo bueno en nada de lo que ella dijese o hiciese. Y yo, allí, sentada en el borde de la bañera, presa de un temor respetuoso que no había sentido desde aquellas mañanas frías en que las monjas nos hacían rezar maitines en la helada capilla del colegio, con el aire todavía dormido y la luz del día por aparecer. Yo musitaba incoherentes tonterías de conveniencia e intentaba convencerla de que mi madre era una buena persona y que no la odiaba, pero la verdad es que siempre se habían llevado a matar la una y la otra, y me daba la impresión de que tampoco tenía yo muchos argumentos para animar a Cristina. Y entonces ella empezó a sollozar y a repetir que nadie la quería, que papá se había marchado y que Gonzalo se había marchado y que nadie la quería. Y resultaba difícil entenderla, porque hablaba tan bajito y se interrumpía constantemente con los hipidos y los sollozos, y al final no hacía más que repetir de forma incoherente el nombre de Gonzalo y no entendía yo a qué venía semejante perra con Gonzalo, aunque quizá simplemente no quisiera entenderlo.

Al rato, cuando Cristinita se calmó y dejó de hipar, avisé a mamá y a Rosa, que cuando entraron en el cuarto de baño y se lo encontraron convertido en los calabozos del castillo de Drácula no dieron crédito a lo que veían. Rosa enseguida se hizo cargo de la situación, como un sargento en un cuartel; metió a Cristina en el coche y se la llevó al hospital, y mamá apareció a los cinco minutos en el baño, cubo y fregona en mano, empeñada en borrar aquel episodio de nuestra memoria a fuerza de Vim Clorex y Cristasol.

Después de aquello mamá decidió enviar a Cristina a una psicóloga, una más joven y más moderna que el anterior, y a la que Cristinita mandó a freír espárragos a los dos meses. Y así comenzó una sucesión de psiquiatras, psicólogos y terapeutas que iban proveyéndonos de una lista de diagnósticos que ni mamá ni yo entendíamos mucho. Mamá no acababa de confiar en aquellos señores ni en sus teorías, pero habría dado cualquier cosa, habría pagado lo que fuera con tal de que uno de esos señores le cambiara a la niña y nos la devolviera tranquilita y calmada, convertida en una versión depurada de Cristina, tan mona y tan encantadora como podía llegar a ser, pero sin los arrebatos de mal genio ni las excentricidades.

Mi hermanita fue creciendo y los numeritos continuaron, pero mi hermanita no estaba loca. No, no lo estaba. O no del todo. Había dos Cristinas. Estaba la que gritaba y nos amenazaba con cuchillos y aparecía en casa a las siete de la mañana hecha una facha y se peleaba con mamá día sí y día también, y estaba la Cristinita encantadora cuyos pretendientes bloqueaban la línea telefónica. Algo tenía que tener, supongo, para encandilar de esa manera a los chicos e incluso a mi propio marido, que no paraba de referirse a ella, cuando mi madre llamaba preocupadísima, como a «tu pobre hermanita, con lo mona y lo maja que es la pobre», como si mi pobre hermanita fuese una hermanita de la caridad, olvidando que a mi madre le habían enviado una carta del colegio haciéndole saber que mi pobre hermanita vendía anfetaminas entre sus condiscípulas, anfetaminas que robaba de la trastienda de la farmacia y que ayudaban a sus compañeras de clase a mantenerse desveladas las vísperas de los exámenes, y encima las vendía a precio de oro, porque una caja de Dicel valía por entonces doscientas pesetas, y ése era precisamente el precio a que mi hermanita vendía una sola pastilla, una sola, de una caja de veinte, porque mi pobre hermanita no era tonta, no, ni mucho menos, y sabía muy bien cómo hacer dinero para pagarse las borracheras, porque mamá había decidido no darle un duro más, ni paga ni nada. Y mi marido se olvidaba también de que una tarde, ordenando armarios, mamá se había encontrado en el cajón de las medias una caja de Cristina que contenía hachís y preservativos, además de cartas de sus novios con un contenido que mamá calificaría luego, en su llamada telefónica de aquel día, de pornográfico. Y mi Borja olvidaba también que la Cristinita que tan bien le caía era la misma que había montado el número en nuestra boda, borracha perdida y colgándose del cuello de Gonzalo, con la lengua de trapo de todo lo que había bebido, y entonces sólo tenía catorce años, una niña aún.

A veces me apetece llamar a mi hermana porque pienso que ella podría entenderme, que sería la única persona que podría entenderme, porque ella debe de haber pasado por tantas cosas que nada de lo que yo pudiera contarle le sorprendería. O quizá sí le sorprendiese. Supongo que le sorprendería saber que yo nunca he fumado un cigarrillo de hachís y que tampoco he usado preservativos, por increíble que resulte, porque Borja me decía que le resultaba incómodo usar aquella cosa de goma y, además, aseguraba que no se sentía lo mismo, y si él lo decía, a mí me parecía bien, porque al fin y al cabo era él quien tenía experiencia.

Supongo que a ella le sorprendería saber que cuando leo los consejos sobre vida sexual en el *Mía* y veo esas barbaridades que escriben sobre el orgasmo me pregunto si yo alguna vez habré tenido uno, y llego a la conclusión de que no he debido de experimentarlo, porque si hubiese sentido un orgasmo lo sabría, digo yo. Y el caso es que las horas y los días se me pasan sin hacer nada, como una sucesión interminable de hojas en el calendario, y yo no paro de llorar, y ¿quién puede garantizarme que la vida de mi hermana es mejor o peor que la mía? y, ¿quién puede garantizarme que mi hermana la chalada, mi hermana la que ha ido de psicólogo en psicólogo desde que tenía quince años no sería capaz de entenderme, e incluso de darme consejos?

O de obsesión

Solía besarme en la espalda. No eran besos normales. Apoyaba sus gruesos labios en mi piel, como si fuesen ventosas. Eran besos mojados. Me acariciaba la espalda durante horas. Me besaba sin parar. El milagro de los peces y los besos. Más hay cuanto más reparto. Nadie me había besado así antes. Temo que nadie volverá a hacerlo. Una conversación telefónica con Line. Yo estaba deprimida. Ciclotimia, se llama. Personalidad depresiva. Infancia conflictiva. Carencia de serotonina. Exceso de testosterona. Colecciono diagnósticos. Me quiero morir dos o tres veces por año. Dos o tres veces al año el mundo se convierte en un desierto inhóspito. El cansancio es enorme. Sólo quiero dormir y llorar. El simple gesto de levantar un brazo para coger el vaso de agua de la mesilla se convierte en un esfuerzo hercúleo. Me siento sola y vacía. No encuentro ni dentro ni fuera de mí ninguna razón para seguir adelante. Deja de quejarte, decía ella. La vida no es tan horrible. De hecho, está bastante bien. ¿Sí?, dije yo. Dame tres razones para vivir. Sólo tres. Sin pensarlo. Lo primero que te venga a la cabeza. No sé…, respondió Line. Así, de golpe… Los éxtasis…, el chocolate… y el sexo anal. ¿Que nunca lo has probado? No me lo creo. Es lo mejor que hay. Iain tenía la piel blanca y cremosa. Increíblemente suave. El pelo rubio y fino. Olía a campo, a champú de hierbas. Yo dormía encerrada en una cárcel cálida, atrapada entre sus piernas y sus brazos. Rodeada de mimos y algodón. Podía pedirle cualquier cosa. Hazme esto, hazme lo otro, bésame en este sitio, en este otro. Fóllame aquí y ahora. Nunca fallaba. Nunca, nunca, nunca fallaba. He sido la niña más mimada de la creación. He follado donde y como he querido. En el sofá, en la cama, en la mesa del comedor, en el portal, en el ascensor. Notaba sus besos en la espalda y sus manos en las caderas y le sentía entrar dentro de mí. ¿Que nunca lo has probado? Es lo mejor que hay. Encendíamos velas rojas y escuchábamos ambient. El éxtasis amplifica la sensibilidad. El contacto físico se convierte en algo místico. El roce de la piel es suficiente para llevarte al orgasmo. Las cosas más vulgares se inflaman de belleza y me encienden las sábanas, y yo me abro entera, y enseño mi cáliz y mi zumo, como una flor. ¿Que nunca lo has probado? Es lo mejor que hay. Él odiaba que trabajara en una barra. Cuando bebía no soportaba a los hombres con los que hablaba. Sus miradas codiciosas y sus sonrisas cómplices. ¿Con cuántos hombres te has acostado? ¿Con cuántas mujeres lo has hecho tú? Decenas y veintenas y treintenas de mujeres que han sentido tus besos en su espalda. Pero ningún otro hombre me ha cogido por detrás. No hablamos de cantidad, hablamos de calidad. Por supuesto que me gusta. Me gustaba más que nada. Habría rogado y suplicado, me habría arrastrado por el suelo para conseguir más. Nunca hago nada que no desee hacer. Sus dedos iban bajando por mi columna vertebral. Al principio duele, ligeramente, luego es una mezcla de placer y dolor, por fin el dolor se diluye y todo es goce. Sientes que hay un millón de laberintos dentro de tu cuerpo, pasadizos secretos que conectan todos sus agujeros con tu cerebro. Millones de circuitos que transmiten descargas eléctricas de tres mil voltios. Dinamita pura. Pequeñas explosiones dentro de tu cuerpo. Eres un terrorista tecnológico. Mi unabomber del sexo. Eres mi ejército de liberación. Dispara tu fusil. Una vez bebió demasiado y cuando salimos del bar empezó a gritarme. Siguió gritando hasta que llegamos a casa. Le dije que yo no era suya, que no era de nadie, y que hacía con mi cuerpo lo que me daba la gana. Que no soporto que me griten. Que ya he oído suficientes gritos a lo largo de mi vida. Que vivo sola porque no quiero oír ni uno más. Pero él seguía gritando. Cuchillos en los oídos. Cogí mi propio cuchillo. Le advertí que si se acercaba a mí le mataría. Estaba dispuesta a hacerlo. No quiero que nadie más me haga daño. Dijo que no tenía valor. Levanté la mano. Dirigí el cuchillo hacia mi brazo. Me hice un tajo profundo a lo largo del antebrazo. Vi la sangre correr. Sentí rayos en el brazo. El dolor viajando desde el brazo hasta el cerebro. A la velocidad de la luz. Sentí el dolor inundarme por completo. Pude sentir el peso del vacío, del cielo azul sobre la sangre roja. Pero no me parecía tan horrible. Ocultaba, al menos, el otro dolor. El dolor que me causaban los gritos. La angustia que me desgarraba por dentro. El dolor que no sangra, el que no se ve. Su sexo olía a almizcle, dulce, mareante. Sabía agridulce, a vainilla y pimentón. En la casa de socorro tuve que explicar que me había cortado preparando la ensalada. Una ateese que me miraba, escéptica. Enormes ojos incrédulos. Un destello de compasión en sus iris azules. De vuelta a casa él me besó el brazo y las puntas de los dedos, una por una. Aseguró que lo sentía. Me folló una y otra vez. Cada vez que acababa yo repetía que luego tendría que irse. Que no pensaba verle más. Que podía follarme todo lo que quisiera y que eso no cambiaría las cosas. Dijo que si le pedía que se marchara no volvería más. Le respondí que ya sabía dónde estaba la puerta. Le vi marcharse y no dije una palabra. Quería morirme. Desintegrarme. Estaba verdaderamente harta de todo. De toda la gente que había utilizado su amor como arma. De toda la gente que me había jodido porque me quería. Quien bien te quiere te hará llorar. Odio esa frase. Le he llamado todos los días. Le he escrito cartas, he dejado recados en su contestador. Quería morirme, desintegrarme. Pero existen tres razones para seguir adelante. Nadie me había besado así antes. Nadie me había follado así antes. Temo que nadie lo volverá a hacer.

 de poder

Palabras que me definen.

Equilibrio tecnológico. Correo electrónico. Memoria Ram. Balances. Presupuestos. Informes por triplicado. Curvas de campana. Capital riesgo. Mínimo amortizable. Comité de dirección. Plan de crecimiento. Inyección de capital. Versión alfa. Fase beta. Proyectos. Equipos. Multimedia. Liderazgo.

Mi vida no es muy apasionante.

Mi trayectoria fue meteórica. Acabé la carrera con excelentes notas y empecé a trabajar a los veintidós años. A los veintiocho me nombraron directora financiera y mi foto salió en la sección de negocios de *El País*.

He tenido cuatro amantes, ninguno de ellos fijo ni particularmente memorable. Sé bien que no son muchos, si tenemos en cuenta mi edad.

No ha sido una cuestión de moral. Ha sido, quizá, una cuestión de circunstancias.

No puedo decir que tenga amigos, aunque es cierto que mantengo cierta vida social. A veces voy a cenas de negocios o salgo con colegas del trabajo. También asisto periódicamente a reuniones de antiguos alumnos en las que compruebo cómo los chicos de mi clase se han convertido en señores calvos con barriga y las chicas en madres de familia, como se veía venir.

El único misterio de mi vida, la única nota de aventura, es esa retahíla de llamadas telefónicas sin sentido. Ese toque de atención constante que recibo todas las noches, cuando suena el teléfono a eso de las once y media. Descuelgo el auricular y al otro lado de la línea escucho siempre la misma canción. *La hora fatal*, de Purcell.

No me imagino quién puede llamarme.

Intenté que la compañía telefónica me hiciese llegar un listado de los números de teléfono desde los que se me llama. Imposible. Me explicaron que en Inglaterra existe un sistema por el que puedes localizar el número de la última persona que te ha llamado. Aquí no.

He hecho todo tipo de análisis y cálculos de probabilidades para averiguar la identidad del misterioso llamador anónimo. He revisado minuciosamente el historial de todos mis amantes.

Está aquel profesor con el que perdí mi virginidad, no porque él me gustase demasiado sino porque yo consideré que a los veintiún años ya iba siendo hora de dejar de ser doncella. Él no sabía que yo era virgen y acabó concediéndole a aquel hecho una importancia mucho mayor de la que en realidad tenía. El pobre hombre se sentía obligado conmigo.

Sin embargo, para mí se había tratado simplemente de una prueba empírica, y no particularmente satisfactoria, por cierto. Para mí el tema de la virginidad no tenía mayor importancia.

Mi virginidad no era sino un remanente de mi cuerpo que habría querido guardar para Gonzalo, pero como Gonzalo no había querido cogerlo, me apresuré a regalárselo al primero que lo quiso. Yo había pensado que, estando él casado, la cosa no pasaría de ser una aventura sin importancia.

Pero él no debió de verlo así.

Empezó a llamarme a todas horas. Decía que estaba dispuesto a dejar a su mujer. Me asusté. No quería que la cosa trascendiera. Cualquiera podía pensar que obtenía las mejores notas a fuerza de irme a la cama con los profesores. Antes morir que pasar por eso.

Por otra parte, tampoco quería acabar mal con él. Al fin y al cabo, era un de los candidatos a convertirse en mi director de tesis.

Intenté explicarle que la responsabilidad de un matrimonio roto era demasiado para mí. No era verdad, por supuesto, pero se trataba de la única excusa que encontraba para acabar diplomáticamente con la relación.

Él se puso a llorar. Era la primera vez que yo veía llorar a un hombre, excepto en la televisión, claro, y me sentía enormemente incómoda. No merecía la pena pagar tanto por tan poco.

Tanto derroche de lágrimas. Tanto chantaje sentimental.

Y todo por tener a un sujeto balanceándose encima de ti, jadeando como un cachorro.

No me extrañaría que fuese él quien llama. Me conoce lo bastante como para saber de mi obsesión por Purcell, y tiene un carácter lo suficientemente inestable como para hacer una tontería así. Pero no puede ser él. Le resultaría casi imposible conseguir mi teléfono. Sólo los más cercanos lo tienen, y, por expreso deseo mío, no figura en la guía. Aunque, ¿quién sabe?, todo es posible. Al fin y al cabo, hay muchas formas de conseguir un número de teléfono. En la vida casi todo se consigue si uno insiste lo suficiente.

Podría tratarse de aquel medio novio que tuve en la universidad, aquel pijo mocoso cuyo padre poseía la mayor cadena de cafeterías de Madrid y que se había empeñado en que su hijo estudiara económicas para dirigir un día aquel emporio, a pesar de que el pobre chico era claramente negado para los estudios y apenas había leído cuatro libros en su vida.

Él debió de encontrarme atractiva, porque yo suponía un respiro de todas aquellas rubias teñidas con que había salido que se llamaban Elsa o Patricia o Natalia, y que conducían coches con frenos ABS que sus papás les habían regalado al cumplir los dieciocho años. Aquellas chicas a las que conocía de toda la vida, de los veranos en Mallorca y las mañanas en el club de equitación.

Por qué me dejé embobar por todo su dinero y su manía de alargar las eses al hablar, sigue siendo un misterio. Tal vez supuse, sencillamente, que eso era lo que debía hacer.

Una vez que llegué a la universidad y comprendí que aquél era un lugar como cualquier otro, que mis compañeros de clase no eran el súmmum de la intelectualidad y el *savoir faire*, sino solamente un hatajo de hormonas con patas, exactamente igual al resto de los adolescentes que no iban a la universidad, decidí que, ya puestos, mejor liarse con uno que tuviese el dinero suficiente para invitarme a todas las copas, sacarme de Madrid los fines de semana y dejarme por las noches a la puerta de casa en su Peugeot 205.

En suma, que pagara mis favores como lo merecían.

Estuvimos juntos casi un año. Y cuando me dejó diciendo que le creaba complejo de inferioridad salir con una mujer más inteligente que él, no le guardé ningún rencor. Al fin y al cabo había sido sincero.

Y, además, siempre supe que tarde o temprano volvería a su mundo de botas a medida y clubes de campo, a sus rubias teñidas, vestidas de Cerruti de pies a cabeza. Pero tampoco es él quien me llama, aunque podría haber conseguido mi teléfono a través de algún amigo común de la facultad. No, no creo que sea él.

Él debe de pensar que Purcell es una marca de electrodomésticos.

Tampoco creo que sea Ramón. El asesor jurídico de la empresa. Casado. Citas furtivas y llamadas en clave. Ramos de rosas con tarjeta anónima. «Rosas para Rosa.» Qué cursi podía llegar a ser, el pobre. Dos niños a los que nunca dejaría. Y no mucho más que recordar. Tampoco creo que él me recuerde mucho, aun cuando sólo se encuentra a dos despachos de distancia.

Menos todavía que me llame.

«Si ha iniciado un romance en la oficina póngale fin.» Palabras de Debra Carter, especialista en formación y asesoría de empresas. Atesoro sus libros en la estantería de mi despacho al lado de una lista interminable de manuales de econometría y contabilidad. Mis soldados alineados, en formación, preparados para defenderme en todas las batallas.

«No ascienda a la persona con quien ha mantenido esa relación y no cometa la equivocación de creer que la incidencia es "inocente" y que nadie se enterará. Todo acaba por saberse, y ésa es una regla que no conoce excepciones.

»La mayoría de los triunfadores una vez han tomado la decisión de atacar la cumbre, ponen término a todas las relaciones privadas susceptibles de originar equívocos. Saben que es alterar las reglas del contacto humano y llamar al desastre.»

Así que pusimos término a nuestra relación.

Lo decidimos de mutuo acuerdo. Ambos queríamos ser triunfadores.

No, él no puede ser.

Y sólo nos queda Luis. Un ejecutivo de Willis Faber. Seis meses de aburridísimos fines de semana en común. Paseos por exposiciones y cenas en restaurantes caros. Ligueros que parecían murciélagos cuando los dejaba colgados en el respaldo de la silla. Ropa interior negra llena de lazos y encajes. Incluso un par de esposas. Había visto, claro está, *Nueve semanas y media*. Éste sí podía ser. Lo de las llamadas está en su línea de perversión light. Pero algo no concuerda. Él era demasiado racional como para eso. Además, fue él quien decidió acabar la relación.

No, no tendría sentido que ahora me acosara.

A veces fantaseo con la idea de que sea Gonzalo. Quizá Gonzalo siempre supiese lo que yo había sentido durante todos aquellos años en que convivimos. Quizá después de la metedura de pata con lo de Cristina no se atreva a dirigirme la palabra.

Qué manera de engañarse.

Q

de querer, queja y quiebra

Apuntes para mi tesis: Catulo dedicó toda su obra a Lesbia. Antinoo se arrojó a un estanque cuando pensó que ya no era suficientemente bello para Adriano. Marco Antonio perdió un imperio por Cleopatra. Lancelot traicionó a su mentor y mejor amigo por el amor de la reina Ginebra, y enfermo de amor y remordimiento emprendió el peregrinaje en busca del Santo Grial. Robin Hood raptó a lady Marian. Beatriz rescató a Dante del Purgatorio. Petrarca dedicó toda su obra a Laura. Abelardo y Eloísa se escribieron durante toda la vida. Diego Marcilla, en Teruel, cayó muerto a los pies de Isabel de Segura al enterarse de que ésta había desposado al pretendiente designado por su padre. Julieta bebió una copa de veneno cuando vio muerto a Romeo. Melibea se arrojó por la ventana a la muerte de Calixto. Ofelia se tiró al río porque pensó que Hamlet no la amaba. Polifemo cantó a Galatea hasta el final de sus días mientras vagaba lloroso entre prados y ríos. Botticelli enloqueció por Simonetta Vespucci después de inmortalizar su belleza en la mayor parte de sus cuadros. Juana de Castilla veló a Felipe el Hermoso durante meses, día y noche y sin dejar de llorar, y acto seguido se retiró a un convento. Don Quijote dedicó todas sus gestas a Dulcinea. Doña Inés se suicidó por don Juan y regresó más tarde desde el paraíso para interceder por su alma. Garcilaso escribió decenas de poemas para Isabel de Freire, aunque nunca la tocó. San Francisco de Borja abandonó la corte a la muerte de la emperatriz Isabel. No volvió a tocar a una mujer. Isabel de Inglaterra rechazó a príncipes y reyes por el amor de sir Francis Drake. Sandokán luchó por Marianna, la Perla de Labuán. Werther se pegó un tiro en la sien cuando le anunciaron la boda de Carlota. Hölderlin se retiró a una torre a la muerte de Diotima, a la que no había tocado jamás, y nunca salió de allí. Rimbaud, que había escrito obras maestras a los dieciséis años, no escribió una sola línea desde el momento en que acabó su relación con Verlaine, se hizo tratante de esclavos y se suicidó literariamente. Verlaine intentó asesinar a Rimbaud, acto seguido se convirtió al catolicismo y escribió las *Confesiones*; nunca volvió a ser el mismo. Julián Sorel aguantó dos meses sin mirar a los ojos a Matilde de la Mole para recuperar su cariño. Ana Karenina abandonó a su hijo por el amor del teniente Vronski, y se dejó arrollar por un tren cuando creyó que había perdido aquel amor. Camille Claudel enloqueció por Rodin, que nunca movió un dedo por ella. Y yo sigo dejándole a Iain recados diarios en el contestador, pero si me lo pidiera dejaría de hacerlo y nunca más volvería a llamarle. Y no se me ocurriría mayor prueba de amor, porque pienso en él constantemente.

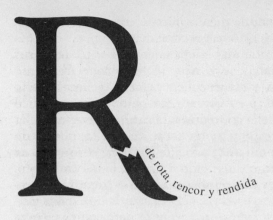

R de rota, rencor y rendida

La tristeza se extiende como una mancha de aceite, lenta e imborrable. No encuentro un estropajo para fregarme el alma. Llevo un mes sin dejar de llorar y apenas puedo comer. Todas las noches me meto en la cama y lloro, lloro, lloro y lloro. Lloro en silencio lágrimas saladas que resbalan por mis mejillas como gotas de lluvia en un cristal. Mi matrimonio se está yendo a pique y Borja aguanta la situación como puede, y yo pienso que lo hace, sobre todo, por el niño, y puede que también por pena, porque al fin y al cabo, yo lo sé, Borja es buena persona y es lógico que le parta el alma verme así. Al principio le intuía más preocupado. Pero ahora se le nota algo cambiado, y se le ve, sobre todo, desilusionado. Cuando Borja vuelve del trabajo se encuentra a su mujer metida en la cama, ojerosa, demacrada y taciturna, y a veces se me pasa por la cabeza si Borja no se dará cuenta, aunque sólo sea un poco, de lo que pasa, si no se dará cuenta de que lo mío es más serio de lo que parece. Pero, no sé, él no dice nada.

Me levanto todas las mañanas a las siete, despierto al niño, le lavo, le visto y lo hago todo de forma mecánica. Me esfuerzo en volver a sentir aquella energía cálida y envolvente que sentía antes cuando le bañaba, aquella sobredosis de cariño que se me salía por los poros, que se me escapaba por las puntas de los dedos como una corriente eléctrica, pero ya no es lo mismo. Sigo queriendo a mi hijo tanto o más que antes, eso es innegable, una madre siempre es una madre, vamos, creo yo, pero el caso es que ahora, por las mañanas, siento una infinita pereza, unas ganas incontrolables de volver a la cama a llorar. Preparo el desayuno como puedo. He perdido el entusiasmo, la alegría que me inspiraba enjabonar las piernecitas regordetas del bebé. Oigo los ruidos que hace Borja cuando se despierta, como de costumbre, media hora más tarde que yo, cuando se encamina cansinamente hacia el baño, arrastrando los pies dentro de sus zapatillas de felpa. Luego desayunaremos juntos en la cocina, Borja leerá el periódico y yo mordisquearé pedacitos de tostada y mientras intentaré que el niño se trague su potito Bledine. Antes insistía mucho en que se lo acabara entero, pero ahora, no sé, como que cada vez me da más igual. Cuando acabemos de desayunar terminaré de vestir al niño y Borja se marchará con el crío en brazos y camino del trabajo lo dejará en la guardería, pero, eso sí, antes de irse, en la puerta, me besará en la mejilla como ha venido haciendo de lunes a viernes todas las mañanas durante los últimos cuatro años, porque mi marido es una buena persona, aunque bastante previsible, eso sí. Y cuando la puerta se cierre, regresaré a la cama, me tumbaré y me pondré a llorar. Tengo un manantial inagotable que me brota desde dentro del estómago y del que surgen lágrimas y más lágrimas cristalinas que parecen pequeños caramelitos de anís.

Antes se me ocurrían millones de cosas que hacer, y las mañanas se me pasaban volando. Limpiaba la casa, iba a hacer la compra, llamaba a mamá, contestaba cartas, pintaba cenefas, tejía maceteros, regaba plantas, cosía almohadones, restauraba muebles, colgaba cuadros, fijaba estanterías... tenía la casa hecha una bombonera. Entre unas cosas y otras siempre estaba ocupadísima. No, no trabajaba, ni falta que me hacía. En mi opinión Rosa y Cristina podían quedarse con sus monsergas feministas. ¡Cuántas veces les había oído decir que ellas no podrían vivir sin trabajar, que se aburrirían, que se asfixiarían entre cuatro paredes, que se volverían locas...! Pamplinas. Puro cuento. Entre la casa y el niño, decía yo cuando hablaba del tema con mamá, a poco que te esmeres no te queda un minuto libre, y debía de ser verdad, porque por entonces yo nunca me aburría.

Sé que suena absurdo, pero a mí me gustaba hacer la casa, no sé, siempre me ha parecido relajante limpiar, fregar y abrillantar. Me gustaba quitar el polvo del salón y ver cómo mi imagen se reflejaba en la mesa de caoba, y me gustaba limpiar los grifos de la cocina y comprobar cómo bastaba con una bayeta y un poco de Cristasol para arrancar destellos a una superficie opaca, y, no sé, parecerá tonto, pero a mí me parece que hay algo de relajante y tranquilizador en el acto de poner orden, de arreglar cosas, de transformar el caos en pulcritud. Mi marido se empeñaba en que tuviéramos una chica interna, pero yo no quería, porque al fin y al cabo durante años yo lo había limpiado todo en casa, y, además, mi casa era mía y no me apetecía tener una filipina, o una polaca, o peor aún, una dominicana, o cualquier extranjera que ni siquiera iba a entender lo que yo le dijera, instalada en mi nido como un pájaro cuco.

Pero hace ya un mes que he dejado de dedicarme a la casa y he prescindido de mi antigua costumbre de ir al mercado a diario, porque ahora prefiero hacer la compra una vez por semana, ir al supermercado y llenar un carrito hasta los bordes, y ahorrar tiempo. Eso significa que en casa ya no se come pescado fresco ni ensaladas, pero no parece que mi Borja se dé cuenta. Él llega tan cansado por las noches que casi ni presta atención a lo que cena. He olvidado también mi antigua obsesión por la limpieza. No sé, antes practicaba un ritual diario compuesto de numerosos pasos sucesivos: hacía las camas, quitaba el polvo, ponía la lavadora, planchaba la colada, pasaba el plumero por las estanterías, aspiraba todas las alfombras y la moqueta del dormitorio, ahuecaba uno por uno los almohadones de los sofás del comedor y restregaba las superficies de los baños hasta dejar los grifos y los espejos relucientes. Pero ahora como que me he dado cuenta de que el trabajo de la casa puede estirarse hasta lo indecible o reducirse al máximo, y el resultado, en la práctica, siempre es el mismo. La chica viene, y con lo que ella hace basta con que yo le dedique media hora diaria a la cocina y otra media hora a los baños, y a veces ni eso, para que la casa esté bien. Desde luego, Borja no ha apreciado la diferencia. Así que dispongo de siete horas diarias para llorar a gusto, llorar lágrimas y lágrimas transparentes y saladas, ahora que el niño se pasa la mayor parte del tiempo en la guardería y que Borja ya no viene a casa a la hora de comer. Sí, lo cierto es que podría aprovechar de alguna manera todo ese tiempo libre. Podría tomar clases de aeróbic, o de pintura, o aprender francés, o incluso dedicarme a los arreglos florales. Hasta ahora no había caído en la cuenta de que me sobra tanto tiempo, y creía que la casa no me dejaba un minuto libre, y lo creía de verdad, estaba tan convencida de eso como de pequeña, con las monjas, lo estaba de que Dios existía; pero ahora sé que el trabajo de la casa no es tan absorbente, y tampoco estoy muy segura de que exista Dios, y si existe, que ya no lo sé, desde luego no se preocupa mucho por ninguno de nosotros. Es más fácil creer en Dios cuando eres pequeña y la vida se limita a ir y venir del colegio y jugar con tus muñecas. Luego de mayor, cuando ves todas las cosas malas que hay en el mundo, ya no te resulta tan fácil eso de ser católica, y por muy bonitas que sean las estatuas de la Virgen con su manto azul y su corona de estrellas y las flores de mayo, no sé, como que se te pasa. Me parece que yo dejé de creer a los doce años. Yo era buena, era una buena chica, sigo siéndolo, y Dios no tenía ninguna razón para tratarme mal.

A los doce años perdí al hombre más importante de mi vida, mi padre, y conocí al segundo hombre que me marcaría y me convertiría en lo que soy, Antonio. Yo quería mucho a mi padre, muchísimo. Mi padre era un señor alegre que siempre estaba gastando bromas, y, no sé, tampoco es que yo quiera meterme con mamá, que me ayuda muchísimo y es mi mejor amiga, y que siempre está al otro lado del teléfono por si la necesito, pero lo cierto es que mi madre es bastante seria y reservada y nos venía muy bien tener a alguien que canturreara e hiciera chistes. Yo le quería mucho a pesar de que él nunca me hiciera demasiado caso, a pesar de que bebiese más de lo debido, a pesar de que no se llevase bien con mi madre; no podía evitarlo, un papá siempre es un papá para su hija, y no le perdono que se largase así, de repente, sin volver a dar señales de vida. Alguna vez escuché a la tía Carmen decir algo acerca de que había otra mujer. No sé si la había, ni lo sé ni quiero saberlo, ni ahora querría volver a ver a mi padre aunque él sí quisiera. Nunca, nunca, nunca podré perdonarle lo que nos hizo, y sé que odiar no es cristiano, pero, como ya he dicho, probablemente yo ya tampoco lo sea, aunque durante todos estos años he procurado que no se me note.

Hasta que mi padre se marchó siempre habíamos veraneado en Fuengirola, pero después de que se fuera empezamos a pasar los veranos con los abuelos, los padres de mamá, en San Sebastián, en un caserón enorme que olía a polvo y humedad. Allí, en San Sebastián, conocí a Antonio. Antonio tenía su pandilla, y yo, la mía. Todo chicos, todo chicas, porque entonces no estaba bien visto eso de mezclarse y nos contentábamos con ir cada uno por nuestro lado y dirigirnos miraditas en el parque, en los coches de choque, en el malecón. Éramos alevines de las mejores familias de San Sebastián, educados en colegios carísimos de estricta educación católica, expertos jugadores de tenis vestidos con ropa comprada en Zarauz, sobria pero de la mejor calidad. Fue natural que, al cabo del tiempo, ambas pandillas empezáramos a salir juntas, a compartir los paseos por el parque y por el malecón, y que al final algunos de sus miembros acabaran más o menos emparejados. Karmele y Kepa, Borja y Nerea, Antonio y yo. Antonio y yo.

De todos aquellos primeros amoríos de verano sólo el nuestro se mantuvo más allá de las dos semanas de rigor, y nuestra relación aguantó nueve meses de separación con la llama mantenida a fuerza de muchas cartas mías y unas pocas de Antonio; y volvió a renacer al verano siguiente, con la misma intensidad o incluso mayor que en aquel primer verano de los doce años. Porque durante aquellos nueve meses yo no había hecho otra cosa que pensar en Antonio. En Madrid apenas salía, no hacía sino ir del colegio a casa y de casa al colegio, y los fines de semana al club de tenis y a misa, y aunque en el club había algunos chicos que intentaban tirarle los tejos a aquella Anita prepúber, toda ñoñerías y sonrojos de colegio de monjas, que era yo entonces, ninguno, en mi opinión, podía compararse a Antonio, ni siquiera Gonzalo, mi primo, que sería muy guapo, eso sí, pero a mí no me decía nada, todo el día en su cuarto escuchando aquellos discos tan raros. Además, no estaba bien, o eso creía yo entonces, que una chica que salía con un chico en serio se fijara en otro, por mucho que el primero residiese a cuatrocientos kilómetros de distancia.

El verano siguiente regresé convertida en toda una mujer, como decían las monjas. Ya llevaba mi primer sujetador y empezaba a acostumbrarme a los piropos que escuchaba por la calle y que hacían que me ruborizase y mirase al suelo.

En San Sebastián me encontré con un Antonio también transformado, que fumaba cigarrillos rubios y conducía una Vespa recién estrenada. Antonio acababa de cumplir dieciséis años pero parecía un hombre de verdad, y era capaz de llegar nadando hasta la isla de Santa Clara y regresar; y cuando salía del agua, sonriendo con aquella dentadura blanquísima y apartándose el pelo mojado de la cara con gesto indolente, daba la impresión de que se lo había tomado como un simple paseíto; y cuando jugaba a palas, y ganaba siempre, las chicas no hacían más que dirigirle miradas de soslayo, fascinadas por aquellos abdominales bronceados que parecían esculpidos en mármol. Por las tardes, en La Cepa, Antonio me retaba, entre risas, a echar un pulso, y aquello me resultaba imposible, no llegábamos ni a empezar, porque en cuanto yo agarraba su mano me encontraba con la mía sobre la mesa. Así de fuerte era Antonio.

Aquel segundo verano dimos largos paseos por el malecón y compartimos interminables sesiones de besuqueos apasionados sobre la arena de la playa de Gros. Él me acariciaba los senos incipientes por debajo de mi bañador y yo notaba cómo se formaba un bulto duro que pugnaba por escapar del suyo. Y una noche, en la plaza de la Trinidad, después de haber bebido algunos calimochos de más, él se llevó la mano a la bragueta, y yo noté cómo aquel bulto crecía y se ponía duro por debajo de los pantalones. Entonces él sacó el miembro, lo puso en mi mano y eyaculó. Ni siquiera hizo falta que yo le masturbara, aunque la verdad es que tampoco habría sabido cómo hacerlo. Sencillamente aquel cilindro de carne, aquella cosa tersa y dura como un melocotón, escupió un líquido blanco sobre la palma de mi mano y yo me quedé allí, sin saber qué hacer, avergonzada y asombrada, con la espalda rígida y los ojos muy abiertos.

El último día del verano intercambiamos fotos y promesas, y yo lloré sin poder contenerme. Él tenía el pelo blanco de puro rubio después de haberse pasado dos meses tostándose al sol, y yo estaba absolutamente convencida de que no había chico más guapo en todo San Sebastián. En el camino de vuelta, en el tren, yo, conteniendo los sollozos y las lágrimas, iba redactando mentalmente todas las cartas que pensaba escribirle a lo largo del invierno, y mis hermanas se reían de mí y de mi mutismo, y Cristina canturreaba entre risas Anita está enamorada, Anita está enamorada, y mi madre les obligaba a callar porque no quería que sus hijas llamaran la atención del resto de los viajeros del vagón.

Llegó el siguiente verano y ya no éramos novios. Durante el invierno él no había contestado a una sola de mis cartas, hasta que yo, resignada, asumí que debía dejar de escribirle. Además, aquel verano nuestras pandillas ya no salían juntas. Antonio y yo coincidimos a veces comprando helados en el quiosco de la playa o paseando por el malecón, y entonces él me saludaba muy amablemente y me dedicaba una de sus sonrisas de anuncio, y poco más. Cada tarde, antes de salir, yo me pintaba los ojos en honor de aquel Antonio que había dejado de prestarme atención, y me cepillaba la melena durante horas para que brillara. Si por casualidad me lo encontraba en un banco del parque, o en los futbolines, o en el bar de La Cepa, me parecía que la tarde había merecido la pena. Yo llegaba a casa todas las noches, a las diez en punto, y antes de dormir pensaba siempre en él, en su sonrisa blanca y su pelo blanco, escribía su nombre en la pared con un dedo y tinta imaginaria y luego un corazón, y luego Antonio y Ana, y luego otro corazón, porque para mí Antonio era, y siempre lo será, el chico más guapo de la playa de Gros.

Aquel verano pasó y llegó el siguiente, y yo regresé a Donosti con el pelo más corto y en la cara el rictus de escepticismo de la experiencia incipiente. Aquel invierno, en Madrid, yo había empezado a salir los fines de semana, y había ido al cine y a fiestas y a discobares, y me había dejado besar por otros chicos en rincones oscuros, y alguno me había tocado los pechos, e incluso hubo uno con el que llegué más allá de eso. Un chico de los Maristas con el que estuve saliendo dos meses, y con el que una noche de tor-

menta en que nos refugiamos en un soportal me dejé
llevar y acabamos masturbándonos el uno al otro, o
algo parecido, no sé; él me metía la mano entre las
piernas e intentaba meterme un dedo por el agujero,
y yo le toqué el sexo de la misma forma que se lo
había tocado a Antonio dos veranos atrás, sin demasiado entuasiasmo y como sin pensarlo mucho, y él
eyaculó y yo volví a sentirme tan avergonzada como
aquella primera vez. Evidentemente, eso era lo que
ellos esperaban de mí. Aunque yo no consiguiera
entender por qué.

Y así llegué a los diecisiete años, virgen de solemnidad. Aquél era mi quinto verano en Donosti, y seguía tan enamorada de Antonio como el primero, y
aquel quinto verano ya podía salir por las noches,
y salía con mis amigas a beber por los bares de
Donosti aquellas mezclas dulzonas de vino y cocacola que bajaban rápido por el esófago y llegaban con
prisa a la cabeza, y así fue como en una de mis primeras borracheras acabé besándome con Antonio en la
barra de La Cepa. Salimos de aquel bar, montamos en
su moto y él condujo hacia el monte. Chispeaba ligeramente, sirimiri, y llegamos a un bosquecillo en el
camino de Orio, cerca de la autopista, y él aparcó la
moto y me llevó de la mano hacia los árboles, y yo
sentía que la cabeza me daba vueltas, y notaba que me
resultaba difícil mantener el equilibrio.

Cuando volví a casa eran las seis de la mañana.
Mamá me esperaba levantada, hecha una furia, y me
pegó un bofetón sin mediar palabra. Me fui a la cama
hecha un mar de lágrimas y a la mañana siguiente, al
ir al baño, me di cuenta de que había una mancha de
sangre en mis braguitas. Las escondí como pude en el
bolsillo del albornoz y, más tarde, cuando mamá se
fue a hacer la compra y Rosa y Cristina a la playa, las

lavé a mano, las sequé con el secador de pelo, las doblé cuidadosamente y las enterré en el fondo del cajón de la ropa interior. Nunca más volvería a ponérmelas. Nunca, nunca, nunca más.

Dos días más tarde me encontré con Antonio en el bar de La Cepa. Él tomaba vinos con sus amigos y yo iba acompañada de Nerea y Karmele, y él me dirigió una mirada fugaz y siguió bebiendo y, más tarde, pagó las consumiciones y se marchó. Todo lo que nos dijo fue «adiós, chicas». Ni siquiera «adiós, Ana». Sólo «adiós, chicas».

Durante el resto del verano apenas cruzamos tres palabras.

El invierno pasó como una exhalación. Como correspondía a la mayor de tres hermanas en una casa sin padre, yo tenía que ocuparme de mantener limpia la casa y de llevar al día las facturas y las reparaciones, porque mamá se pasaba el día metida en la farmacia para dar de comer a sus hijas, y yo, la verdad, prefería trabajar y no pensar y hacer todos los esfuerzos posibles para borrar de mi cabeza cualquier referencia a Antonio. Apenas salía. Se acabaron los cines y los discobares, las cocacolas y las palomitas, los flirteos con los chicos de los Maristas. Adelgacé. Me miraba en el espejo y me sorprendía al pensar cómo había cambiado. A los dieciséis años yo tenía una carita aniñada, mofletuda, adornada por dos hoyuelos pícaros y un par de relucientes manchas sonrosadas que parecían manzanitas, y ahora, sin embargo, veía a una mujer de tez aceitunada, con las cuencas de los ojos ligeramente hundidas y rematadas en la parte inferior por dos ojeras violáceas, del mismo color que los escapularios de las monjas, y dos pómulos huesudos, prominentes, que conferían a su rostro cierto aire de resignada determinación, y, aunque sólo tenía diecisiete años, me sentía vieja, siglos más mayor que el resto de las chicas de la clase, y, por tanto, me parecía natural que ninguna de ellas pudiera comprenderme.

Hasta que un día, haciendo compras en El Corte Inglés, me di de narices con Borja.

Borja se había trasladado a Madrid a estudiar ingeniería y vivía en un colegio mayor, y a pesar de que yo no me atreví a preguntar directamente por Antonio, el tema no tardó en salir a colación. A través de Borja me enteré de que Antonio había empezado a estudiar derecho en Deusto, pero no le iba muy bien, y Borja me dijo que Antonio salía con lo peor de Bilbao, bebía como un cosaco y las malas lenguas aseguraban que también le daba a las drogas, y Borja y él aún se veían, pero ya no tanto como antes, porque Borja, el niño bien por antonomasia, el exponente más claro de lo mejorcito de Donosti, no veía con muy buenos ojos las actividades de Antonio. Es una pena, decía Borja, los caminos tan distintos que pueden llegar a tomar dos personas que han sido amigas desde la infancia. Y yo asentía sin decir nada, ¿qué iba a decir?

Borja y yo empezamos a salir casi sin darnos cuenta. Quedamos alguna vez para ir al cine y pasear por el Retiro, y una noche me acompañó a casa, y a la entrada del portal me preguntó si podía besarme. A mí nunca antes me lo habían preguntado, siempre habían dado por hecho que diría que sí, y el gesto me conmovió tanto que a punto estuve de echarme a reír, y juntamos nuestros labios y nuestros dientes entrechocaron y me resultó evidente que Borja no tenía ni idea de besar, no como Antonio, y después me miró fijamente y, aunque a mí me pareció que tenía cierto aire bovino, me sentí orgullosa de verme reflejada en esa mirada que oficializaba nuestra relación, me sentí orgullosa de mí misma. Llevaba un año sin experimentar esa sensación.

Estuvimos saliendo durante cinco años, y prácticamente desde el principio se dio por hecho que nos casaríamos en cuanto Borja acabara la carrera, y yo, que sabía muy bien que nunca haría otra cosa que dedicarme a mi casa y a mis niños de la misma manera que llevaba dedicándome a la casa y a mis hermanas desde que se había marchado mi padre, decidí estudiar secretariado porque algo había que hacer, porque no podía pasarme el día metida en casa fregando y planchando y ordenando, por mucho que eso fuera lo único que me apeteciera hacer.

Siempre temí que Borja notara que yo no era virgen, pero cuando llegó el momento ni siquiera mencionó el tema; no sé, quizá no le había importado, quizá ni siquiera se había dado cuenta.

Es cierto, para qué vamos a engañarnos, que nunca sentí por Borja lo que sentí por Antonio, aquella angustia perpetua, aquella ansiedad que no me permitía dormir, aquella especie de corriente de lava ardiente que había notado ascender por mi columna con los primeros besos de Antonio, pero siempre supe que Borja era alguien de quien podía estar orgullosa: guapo, ingeniero, de buena familia, educado, amable y loco por mí, el tipo de chico que le gustaría a cualquier madre. Y había una razón más que yo no me atrevía a reconocer, ni siquiera, creo, ante mí misma: el hecho de que Borja fuera amigo de toda la vida de Antonio, el saber que Antonio acabaría por enterarse que había quien valoraba lo que él había despreciado, que me valoraba hasta el punto de querer hacerme la madre de sus hijos, de querer reconocer ante Dios y ante los hombres que yo valía la pena. Y probablemente ésa fuese la razón de que yo insistiera en casarme por la Iglesia, a pesar de que no iba a misa desde los dieciséis años, a pesar de que mamá, amargada por el fracaso de su propio matrimonio, me dijo que aquello del velo blanco, de las arras y los anillos, de las damitas de honor y la madrina, e incluso la propia institución del matrimonio, le parecía una solemne tontería. Pero yo insistí y tuve lo que quería: boda con traje y velo blanco en San Fermín de los Navarros, con damitas de honor y banquete de boda en el Mayte Commodore.

Durante aquellos cinco años de noviazgo volví a ver a Antonio exactamente once veces, lo sé porque las conté. Cinco de ellas en Donosti, y el resto en Madrid, en las contadas ocasiones en que él se pasaba por la capital para hacerle una visita a Borja, normalmente coincidiendo con la necesidad de solucionar algún papeleo o arreglar algunos trámites. Los tres salíamos juntos de tapeo o a cenar, y nadie mencionó el hecho de que en su día Antonio hubiese sido el primer novio de la radiante enamorada de su mejor amigo. De hecho, Antonio parecía encantado con la situación, y no hacía más que llamarme Anita mía y tratarme con una familiaridad y un cariño que no me demostraba desde hacía muchos, muchos años.

Antonio asistió a la boda vestido de chaqué, e incluso se recortó las patillas para la ocasión, y yo pensé que estaba, no sé, como muy guapo, a pesar de que se le veía cada día más delgado y ojeroso; y es que sus coqueteos con las drogas habían pasado de ser meros rumores a convertirse en un secreto a voces. Y a mí aún me avergüenza recordar el que mientras caminaba hacia el altar del brazo de mi abuelo (porque mi padre, por supuesto, no estaba disponible para entregarme al novio) tuve presente en todo momento que en la segunda fila de bancos estaba Antonio.

Al principio la vida matrimonial me hizo realmente feliz y durante una temporada experimenté, no sé, como una auténtica euforia, y pensaba que no existía en el mundo sensación comparable a la seguridad que proporcionaba tener un marido. Cuando los sábados íbamos a comprar al hipermercado me daba la impresión de que todo el mundo comentaba la buena pareja que hacíamos. Me encantaba estar casada, tener una casa propia, ir a la compra, me encantaba limpiar el polvo y que me llamasen señora. Coleccionaba florecitas de porcelana que acumulaba en un aparador del salón, les limpiaba el polvo cuidadosamente, una por una, con mimo, y a pesar de que sabía que eran muy delicadas tenía la certeza de que nunca se romperían.

Y un día, Borja invitó a Antonio a pasar un fin de semana en Madrid.

En principio, resultaba lógico. Dos amigos de toda la vida, uno de ellos recién casado. Era normal que ahora que no vivían en la misma ciudad ambos se esforzaran por mantener el contacto, y aunque últimamente se trataban cada vez menos, hubo un tiempo en que habían sido inseparables, y esas cosas nunca se olvidan. Además, Borja sentía nostalgia de su tierra y sus amigos, y cuanto más tiempo pasaba sin ver a Antonio, más le echaba de menos y más olvidaba todas las cosas que les habían ido distanciando: la drogas, las juergas, las diferentes maneras de ver la vida.

Yo me enteré un lunes de que Antonio había aceptado pasar el fin de semana en casa, y de lunes a jueves no hubo una sola noche en que pudiera dormir; no sé, me levantaba sudorosa en mitad de la noche, con el vago recuerdo de una pesadilla, y me sentía incapaz de recordar exactamente con qué había soñado, pero estaba segura, sin embargo, de que Antonio aparecía en el sueño.

Me temía que Borja notase algo, pero no notó nada. No sé, a veces como que me sorprende lo poco intuitivo que puede llegar a ser, pero no demasiado. Hay momentos en que pienso que las monjas tenían razón y que los hombres y las mujeres somos distintos, no sé, las mujeres, todo sentimiento, y los hombres, todo cabeza. Nosotras nos quedamos en casa y cuidamos de los niños, cocinamos pasteles de coco y nos encargamos de mantener vivo el fuego y el cariño, y ellos salen a la calle, cazan mamuts e invierten en bolsa, y regresan exhaustos y sudorosos después de haberse jugado la vida para mantener a su prole. Quizá Borja trabajaba demasiado, no sé. No sé.

El viernes por la noche llegó Antonio. Yo me había esmerado en la preparación de la cena y había pasado horas en la cocina, libro de recetas en mano, había comprado tres botellas del vino más caro que pude encontrar, había encargado la tarta especialmente a Mallorca, una torre rebosante de barroquismos hechos de nata y limón, y había dejado la mesa hecha un primor: el mantel de hilo, la cubertería de plata y las copas de Bohemia que presagiaban elegantes aburrimientos. Incluso me había comprado un traje para la ocasión, un traje tan ceñido que apenas me permitía respirar, y que tenía en la parte delantera dos triángulos de terciopelo que aplastaban cada uno de mis senos y se encargaban de elevarlos casi a la altura de la garganta. Había tenido que ensayar toda la mañana, pasillo va, pasillo viene, para mantener el equilibrio sobre los tacones de siete centímetros de mis zapatos nuevos y, a pesar de todo, tenía la impresión de que en lugar de resultar mundana y sofisticada, que era lo que había pretendido, recordaba un poco al pato Lucas; y cuando me miré en el espejo lo primero que pensé fue que parecía Cristina. Era una extraña mezcla de orgullo y vergüenza, no sé, quizá me diese vergüenza sentirme orgullosa de verme tan guapa, no sé, quizá en el fondo pensara que en realidad parecía una prostituta cara, o eso era lo que mamá habría dicho. Pero a Borja le parecieron bien el vestido y los tacones, así que puede que mamá llevara años equivocándose, y, de paso, yo también.

Durante toda la cena tuve que esforzarme para que nadie notara que me temblaba tanto la mano que apenas era capaz de servir la vichissoise. No hablé mucho, y dejé más bien que Borja y Antonio hiciesen bromas sobre los viejos tiempos e intercambiasen información sobre antiguos conocidos. Yo permanecía ajena a la conversación y rellenaba mi copa de vino una y otra vez, y para controlar mi nerviosismo me quedaba contemplando un punto fijo en el techo, hasta que, a fuerza de tanto fijar la vista, sentía que el yeso empezaba a desvanecerse y se convertía en figuritas de flores y de ángeles. Si me concentraba mucho incluso podía escuchar los latidos de mi corazón, y no quería hablar ni moverme demasiado porque pensaba que cualquiera de mis movimientos o de mis palabras podría delatarme. No sabía qué me ponía tan nerviosa, pero algo en el fondo de mi cabeza me decía que debería avergonzarme de mi estado, que había algo de lo que debería sentirme culpable, aunque me sentía incapaz de precisar qué.

Acabada la cena Antonio propuso que saliéramos a tomar una copa. Antes de salir fui corriendo al cuarto de baño y vomité toda la cena, y me quedé mirando cómo en la taza del váter trocitos de tarta de limón nadaban en una pasta color vino. Notaba que las manos me temblaban.

Empinándome como pude sobre los incómodos tacones, me maquillé con tanto cuidado como si estuviera decorando uno de mis maceteros, y me cepillé el pelo y salí del baño enfundada en mi traje negro y decorada como un árbol de Navidad. Capté un destello furtivo de deseo en los ojos de Antonio, y salí por la puerta de casa decidida a demostrar que merecía todo lo que tenía: la casa refulgente, el marido solícito, el certificado de matrimonio. Algo dentro de mí hacía que siempre me sintiese indigna de lo que tenía. Llevaba quince años así.

Visitamos locales que nunca había pisado, salimos por un Madrid que yo no conocía. Dejamos que Antonio nos abriera los ojos. Tomamos copas en un bar de progres en el que las parejas se hacían carantoñas en los rincones oscuros tarareando por lo bajo las canciones de Pablo Milanés, y en un bar de diseño en el que una torre de televisores presidía la pista de baile, y en un bar de paredes pintadas de negro en el que camareras de aspecto gótico servían copas a los clientes con cara de desagrado, y en un bar de música estridente en el que las chicas y los chicos lucían con orgullo camisetas de talla infantil que les permitían enseñar sus abdominales perfectos y sus ombligos perforados. Y yo, que nunca fui buena bebedora, me tragaba los whiskies como si fueran batidos de vainilla.

A las cuatro de la mañana acabamos en una discoteca de moda. La música atronaba de tal manera que resultaba imposible mantener una conversación, mientras una horda de adolescentes famélicos y ojerosos pegaba saltos en la pista de baile al ritmo de unos golpes que me recordaban el sonido de los latidos de mi propio corazón, y me daba la impresión, no sé, de que un millón de estrellas fugaces caían desde el techo hacia la pista. Antonio, que parecía encontrarse en su salsa, nos hizo un gesto indicándonos la barra, y nos abrimos paso entre cuerpos sudorosos y rostros que parecían radiografías. Antonio pidió tres whiskies y Borja desapareció entre la masa, yo no tenía muy claro a dónde se dirigía. Probablemente estuviese buscando el baño, porque me resulta imposible creer que Borja, mi Borja, se hubiera ido a la pista a bailar. Él nunca baila, y menos aún ese tipo de música.

Antonio y yo nos quedamos a solas por primera vez en quince años.

–Estás verdaderamente guapa –dijo él.

Debido al ruido tenía que acercarse tanto para hablar que yo podía sentir su aliento cálido en el cuello. Y yo pensé, ahora o nunca, Ana, es posible que en años no vuelva a presentarse una oportunidad como ésta.

–Antonio –dije–, ¿te acuerdas alguna vez de aquella noche, hace quince años, cuando me llevaste a aquel bosquecillo en el camino de Orio…?

–Quince años… –dijo él, luciendo aquella sonrisa legendaria a la que la mala vida había hecho perder su aura Profidén–. Hostia, no ha pasado tiempo ni nada… A saber dónde estábamos hace quince años…

¿Era posible que él no se acordara? Quizá sencillamente no quería recordarlo.

–Yo estaba borracha. Tú también, creo. Dejé de ser virgen aquella noche.

Él me miró fijamente, con los ojos muy abiertos.

–¿Qué estás diciendo?

–Pensé que te acordarías. Estoy segura de que te acuerdas. –Mi voz sonaba firme y transparente a pesar de todos los whiskies, a pesar del estruendo de la música, a pesar de que brotaba de una cueva recóndita donde mi desesperación se había mantenido agazapada durante años.

Él me miró con expresión vacía y a continuación desvió sus ojos hacia la pista, apuró su vaso de un trago y luego las palabras le rezumaron cansinas de la boca, como arrastrándose.

–No sé de qué me hablas.

Empecé a sospechar que quizá decía la verdad, que para él, quizá, el episodio entre los eucaliptos sólo constituía un vago recuerdo, no sé, al fin y al cabo Antonio había tenido muchísimas chicas en aquella época y quién sabe cuántas habían desaparecido con él entre los árboles… No sé, quizá fuese verdad lo que había oído decir de él, que se había vuelto alcohólico, que apenas le quedaba medio hígado, que la cabeza no le funcionaba.

Pero yo recordaba aquel episodio perfectamente, segundo a segundo. Cómo nos tendimos en el suelo mojado, cómo él me desabrochó la blusa y comenzó a manosearme los pechos, cómo después me bajó las bragas y me metió la mano entre las piernas, cómo de pronto me encontré con que le tenía encima, con los pantalones bajados, intentando meterme su cosa, cómo intentaba penetrarme sin conseguirlo del todo porque yo forcejeaba debajo de él y me revolvía todo lo que podía y bastante trabajo tenía él intentando sujetarme las manos con un brazo y su propio miembro con el otro mientras yo culebreaba debajo de él como una anguila, luchando por desasirme de su abrazo, y cómo por un instante logré soltar una mano y aproveché para arañarle la cara, y cómo inmediatamente sentí un mazazo de hierro en la cara, y la sangre que fluía a borbotones por la nariz, y cómo le notaba encima de mí, inmovilizándome, pesado como una condena, atenazándome de tal manera que me faltaba el aire, y cómo me sujetaba las muñecas con la fuerza de una llave inglesa, y cómo yo hacía lo imposible por desasirme de nuevo, cómo ponía los cinco sentidos en mover todos los miembros a la vez para que él no lograra penetrarme, pero él era mucho más fuerte que yo, y yo lo sabía, lo sabía bien, nunca había conseguido ganarle echando un pulso, y cómo, cuando le tuve lo suficientemente cerca, le mordí la cara con toda la rabia de un perro acorralado, y cómo le oí gritar de dolor, y cómo, por toda respuesta, él me sujetó con más fuerza aún y me acometió con una embestida directa, fulminante, y cómo sentí que había dejado a su paso todo mi interior en carne viva, y cómo me presionaba las manos contra el suelo con tanta fuerza que creí que acabaría por enterrarlas, cómo millones de pequeñas piedrecitas se me clavaban en los nudillos, cómo aquello pareció durar horas, aunque quizá sólo fueran quince minutos, y cómo sentía el sabor correoso de la sangre en la boca y cómo me parecía que de un momento a otro me estallarían las cuerdas vocales, y cómo podía escuchar mis propios gemidos, afilados como cuchillas de afeitar, tan chirriantes que me costaba reconocerlos como míos, y cómo me dolía la espalda, y cómo me dolían las muñecas, y sobre todo, sobre todo, cómo me dolía entre las piernas, un dolor agudísimo, como si estuvieran introduciéndome un hierro candente, un dolor que me perforaba como una aguja al rojo vivo, que se me iba metiendo dentro, muy dentro, más allá de músculos y tendones, más allá de capas de grasa y de filetes de carne, en el centro mismo de mis terminaciones nerviosas, en el núcleo exacto de mi alma, y cómo progresivamente él empezó a jadear cada vez más fuerte hasta que al final se desplomó sobre mí, gimiendo.

Cuando se levantó me quedé sentada en la tierra, encogida sobre mí misma. Él me agarró del brazo y me obligó a ponerme de pie. Me llevó a rastras hasta la moto. En todo el camino a casa no cruzamos una palabra. Me dejó en el portal y subí por las escaleras convencida de que yo tenía la culpa de todo por haberle acompañado hasta el maldito bosquecillo.

Contemplando a Antonio acodado en la barra, convertido en una sombra de lo que una vez había sido, aferrado a su vaso de whisky con la misma desesperación con que un bebé se aferra al pezón de su madre, comprendí perfectamente la postura de esos filósofos que opinan que Dios existe pero que le damos igual, que se limitó a dejarnos en la tierra y que se ha desentendido de nosotros. Y de la misma manera hay gente que nos crea, que nos convierte en las personas que somos, gente cuyas acciones marcan el resto de nuestras vidas de forma que nunca volveremos a ser como antes, y que, sin embargo, no se responsabilizan de nosotros. Antes de que Antonio pasara por mí, yo había sido una persona, y después de aquello me convertí en otra totalmente diferente. Y allí estaba Antonio para demostrarlo, completamente ajeno al hecho de que una vez había sido una tormenta que devastó a su paso todas las flores, dejando tras de sí la mala hierba, las zarzas y los cardos, las ortigas, los espinos.

Borja apareció de repente entre la masa. Mi marido me cogió del brazo.

—Este sitio es horrible —dijo.

—A mí me gusta —respondió Antonio, aunque su voz apagada no denotaba excesivo entusiasmo.

—Anda, que si hay que fiarse de lo que te guste a ti… —replicó Borja. Completamente cierto: a Antonio le gustaban unas cosas rarísimas.

Volvimos a casa sin hablar demasiado, tuvimos que coger un taxi porque estábamos demasiado borrachos para conducir. Al llegar a casa me disculpé aduciendo cansancio y me fui directamente a la cama. Abrí el botiquín y encontré una caja de polaramines. El médico me los había recetado un año antes para combatir un brote de alergia, pero entonces apenas seguí el tratamiento más de tres días porque las pastillas me daban sueño. Así que me metí cuatro pastillas de golpe con un trago de agua del grifo y me fui a la cama.

Soñé con cuchillos y serpientes, con murciélagos y sangre, con gusanos y brasas ardiendo, soñé que una enorme sombra oscura me perseguía y yo no podía correr porque las piernas se hacían cada vez más pesadas, y de pronto miraba las piernas, las mismas piernas que no podían correr, y veía goterones de sangre negra que resbalaban perezosamente por mis muslos.

Soñé con un pequeño delfín negro que era apenas más grande que la palma de mi mano. El delfín vivía dentro del lavabo, pero yo sabía que algún día crecería y pronto llegaría el día en que no cabría en el lavabo, y poco después tampoco cabría en la bañera, y me obsesionaba pensando en cómo lograría mantenerlo vivo dentro de mi cuarto de baño, cómo lo alimentaría, cómo me las arreglaría para llevarlo hasta el mar el día en que creciera, y entretanto, poco a poco, el agua del lavabo iba tiñéndose de rojo.

Desperté sudando. Borja dormía plácidamente a mi lado. Eran las siete. Parpadeé varias veces para recuperar el contacto con la realidad. Tenía la boca seca, como si hubiera masticado tiza, y la cabeza me pesaba más que la mala conciencia.

Me restregué los ojos y vi cómo entraba por la

ventana la primera luz de la mañana y bañaba el cuarto de un suave color melocotón. En la casa se respiraba una calma total.

Me dirigí hacia el cuarto de baño y comprobé que no había ningún delfín en el lavabo. Abrí el botiquín y cogí la caja de ovoplex, y luego fui sacando una por una las diminutas pastillitas blancas, empujándolas con la uña, haciéndolas salir de su pequeña celda plastificada y dejándolas caer en la taza del retrete, mientras caían las contaba, una, dos, tres, cuatro... viernes, sábado, domingo, lunes, y creo que en realidad se trataba de un ritual, no sé, me parece que invocaba la protección de la diosa de la fertilidad, aunque quizá entonces yo no supiese bien lo que estaba haciendo, pero sabía, eso sí, que iba a quedarme embarazada.

Borja y Antonio no se levantaron hasta el mediodía. A mí se me escapó el cuchillo mientras preparaba la ensalada y me hice un tajo en el dedo que ensució de sangre el blanco mostrador de la cocina. Pero no sentí dolor. Veía la sangre fluir como si fuese ajena, y me embobaba contemplando las gotas caer sobre una mancha roja que se hacía cada vez más grande. Tardé un rato en darme cuenta de lo extensa que se estaba haciendo la mancha de sangre y pensé que quizá no debería haber tomado las pastillas. Me sentía tan lenta...

Durante el desayuno creía flotar. No estaba en el comedor, me sentía como si estuviese sumergida en una piscina de agua caliente. Ni Antonio ni Borja hablaban mucho, evidentemente como consecuencia de una resaca seria, y el sol entraba por la ventana y reflejaba una aureola alrededor de la rubia cabeza de Antonio, y Antonio, por un momento, rejuveneció lustros y se convirtió en un querubín perezoso que jugaba con las miguitas de pan. Toda la escena poseía un aire irreal, una atmósfera de cosa soñada.

Antonio se marchó apenas una hora después. Le dio tiempo a darse una ducha rápida y a hacer las maletas. Cuando se despedía hizo amago de besarme en la mejilla, pero yo aparté la cara y le tendí la mano.

La ecografía dijo que era una niña, pero pasaron nueve meses y nació un niño, y el parto se presentó sin complicaciones y todo el mundo dijo que se trataba de un bebé precioso, y en particular Borja, que estaba encantado con la idea de tener un varoncito; pero yo sentí una íntima e inconfesable decepción, sutil y peligrosa como una tela de araña, porque había deseado una niña con todas mis fuerzas, porque había ordenado con mimo los patuquitos y las rebequitas de color rosa, y había entretenido las tardes buscando nombres de hada y de princesa que podrían sentarle bien a una niña. Pero no podía explicarle a nadie lo que sentía porque me habrían acusado de inhumana y lo sabía, pero muy dentro, muy dentro de mí misma, sentía que haber dado a luz a un niño era algo así como pactar con el enemigo.

Los siguientes dos años transcurrieron entre pañales y biberones, cenefas y maceteros, recetas de mousse y punto de cruz, y yo desplegué una actividad frenética y exaltada, incansable, apasionada, para poner a punto una casa de la que mamá se sentiría orgullosa. Quería al niño con locura, pese a que al principio no podía ni verlo, pero eso era normal, o lo era según los médicos, quienes dijeron que se trataba de depresión posparto, algo perfectamente normal. Pero acabé queriendo al niño mucho más de lo que nunca había querido o llegaría a querer a Borja. Yo lo sé, Borja lo sabe y creo que todo el mundo lo sabe, aunque nadie lo haya dicho nunca.

Recibimos muchas, muchas, llamadas de Antonio, pero nunca hubo otra visita. Las amigas de Donosti contaban que Antonio iba de mal en peor, que todo el mundo sabía que estaba muy enganchado a la heroína, y entretanto Borja y Antonio se distanciaban cada vez más.

Hasta que un día, hace de esto más o menos un mes, sonó el teléfono y yo, que estaba preparando una ensalada, me limpié las manos con el delantal y respondí a la llamada sin mucho interés, imaginando que, como de costumbre, al otro lado del auricular escucharía la voz de mamá interesándose por el niño, y me sorprendí muchísimo al oír la voz de Karmele, que sonaba jadeante, entrecortada, contarme que Antonio había muerto a causa de una sobredosis y que la Ertzainza había encontrado su cadáver en un pequeño bosquecillo cerca de la autopista, a la salida de Orio; y que la policía daba por hecho que en el momento de la muerte había estado acompañado, porque no apareció ningún vehículo en las inmediaciones y era bastante difícil suponer que Antonio hubiese llegado hasta allí por su propio pie, sobre todo teniendo en cuenta que el fallecimiento había tenido lugar en una noche de lluvia, así que lo más probable es que Antonio hubiese ido allí en compañía de otro u otros drogadictos, buscando un lugar apartado donde inyectarse heroína, y su acompañante o acompañantes, al ver lo sucedido, habían decidido abandonar el cadáver para evitar problemas con la policía; y me contó también que aquella noche varias personas recordaban haber visto a Antonio recorrer los locales de peor fama de la parte vieja de la ciudad, abrazado a una chica muy joven.

Colgué el auricular y seguí picando cebolla como si tal cosa. Tarareaba las canciones de la radio mientras disponía artísticamente en la ensaladera el apio, el pepino, la zanahoria y los rabanitos, ordenándolos por colores. Cuando Borja regresó del trabajo olvidé incluso comentarle lo de la llamada.

Dos días más tarde volvía a casa en el autobús, cargada de bolsas. El niño estaba en la guardería. Y de pronto, al mirar por la ventana, vi a Antonio cruzar la calle. ¿Qué estaba haciendo Antonio en Madrid? ¿Por qué no había llamado para notificarnos que llegaba? Me levanté para bajarme en la próxima parada en un intento vano para alcanzarle, aunque era consciente de que tenía muy pocas probabilidades de dar con él, que ya se habría perdido entre las calles de Madrid, y cuando estaba a punto de descender por la escalerilla del autobús una idea cruzó por mi mente como un relámpago. No podía tratarse de Antonio. Antonio estaba muerto. Pero bajé de todas formas. Sentía que me faltaba el aire y las piernas me pesaban como si fueran de plomo, y me desplomé en el primer banco que encontré, y calibré el peso exacto de mi cuerpo, los cincuenta y dos kilos que me fijaban al banco y me impedían levantarme, y podía haberme tirado días enteros sentada en aquel lugar, porque, en realidad, no encontraba razones para levantarme, así que cerré los ojos e intenté no pensar en nada. Cero. Desaparecer.

No recuerdo cuánto tiempo pasé sentada en ese banco; pasaron los minutos y quizá las horas, hasta que se acercó aquel señor de cierta edad que me preguntó si me encontraba bien, y no, no me encontraba bien, quería quedarme en aquel banco el resto de mi vida, madurar allí, echar raíces, marchitarme, secarme y desaparecer, pero recordé a tiempo que tenía un niño de dos años que en ese mismo momento probablemente estuviera berreando porque su madre no había ido a buscarle a la guardería, así que me desembaracé del amable señor como pude, y cogí un taxi, conseguí recoger al niño por los pelos y regresé a casa con las pupilas de los ojos dilatadas de tanto llorar y llorar.

Ya no soy la mujer que era hace dos meses, aquella que lijaba y barnizaba y pintaba estanterías. Siento que vuelvo a ser Anita, me emborracho con mi propio llanto, mantengo largas conversaciones conmigo misma y lloro en silencio lágrimas saladas, pequeñas cuentas de cristal. La vida se me escapa por los ojos brillantes, y paso horas tumbada en la cama, incapaz de reunir fuerzas para levantarme. Paseo la mirada por la habitación, recorriendo uno a uno los pequeños detalles que he llegado a aprenderme de memoria: la casi imperceptible mancha de humedad en el papel pintado, el pequeño hueco en forma de rectángulo que dejó una madera que un buen día decidió abandonar el suelo de parquet y fue a parar Dios sabe dónde, los dibujos geométricos del kilim, rosas, verdes y granates, los desconchados de la lámpara de porcelana. Debería dejar de llorar, yo, que lo tengo todo, todo lo que acumulé para demostrarle a Antonio que sobreviviría, que valía mucho más de lo que él se creía: el suelo de gres, la cristalería Ruiz de la Prada, el sofá Roche Bobois, las cortinas de Gastón y Daniela, la mesa de Ricardo Chiara, la vidriera de Vilches, los cuartos de baño con grifería de bronce de Trentino, el salón que merecería figurar en las páginas centrales del *Elle* decoración, el marido guapo y brillante, el armario repleto de modelos de Sibila y Jesús del Pozo. Lo tengo todo alrededor, pero ya no tengo nada dentro.

En aquellos tiempos nadie hablaba de violaciones. La Anita que yo era ni siquiera sabía qué significaba la palabra y pensaba que todo había sido culpa suya. Ella le había acompañado al monte. Había ido sola en la moto. Se lo había buscado. Los hombres son animales. No pueden reprimir sus instintos. Eso me habían dicho las monjas toda la vida, y era responsabilidad mía mantener intocado mi cuerpo, ese templo sagrado que Dios me había dado. Mía y sólo mía. Antonio me había tratado como una puta y yo había organizado toda mi vida para demostrarle a él, al mundo y a mí misma que no lo era.

Pero Antonio se ha muerto y el mundo, por su parte, también ha cambiado, y mi hermana pequeña se acuesta con unos y con otros, con quien le da la gana, y nadie dice nada, nadie se lo cuestiona. Y yo, yo, ¿qué? Yo sólo he conocido a dos hombres, y ninguno merecía la pena. Como tampoco mereció la pena hacerles caso a mi madre y a las monjas.

No ha merecido la pena esforzarme en demostrar que soy una buena chica. Antonio se ha muerto y no me importa. Borja está vivo y no me importa. Lo único que importaba, lo único que ha importado siempre, era limpiar una mancha. Pero eso tampoco importa ya. Al fin y al cabo, la limpieza ya no me obsesiona.

Anita organizó una revancha de opereta y Ana duerme ahora con un extraño, confinada en una casa que ha demostrado no necesitarla, recluida en un calabozo que ella misma ha decorado. Y yo me siento vacía como una mujer burbuja.

S de susto

De la vida se puede hablar de mil millones de maneras diferentes, pero para mí ya sólo hay dos formas de vivirla: con drogas o sin ellas, o lo que es lo mismo, a pelo o anestesiada. Drogas, drogas, drogas. El éxtasis es el pan nuestro de cada día y ya no sabemos vivir sin él. Nos metemos por lo menos una pastillita por semana, para pasar el fin de semana como Dios y el underground mandan, pero lo normal es que también caiga alguna entre semana. Después de constatar que nos gastamos una pasta en las putas pastillitas, hemos decidido que nos traía más a cuenta hacernos con nuestras reservas del mes de una tacada, no sólo porque va a salirnos más barato, sino porque ayer nos enteramos de que acababa de llegar un material que difícilmente podremos volver a encontrar: MDMA puro, del que ya no se hace, recién llegado de Holanda. Salía a cinco talegos la pastilla, pero por haber comprado una cantidad tamaño familiar, y como deferencia al hecho de que yo trabajaba en el Planeta X (que al fin y al cabo era su centro de operaciones), Carlos *el Topo*, alias Tantangao, nos ha hecho un precio especial: treinta pastillas a setenta y cinco napos, o sea, dos talegos y medio por pastilla. Considerando que se trataba de una oportunidad que no podíamos desaprovechar, Line, Gema y yo hemos decidido hacer un fondo común, y aquí estamos, a las seis de la mañana, dentro del coche de Gema, las tres marías, Line, Gema y yo, cada una con nuestra bolsita, que contiene nueve pastillitas blancas, nueve, que acabamos de pillar. Nueve en la bolsita y una en el estómago, porque no hemos podido resistir la tentación de probar una nada más pillarlas. Acabamos de salir del Planeta X. Son las seis de la mañana y yo me las he arreglado para salir antes que de costumbre porque es martes y en el local no había mucha gente.

Conducimos por la calle de San Bernardo abajo, con el loro a todo volumen. Suena una cinta que el pincha me ha regalado esta misma noche y yo, con mucho afán didáctico pero escaso éxito, intento iniciar a Gema en los misterios de la cultura cyberchic.

–¿Ves, Gemita?, esto que suena ahora mismo es trance.

–¿Quieres decir que lo que sonaba hace cinco minutos no era trance? –preguntó Gema con cara de no enterarse.

–No, lo que sonaba hace cinco minutos era hardcore techno.

–¿Jarcotezno? –Gema abre mucho los ojos y me dedica su mejor mueca escéptica.

–Hardcore techno –repito yo, con perfecto acento, que para algo he tenido un novio irlandés–, que es lo que aquí se conoce como bacalao.

–¿Y qué diferencia hay entre el jarcotezno y el trans? –pregunta ella–. Lo digo porque a mí me ha sonado a lo mismo.

–Pues que el hardcore techno es como más machacón, más maquinita, o sea chunda-chunda-chunda-chunda, mientras que el trance es así como más envolvente y espacial. Una cosa tipo tiritirititi-ririiiií-tiritiritiritiririiiiiií-uauuuú-uauuuú. Y luego está el ambient, que es mucho más relajado, tin...plin...tirirrirín...plin. Algo así como la New Age de la música de baile. Y luego está el jungle...

–¿Yanguel? –La cara de susto de Gema se hace más evidente por segundos.

–Jungle, que es algo así como el sonido tribal de la música de baile, pero hecho con ordenador y aceleradísimo. –Hago una pausa en mi discurso cuando advierto que lo que suena es uno de mis temas favoritos–. Vaya, esto que suena ahora mismo son los Underworld. Me encantan.

–Cristina, que diferencies entre estilos ya me parece sorprendente, pero que llegues al punto de reconocer las canciones tiene un punto preocupante, qué quieres que te diga –advierte Gema.

–No, si a mí también me parecía un horror, pero desde que trabajo en el bar me he enganchado completamente. Allí es que no oyes otra cosa. Lo peor es que me he grabado algunas recopilaciones de trance, me las he llevado a casa, y ya no escucho nada más. Me levanto escuchando trance, me lavo los dientes oyendo trance, me ducho con trance, y hago la comida a ritmo de trance... Estoy totalmente enganchada.

–No, si al final vas a acabar necesitando una terapia de desprogramación... Te veo en El Patriarca antes de fin de año. –Line, que iba muy calladita en el asiento de atrás, abre la boca por primera vez–. Por cierto –continúa–, hablando de desprogramaciones, ¿has sabido algo de Iain?

–No, ni ganas –respondo yo, seca como el esparto.

Gema se dirige a mí, curiosa.

–¿El tal Yan es el novio ese del que me hablabas?

–Sí, mi novio –confirmo yo, decidida (la falta de costumbre), pero enseguida rectifico–. O sea, mi ex novio. Era mi novio hasta anteayer, como quien dice.

Gema me mira asombrada.

–¿Lo habéis dejado?

–Lo hemos dejado hace un mes, y estoy hecha polvo. Como casi ni me ves últimamente ni te habías enterado.

–Si se trata de un reproche velado te recuerdo una vez más que he estado muy ocupada con mi tesis.

–Tú y tu tesis… «Melibea, la primera feminista.» Típico tema de bollera concienciada. Resulta que ahora una mema que no hace más que quedarse en casa y suspirar por un lechuguino es la primera feminista. Lo que hay que oír. A vosotras las de hispánicas se os va un poco la olla.

He tocado su talón de Aquiles, su tesis, su obra magna, su alhaja, su prenda, la niña de sus ojos.

–No empieces, que lo de mi tesis lo hemos discutido muchas veces. Aparte que la tuya tampoco es una maravilla. «Diferentes concepciones del sentimiento amoroso a lo largo de la historia.» Te darán un punto extra por la originalidad…

–Vale. Tregua. Dejo el tema. Tu tesis es cojonuda. No sé, creo me pongo borde cuando oigo hablar de Iain.

–Hala, no te preocupes –me tranquiliza Gema–, que a una chica tan guapa como tú no le faltarán novios.

–¿Repite eso?

–¿El qué?

–Lo de que soy guapa.

–Pues nada, pues eso, que eres muy guapa.

–Pues nunca me lo habías dicho.

–Supongo que no hace falta decirlo. Es bastante obvio. Además, no eres el tipo de chica a la que parece que haga falta decírselo, ni tampoco apetece.

–¿Y por qué no va a apetecer?

–Porque, Cristinita querida, con lo borde que eres no sólo no ibas a dar las gracias, sino que ibas a soltar una frasecita de las tuyas; un «mira que eres babosa», o algo peor.

–¿Borde yo?

–No, qué va. Dejémoslo en que a tu lado Cruella de Vile era una santa.

–No creas –digo, un poco pensativa–, si ya me lo han dicho muchas veces… El propio Iain, por ejemplo. Éste ya ni me habla.

–¿Es inglés?

–Peor aún, irlandés –concreta Line desde atrás–. Católicos y borrachos.

–Pero los mejores amantes. Ya lo dijo Marilyn Monroe –completo yo.

–Pero se refería a los Kennedy, que eran yanquis –rectifica Line–. Además, seguro que follaba muy bien, pero era un pedante de cuidado. Con ese rollo de que era escritor…

–¿Escritor? –Interviene Gema–. Eso no lo sabía yo. ¿Qué escribía?

–Cuentos cortos. Comeduras de tarro. Nada del otro mundo. En realidad vive de un fideicomiso, así que le da igual –le explico yo.

–¿Un fideicomiso? Entonces era rico, ¿no?

–Él no. Su familia sí, por lo visto. Pero es un cutre, como toda la gente de pelas. Por ejemplo, cuando cortamos me envió una caja con mis pertenencias, lo que me había dejado en su apartamento. Y al principio estaba tan jodida que ni me atreví a abrirla. Y hace dos días, cuando por fin la abro, veo que el muy cabrón se ha quedado con lo que le interesa. Mis mejores camisetas, por ejemplo. Y mis bolas chinas.

–¿Bolas chinas? ¿Eso qué es? –pregunta Gema.

–Pues es como una especie de vibrador –le informo–, pero son dos bolas. Hija, pensé que vosotras las lesbianas sabríais más de eso… Y se supone que una te la metes por el coño y la otra… Bueno, olvida las instrucciones de uso. El caso es que debe de estar utilizando MIS bolas chinas con cualquier otra, de la misma manera que debe de estar saliendo por ahí con MIS camisetas, y por eso no me las devuelve.

–Mujer, lo dudo bastante –opina Gema.

–¿El qué?

–Lo de que esté usando las bolas chinas…

–Pues no veo por qué vas a dudarlo. No creo que sea fiel a mi recuerdo. ¡Si él no aguanta pasar dos días sin follar…! Estoy segura de que ya está con otra tía.

–No, no lo has cogido, Cris. Yo no te digo que no folle. Lo que quiero decir es que tampoco es muy normal, tratándose de una chica con la que no llevas mucho tiempo, pues eso, sacar un vibrador como si tal cosa de la mesilla de noche y proponerle montar un numerito. Vamos, por lo menos no con el tipo de chicas que yo he conocido. «Oye, mira que tengo aquí un juguetito que se dejó mi novia en casa, que por qué no lo usamos.» No me negarás que suena un poco fuerte.

–Me estás decepcionando, Gema. Yo pensé que las lesbianas os pasabais el día jugando con vibradores.

–Tú has visto mucho porno –me responde Gema.

–Además tampoco hace falta que explique que se trata de un juguetito de su novia –añade Line–. Siempre puede decir que le tocó en una rifa de una despedida de soltero, y que le apetece ver cómo funciona.

–Pues peor me lo pones... –otra vez Gema–. ¿Qué iba a pensar la chica de sus amistades? Y, por cierto, ¿cuánto tiempo llevabas con ese novio?

–¿Qué pasa? ¿Quieres que te dicte mis memorias, o qué?

–¿Ves? Si cuando yo digo que eres una borde, lo digo por algo.

–No, si es verdad. Ya te he dicho que por eso me dejó Iain. Se hartó de mis numeritos, de mis desplantes, de mis depresiones y de mis psicólogos.

–¿Y cómo lo llevas?

–Así, así... tirando. La verdad es que andaba dudando entre hacerme lesbiana o meterme a monja.

–Ambas cosas son compatibles. Y si no acuérdate de esa monja que nos contabas que te perseguía por los pasillos de tu colegio... –me recuerda Line.

–¡Qué horror! Ni me la menciones.

–Pero si buscas consejo, yo de ti optaba por la primera opción. No sólo porque suena más interesante, sino porque, ahora que has adelgazado, sería una pena que ocultaras tus encantos bajo un hábito talar –dice Gema.

–¿Me estás tirando los tejos?

–Bueno, ya que has dicho que ibas a hacerte lesbiana, quiero apuntarme la primera al club de tus admiradoras –avisa Gema, sonriente y, supongo, irónica.

–Tía, que nos conocemos desde hace seis años...

–Nunca es tarde si la dicha es buena.

–Oye, que si sobro no tenéis más que decirlo y me bajo del coche, ¿eh? –interrumpe Line.

Yo finjo no haberme enterado y cambio de tercio.

—¿Puedo hacerte una pregunta indiscreta? —le suelto a Gema.

—Las preguntas no son indiscretas, tal vez las respuestas, dijo Oscar Wilde —cita Line.

—Creíamos que el pedante era mi novio —le recuerdo yo.

—Ex novio —puntualiza ella.

—¿Cuál era la pregunta indiscreta? —pregunta Gema.

—Que si te lo has hecho con un tío alguna vez, como si lo viera —suelta Line desde atrás.

—¿Era ésa? —pregunta Gema.

—Era ésa —confirmo yo.

—A partir de hoy, llamadme Sibila —dice Line.

—Pues tampoco era tan indiscreta, hija. La respuesta es sí. Con unos cuantos. Me lo hice con el profesor de lingüística de primero, por ejemplo.

—¿EL DE LINGÜÍSTICA? —chilla Line—. ¿Con aquel monstruo? ¡Qué asco! Si debía de rondar los ciento veinte kilos... No me extraña que decidieras hacerte bollera. Después de una experiencia semejante, cualquier cosa.

—No me seas reaccionaria. Ser gay no es ser cualquier cosa —replica Gema indignada.

—Es un decir, joder. No te me pongas concienciada ahora, que son las seis de la mañana.

—¿Y vosotras, ya que preguntáis? ¿Os lo habéis hecho con una tía?

—No —contesto.

—Bueno, sí —responde Line a su vez—. Ésta y yo nos hemos dado algún que otro morreo y una vez lo hicimos las dos con Santiago...

—O sea, que no —la corta Gema.

—Supongo que no. —Me lo pienso un segundo—. No.

–No –confirma Line.

–Y, dime, ¿es muy diferente? –pregunto yo.

–¿El qué? –Gema, a la gallega, responde con una pregunta.

–El qué va a ser… Follar con un tío y follar con una tía.

–Sí y no. A ver, cómo te explico… –El éxtasis debe de estar subiéndole. Si no ¿a qué viene semejante talante comunicativo? En otras circunstancias me habría mandado a la mierda–. En una relación con un hombre está claro desde el principio que nunca se llegará a una comprensión absoluta. Con los hombres se parte de la contraposición, y con las mujeres de la identificación. Con las mujeres es quizá más ingenuo, los roles no están preestablecidos, ni en la cama ni fuera de ella, y todo se hace más fácil. Hay muchas cosas que un hombre no puede comprender porque simplemente no sabe lo que significa ser mujer. Y hay otra diferencia muy grande, los hombres no tienen pechos, y las mujeres no tienen los músculos de los hombres…

–Y te ahorras eso de la felación, que es bastante incómodo, a no ser que tengas la boca muy grande… –Line interrumpe el formativo discurso de Gema.

–O que él la tenga muy pequeña –completo yo.

–A mí me echa un poco para atrás. ¿Sabe bien? –Line, siempre tan directa.

–¿El qué? –pregunta Gema.

–El qué va a ser… comérselo a una tía, coño –responde Line.

–Mujer, depende, pero en general, sí. Sí, sabe bien, pregúntaselo a cualquier tío. Además, el sexo de una tía visto desde cerca es muy bonito. Parece una flor. Una orquídea. Y es blandito, da gusto jugar con él. Qué quieres que te diga, a mí me resulta mucho más desagradable tener que chupársela a un tío, que a veces te atragantas y no puedes ni respirar…

—Y que hay mucho guarro que no se lava… –Line de nuevo.

—Yo lo que detesto es cuando te agarran la cabeza con las manos y te obligan a meterte el aparato hasta la campanilla, y tú ahí, medio asfixiada, que vas notando cómo te falta el aire –explico yo.

—Pues eso con una tía no te va a pasar. –Gema sentando cátedra.

—No, si al final acabarás por convencerme. Además, después del modo en que me ha tratado Iain casi se me han quitado las ganas de relacionarme con más.

En ese momento nos fijamos en un par de maderos que están de pie en la acera, haciendo un control. Han aparcado el coche a un lado de la calle y están parando a algunos automóviles. Se ha formado un embotellamiento importante.

—¿Esto qué es? –pregunta Line.

—Un control. Terroristas, seguro. Me juego la vida a que ha habido un atentado –predice la agorera de Gema.

—Para mí que es un control de alcoholemia –opino. Los maderos nos hacen señas de que nos detengamos, supongo que porque el viejo cuatro latas de Gema, lleno de pegatinas, tiene bastante mala pinta. Una panda de pijos engominados pasan a nuestro lado en un Golf GTI. A ellos, claro, no les paran.

Uno de los maderos le dice a Gema que salga del coche. Line y yo contemplamos cómo el tipo le pide el carnet de conducir y los papeles del vehículo. Gema, muy calmada, los saca de la guantera y se los enseña.

El madero nos mira a Line y a mí y nos hace una seña. Ahora nos toca a nosotras salir del coche. Lo hacemos. El tío abre mi bolso y lo primero que saca es la pitillera de plata que me regaló Iain (por cierto, yo no fumo. El listo de Iain se lució con el regalito). La abre y se encuentra la bolsita.

Me doy cuenta de lo estúpidas que hemos sido. Ni se nos había pasado por la cabeza que la madera pudiera ponerse a controlar a la gente que salía del Planeta X para pillar éxtasis. Yo ya había oído que eso se hacía, pero siempre había pensado que se apostaban a la puerta de las macrodiscotecas del extrarradio, en Ática o el Central, no en pleno centro de Madrid. Aunque, en realidad, que hagan un control aquí es lo más lógico, porque el Planeta X es un nido de pastilleros y farloperos, como todo el mundo sabe. Maderos incluidos, por lo visto.

Oigo un zumbido en los oídos. Se trata de la sangre, que se me agolpa en las sienes.

—¿Esto qué es? —pregunta el madero.

—Pastillas.

—Ya veo. ¿Alguna de vosotras tiene más pastillitas de éstas? —añade él, dirigiéndose a Gema y Line.

Line y Gema no abren la boca.

Nos advierte que van a registrarnos de todas formas, así que más vale que soltemos lo que llevamos. Será más rápido y menos humillante, dice.

Gema saca su bolsa del bolsillo de los vaqueros.

Yo sé que Line se ha metido la bolsita dentro de las Doctor Martens, no porque temiera ningún registro, sino porque la bolsa ya no le cabía en su minúsculo bolsito en forma de corazón, donde había metido a presión las pinturas, las llaves, el tabaco y el monedero; y el modelito de esta noche —un pichi de vinilo rosa— no tiene bolsillos.

El policía se dirige a Line:

—A ver, rubita, tú también. Tus pastillas.

—Yo no llevo nada —asegura Line. Y él repite que más vale que entregue el material ahora si no quiere buscarse más problemas de los que ya tiene, y que van a registrarla de todas formas.

Line duda por un instante, luego se sienta en la acera y comienza a desabrocharse las Doctor Martens. No resulta una tarea fácil, porque son de esas de caña alta, abrochadas hasta el tobillo.

—Tendrá usted que esperar un momento —avisa—. Las tengo por aquí, en alguna parte.

El madero, impaciente, le dice que se dé prisa, que no tiene todo el día.

Line se quita el calcetín rosa eléctrico. Con el frío de la mañana resulta un poco absurdo ver a Line con el pie desnudo. Nada. De ahí no sale nada parecido a una bolsa de pastillas.

—Me parece que me he equivocado de bota. Deben de estar en el pie derecho —dice Line, dedicándole al madero su mejor sonrisa y encogiendo los hombros.

Esperamos unos cinco minutos hasta que logra quitarse la otra bota y por fin aparece la condenada bolsita. Luego otros diez minutos hasta que se calza de nuevo. El atuendo de Line será todo lo moderno que ella quiera, pero, desde luego, no está pensado para una noche de pasión salvaje, a no ser que se trate de un polvo rápido, contra la pared, subiéndose el pichi hasta el pecho y dejándose las botas puestas, y está claro que tampoco está diseñado para enfrentarse a un registro policial. No hay más que ver la cara de los maderos.

Uno de ellos, señalando la bolsita, nos pregunta dónde hemos comprado las pastillas.

—En una fiesta —digo.

—En el Planeta X —dice Gema.

Ella ha dicho la verdad y yo he tratado de salvarme el curro.

—En una fiesta en el Planeta X —amplío yo, intentando remediar la situación.

El madero se mete en el coche y habla con alguien por radio. No hace otra cosa que recitar números. Algo así como «Alfa 33, Alfa 33, registrado un doscientos veintinueve en la calle San Bernardo, cambio y corto... Negativo... Doscientos veintinueve.» Resulta evidente que está utilizando alguna clave. Acaba y nos hace aparcar el cuatro latas.

—Me temo que tendréis que acompañarme a la comisaría para prestar declaración —le dice a Gema.

Nos han metido en una furgoneta de la policía, que arranca. Conduce un madero jovencito. Nosotras tres vamos agolpadas en la parte trasera del coche, separadas de los dos policías que nos llevan por una reja metálica. Como perritos. No nos han esposado. Yo siempre había pensado que cuando te llevaban a comisaría te esposaban. La idea me daba cierto morbo, por aquello de que sólo he utilizado esposas para follar. No me queda claro si debemos considerarnos detenidas o no. Se me pasan por la cabeza terroríficas imágenes de brutalidad policial, interrogatorios con un flexo apuntándote a la cara, palizas propinadas con toallas mojadas para no dejar marcas, sórdidas celdas sin agua ni sanitario... De pronto, sin comerlo ni beberlo, nos hemos convertido en delincuentes y paseamos por el lado salvaje de la vida.

—Hace falta tener mala suerte —suspiro.

—Vosotras tres, calladitas —suelta el madero que conduce.

—Vale, vale, que ya nos callamos —responde Line.

Continuamos el trayecto en el mayor de los silencios. La verdad es que apenas pasamos cinco minutos en la furgoneta, porque nos llevan directamente a la comisaría de la Luna, que está prácticamente al lado de donde nos han recogido.

Al llegar a comisaría nos separan. A mí me llevan a una habitación pequeña en la que un policía bajito, sentado frente a una máquina de escribir, anota mi nombre, dirección y número de carnet de identidad. Parece muy joven. Quizá más joven que yo. Todo lo que me habían sacado del bolso aparece extendido en la mesa, delante de él: cartera, llaves, el estuche de las gafas, un lápiz de labios, un monedero. Todo menos la pitillera de plata que me había regalado Iain y que contenía las pastillas.

Me pregunta mi profesión.

–Estudiante –contesto. No sé por qué me da vergüenza decir camarera. Influencia de mis hermanas, supongo.

Y en ese momento, zas, noto una sensación familiar que me hace cosquillas en el estómago, y bulle y burbujea como una aspirina efervescente dentro de mí, y va subiendo, poquito a poco, burbujitas, burbujitas espumosas, hacia mi cabeza. Oh, no… El pulso se me acelera y empiezo a respirar de forma entrecortada, inspiración, espiración, me falta oxígeno, boqueo como un pez fuera del agua, noto que las piernas empiezan a temblarme, las articulaciones me hormiguean, y las manos, soy incapaz de estarme quieta y ESTÁN ENTRÁNDOME UNAS GANAS MUY TONTAS DE REÍRME. Carlos Tantangao, esta vez no has hecho honor a tu nombre. Esto es MDMA puro. El mejor que he probado nunca.

El madero saca un cigarro y me ofrece uno. No lo acepto, porque no fumo, pero le doy las gracias muy amablemente.

Me dice que hemos tenido suerte porque hoy no

han traído a mucha gente, así que podremos despachar el asunto más rápido que de costumbre, ya que, normalmente, podrían pasar horas hasta que nos tomaran declaración.

Parece bastante amable. No me da la impresión de que vaya a conocer la brutalidad policial, de momento.

Al rato aparece otro tipo, éste vestido de paisano, con barba. Debe de rondar la cuarentena y es atractivo, a su manera. Tiene un pasar, si a uno le gustan los modelos de anuncio de El Corte Inglés, claro.

—Supongo que eres consciente del lío en que te has metido —me dice, encendiendo un cigarrillo, igualito, igualito que en las películas de Bogart.

—Me lo imagino.

—¿Dónde comprasteis las pastillas?

—En el Planeta X. Ya se lo dije al agente que nos ha traído aquí.

—¿A quién se las comprasteis?

—A un camello, a quién va a ser.

—¿Sabes su nombre?

¿Me conviene mentir? Doy por hecho que Gema no se irá de la lengua, pero seguro que Line mete la pata, en su línea.

El dilema del prisionero. Uno de los problemas básicos de la teoría de juegos. Dos individuos sospechosos de haber cometido un crimen en complicidad son detenidos y encerrados en celdas separadas. Cada uno puede hablar o permanecer en silencio. Hay tres posibilidades: si uno habla y el otro no, el que habla va a la calle y al otro le caen veinte años. Si los dos hablan, a cada uno le caen cinco años. Y si los dos callan, les cae un año a cada uno acusados de un cargo menor, como tenencia ilícita de armas, por ejemplo. Cada uno debe tomar su decisión sin saber lo que hará su cómplice. ¿Qué deben hacer?

Solución: los dos deberían quedarse calladitos. Moraleja: en un juego de información incompleta los mejores resultados se consiguen cuando todos los jugadores adoptan una estrategia cooperativa.

–No, no sé su nombre –respondo–. En estos casos uno no pregunta el nombre, sólo el precio.

La explicación parece convencerle.

–¿Puedes describírmelo? Más vale que me digas la verdad, porque estamos preguntando a tus amigas también, y como las descripciones no concuerden, os veréis en un serio problema.

Le doy una descripción que concuerda con la de Carlos el Topo, pero que también podría concordar con la de cualquiera: moreno, no muy alto, ojos oscuros. Omito el hecho de que llevaba gafas de culo de vaso (por eso le llaman Topo), porque desde que existen las lentillas ya casi nadie las lleva, y el dato podría servir para identificarle con facilidad. Si las otras lo mencionan, allá ellas. Pero nadie podrá acusarme de haber mentido. Todos los rasgos que he citado son los de Carlos.

–¿Le habías visto antes? –me pregunta el secreta. Supongo que es un secreta, porque no lleva uniforme.

–Un par de veces –miento.

–¿Sabes si es un proveedor habitual?

–¿Qué?

–Que si es un camello conocido –traduce el secreta, condescendiente.

Carlos *el Topo*, alias Tantangao, es el camello más famoso de toda Malasaña (y aledaños).

–Pues no lo sé. Yo sólo le he pillado hoy –digo.

El Topo lleva tres años siendo mi proveedor habitual, que diría el de barba.

–¿Y cómo te has enterado de que estaba pasando pastillas?

–Pues como todo el mundo. He ido al bar y he preguntado quién pasaba.

–¿Y no te parece que nueve pastillas es una cantidad un poco exagerada para llevarlas encima de golpe?

–Es que estamos preparando una fiesta.

Ruego a Dios que las demás digan algo parecido. Supuestamente soy atea, pero en estos casos recupero la fe del colegio, por si las moscas.

–Bien, vamos a llevar estas pastillas al laboratorio para que las analicen, y si son lo que creemos que son, me parece que tus padres se llevarán un disgusto.

–Comprendo. –Cerdo paternalista, pienso para mis adentros.

–Eso espero. ¿Vives con tus padres?

Me cuesta responder. Noto que empiezo a temblar y la mandíbula se me desencaja. Puñetero éxtasis de los cojones.

–No, vivo sola.

–Ya te has metido alguna de esas pastillas, ¿no?

Qué percepción la suya.

–Me temo que sí –respondo.

Noto el pulso desbocado como un caballo que acabara de ver un fogonazo. Jadeante, siento un ritmo interno bullicioso que me estremece de la cabeza a los pies. Percibo los latidos de la sangre en los oídos, el eco de las palpitaciones en el pecho, y hasta empiezo a encontrar mono al policía jovencito de uniforme. Esto es MDMA del bueno, y sube como un cohete.

–Ahora tendrás que esperar hasta que tomemos declaración a tus amigas y decidamos qué hacer con vosotras. De momento, yo he terminado contigo –anuncia el de barba. Acto seguido se levanta y sale de la habitación, cerrando la puerta tras de sí. Parece satisfecho con la inútil información que le he proporcionado.

El jovencito me indica que va a acompañarme a una celda. ¡Una celda! No he estado en una celda en mi vida. Aunque en realidad, el sitio donde me lleva no tiene mucha pinta de celda. No tiene rejas, por ejemplo. Se trata de una simple habitación cerrada con llave desde fuera, con una pequeña ventanita en la puerta por si necesitamos llamar. Dentro hay un banco, y sobre el banco, un negro. Entro y me siento a su lado. El banco resulta bastante incómodo. El negro tiene los ojos muy bonitos.

—Hola —saludo.

—Hola —responde el negro, con una blanquísima sonrisa—. ¿Por qué tu aquí?

—Drogas —digo.

—¿Caballo?

—No, equis. ¿Y tú?

—Caballo. —Tiene un acento muy raro.

—Oye, tú... ¿de dónde eres?

—Senegal.

—*Donc, tu parles français...* —digo. El francés era el segundo idioma que elegí en la carrera.

—*Mais bien sûr!* —Él parece encantado—. *Tu parles très bien.*

—*Merci.*

—*Et, qu'est-ce que tu fais, une belle fille comme toi, et cultivée aussi, dans cet endroit...* —dice. Que viene a ser: ¿qué hace una chica como tú en un sitio como éste?

—*C'est la vie.*

Y esto ni haría falta traducirlo: Así es la vida.

Nos enzarzamos en una animada conversación. Él se llama Ourané o algo así. Yo voy puestísima de éxtasis, de modo que tengo muchas ganas de charla, a pesar de las circunstancias supuestamente adversas. Me paso el rato de palique con Ourané, o como se llame, que me cuenta cómo es la Cassamance, la región de donde viene, que por lo visto está llena de terroristas independentistas. Algo así como los etarras pero en negro, para entendernos. Nos reímos mucho y a mí casi se me olvida que estoy en una comisaría y pendiente de una posible acusación por tráfico de drogas.

Ourané debió de nacer en un pueblo soleado a la orilla del mar. Ourané apenas aprendió a leer o escribir. En la Cassamance a los niños se los lleva una gripe, porque no existen los antibióticos ni las aspirinas. En la Cassamance las mujeres tardan un día entero en llegar de un pueblo a otro con sus bebés a la espalda. En la Cassamance soldados de uniforme verde se apostan en los cruces de los caminos con sus fusiles franceses apoyados en la cadera y se empeñan en que los niños no hablen wolof sino francés. Imagino a Ourané viajando hasta España en una patera y recorriendo el camino desde el sur con dos camisetas viejas en una bolsa de plástico y el espíritu lleno de esperanzas absurdas. Quizá Ourané pensara que aquí podría encontrar un trabajo y una vida. Ourané, habrías hecho mejor quedándote en tu pueblo junto al mar, pescando en un delta lleno de delfines y tocando el tambor al atardecer. No sé quién te engañó diciendo que aquí encontrarías coches, bolígrafos, cigarrillos, luz eléctrica, pantalones vaqueros y cintas de Michael Jackson. Todo lo que has encontrado ha sido una celda sin baño y un banco para dormir.

Y yo me pregunto ¿qué coño haces aquí?, y lo que es peor, ¿qué coño hago yo aquí? No hablo solamente de esta celda sin rejas, hablo de esta vida sin asideros, sin razones ni coartadas, sin pretextos ni evasivas, ni objetivos, ni intenciones, ni ideales. Si yo me muriera ahora mismo, ¿a quién dedicaría mi último pensamiento?, ¿qué recuerdo decidiría llevarme?, ¿me daría mucha pena dejar esto? Para qué engañarnos: no tengo casa, porque no se puede llamar casa a mi apartamento enano de alquiler astronómico; no tengo trabajo, porque tampoco se puede llamar trabajo al papel de florero andante que ejerzo en el bar; no tengo novio, ni siquiera estoy segura de que lo haya tenido alguna vez; por no tener ni siquiera tengo perro, y eso que a los cuatro años hice la firme promesa que adoptaría uno en cuanto fuese mayor. Debo recordarme a mí misma que soy afortunada de haber nacido en Madrid y tener la piel blanca. Pero saber que Ourané está peor que yo no me sirve de consuelo. Me siento egoísta y esto empeora aún más, si cabe, mi estado de ánimo. Me gustaría quedarme muy quieta y poquito a poco dejar de respirar, dejar de enviar órdenes a mis neuronas, dejar de pensar, dejar de ser, dejar de ocuparme de mí misma, de mi piel, de mis tendones, de mis venas, de mis huesos. Cuando salga de aquí no estaré mejor ni peor. No soy más que una muñequita de plástico y, para colmo, empiezan a fallarme las pilas.

A las dos horas o así aparece el mismo policía jovencito de antes para llevarme otra vez a la habitación donde me han tomado declaración. Me despido de Ourané, o como se llame, con un morreo larguísimo (yo voy de éxtasis y me ha dado mucha pena su historia, y además, qué coño, tiene unos ojos muy bonitos) y le dejo mi número por si le apetece llamarme cuando salga, si es que sale. El policía jovencito debe de haber visto de todo en esta vida, porque no parece sorprenderse.

Sí, sé que tengo suerte de haber nacido en Madrid y tener la piel blanca.

En la otra habitación, la de la máquina de escribir, nos espera el secreta de la barba. Me dice que me siente.

—Hemos tomado declaración a tus dos amigas y las versiones prácticamente coinciden —explica.

Me fijo en su cara. Le falta algo, no sé, expresión, diría yo. Una cara que ha envejecido pero no ha madurado. Ya sé a quién me recuerda: a un Geyper Man.

—Hemos comprobado vuestras fichas y ninguna de las tres tenéis antecedentes penales —continúa—. Me parece que por esta vez vamos a dejar que os vayáis sin problemas. Pero quiero que tengas en cuenta que hemos tomado vuestros datos y que si volvemos a pillaros en una parecida os meteréis en un lío muy gordo, ¿entendido?

—Entendido.

—Otra cosa. Hemos hecho un primer examen de vuestras pastillitas, y aunque todavía es muy pronto para que el laboratorio nos envíe la confirmación oficial, puedo decírtelo. Puro palo, vuestras pastillas. Polvos de talco.

—No me lo creo. ¿Y el subidón que llevo yo, qué?

Mira que soy metepatas. ¿Cómo he podido soltar esto? ¿Por qué nunca me quedo calladita?

Él esboza una media sonrisa que reprime a tiempo. Gracias a Dios. Le he caído en gracia.

—Sugestión. Las niñas de vuestra edad son muy impresionables —dice y se levanta.

No se me ha pasado por alto el tonillo con que ha soltado lo de «las niñas de vuestra edad».

El de la barba se larga sin decir ni adiós. Me quedo a solas con el policía jovencito.

—¿Esto es todo? —pregunto.

—¿Qué más quieres?

Esto es todo. Ni interrogatorio a la luz de un flexo, ni palizas en una habitación con las paredes ensangrentadas, ni nada.

El policía jovencito me acompaña a la puerta.

—Ojalá fueran todos como vosotras: ni antecedentes, ni mal comportamiento, ni quejas. Y encima habéis respondido a todo a la primera. Hija, daba gusto tomarte declaración. En los dos años que llevo en esta comisaría nunca me he encontrado con unas niñas tan dulces como vosotras. Mira, ahí están tus amigas —dice, señalando a Line y Gema, que aparecen escoltadas por un policía de uniforme—. Hala, vete con ellas, y cuidadito con esas tonterías que hacéis, que no quiero volver a veros por aquí.

Me siento como cuando tenía cuatro años y mi madre, aliviada aunque un pelín aprensiva, me dejaba a la puerta del parvulario.

Las tres salimos sin decir nada. Ya es mediodía y el sol brilla en todo su esplendor. Las coletitas rubias de Line refulgen como hilos de oro. Después de la oscuridad de la celda me parece que yo soy la persona más afortunada del mundo sólo por poder notar el beso del sol en la cara y poder respirar el aire de la calle.

Al cabo de unos minutos, Line rompe el silencio.

—¿Te han registrado?

—No. ¿Y a vosotras?

—No. Yo pensaba que me desnudarían y vendría una sargento bollera, como en las películas, a meterme un dedo por el coño, pero nada. —Percibo un cierto matiz de desilusión en la vocecita de Line.

—El madero me ha dicho que los éxtasis eran de palo. Y yo no sé qué creer, porque a mí me da la impresión de que esto sube una barbaridad —digo.

–Qué coño de palo. Se los habrán quedado ellos, como si lo viera. Todos los de la brigada de narcóticos poniéndose ciegos a nuestra costa. Tres horas perdidas y veinticinco talegos a la basura –sentencia Gema.

–¿Has estado a punto de ir a la cárcel y todavía piensas en la pasta? –le pregunto.

–¡Qué cárcel ni que ocho cuartos! Pero si estaban ansiosos por librarse de nosotras, Cris. No somos más que tres niñas pijas a las que les han metido un susto.

Asiento. Respiro hondo. Inhalo inmensidad. Voy de éxtasis, ¿o no?, y los colores de la calle (los amarillos y azules y rojos de los coches, el blanco de las nubes, el gris de la acera, el rosa del pichi de Line) me hacen daño en los ojos. Resplandecen, relumbran, centellean, fulguran, refulgen, llamean, se alimentan agradecidos de los rayos del sol, y yo con ellos. Sí, creo que debo ir puesta.

Ya estamos de nuevo en la calle, a la que evidentemente no pertenecemos.

T de triunfadores

Podrías decir que cada año que cumples supone una nueva pincelada para añadir al que será tu retrato definitivo. Podrías decir también que cada nuevo año es una paletada de tierra sobre la tumba de tu juventud. Cada nuevo año supone más experiencia, y, por tanto, dicen, más sabiduría y serenidad. Cada cumpleaños supone el recordatorio puntual de tu conciencia: este año *tampoco* has hecho nada con tu vida.

Hace un mes cumplí treinta años. Llevo desperdiciado exactamente un tercio de mi existencia.

«Si desea tener éxito como mujer de negocios póngase de pie con tanta frecuencia como sus colegas masculinos y en las mismas situaciones que éstos. No permanezca sentada cuando alguien entre en su despacho o se reúna con usted ante su mesa. No importa lo que digan los manuales de urbanidad: si quiere usted igualdad de oportunidades e igualdad de trato, debe ponerse en pie como un hombre, literal y figurativamente hablando.»

Especialmente, si es usted tan alta, o más, que la mayoría de sus colegas masculinos.

«Compórtese como un hombre. Controle sus sentimientos. No llore en público. Que sus gestos siempre sean adecuados y aceptables con arreglo a la situación concreta. Sincronice las palabras con las acciones.

»Prepárese para lo peor. Recuerde que, por lo general, cuando las mujeres se encuentran al frente de la dirección siempre son blanco de críticas que nada tienen que ver con su capacidad profesional. Incluso algunas de las cualidades que en los hombres empresarios son vistas con respeto e incluso admiración, en las mujeres se transforman en cualidades negativas. Si una mujer centra toda su energía en el trabajo, se la calificará de frustrada; si se rodea de un equipo y comparte responsabilidades, entonces será insegura; si dirige con firmeza, la llamarán amargada.»

Treinta años. Diez millones de pesetas al año. Un BMW. Un apartamento en propiedad. Ninguna perspectiva de casarme o tener hijos. Nadie que me quiera de manera especial. ¿Es esto tan deprimente? No lo sé. ¿Es esa pastillita blanca y verde que me tomo cada mañana la que me ayuda a no llorar? ¿Esa pastillita que el médico me recetó, ese concentrado milagroso de fluoxicetina, es la que hace que las preocupaciones me resbalen como el agua sobre una sartén engrasada?

¿Es la paz o el prozac? No lo sé.

Treinta años. El comienzo de la madurez. Una fecha significativa que había que celebrar.

Pero yo no quería organizar una fiesta de cumpleaños porque en realidad no tenía a nadie a quien invitar. Mis hermanas y mi madre, por supuesto, pero

¿las quiero realmente? Sí, hasta cierto punto. Son mi familia. Siempre lo han sido y siempre lo serán.

Mi madre y mis hermanas constituyen la única referencia permanente en mi vida. Mi madre siempre será para mí el Enigma del Mundo Exterior, tan glacial y distante, tan contenida, pero se ha portado bien conmigo, y, sobre todo, siempre ha estado ahí, inamovible como un mojón que marcara el principio del camino.

Mi hermana Ana es una santa, una buena chica con todas las letras, pero enormemente aburrida, como todas las buenas chicas, y no precisamente el tipo de persona a la que quieres ver en tu cumpleaños.

Y Cristina… Bueno, hay que reconocerlo. Sí, la odié con toda mi alma, pero puede que sea, precisamente, porque la he querido mucho. Aun así, no me apetecía celebrar mi cumpleaños con una cena íntima con Cristina. No nos llevamos tan bien como para eso.

Podría también organizar una fiesta por todo lo alto e invitar a colegas del trabajo y a sus señoras, a viejos conocidos de la universidad, a clientes y proveedores.

«Cuando se disponga a organizar una reunión debe tener siempre en la cabeza cuatro puntos fundamentales: ¿Qué clase de reunión quiero?, ¿a quién voy a invitar?, ¿cuándo debo programarla? y ¿dónde la celebraré?

»Invite sólo a los que deben estar allí. Invite sólo a los que esté dispuesta a escuchar. No recurra a la lista de protocolo para seleccionar a los invitados. Reserve tiempo suficiente para los preparativos. Programe la reunión para una fecha en que todos los protagonistas necesarios puedan estar disponibles. No olvide la cortesía. Calcule los costes. Compruebe las condiciones del lugar.

»Si entra en la reunión sabiendo exactamente qué quiere, es muy posible que salga de ella habiéndolo conseguido.»

Eso me apetecía aún menos.

Horas de preparativos y quién sabe cuánto dinero empleado en los canapés y las bebidas para que un montón de gente invada la intimidad de mi casa, corte el aire con sus charlas intrascendentes y sus risitas fingidas. Y todo para que al día siguiente la cosa se quede en una resaca de las serias, en cenizas y grumos pegajosos en la mesa de metacrilato y en el suelo, en botellas derramadas por la cocina, en vasos de plástico volcados aquí y allá, en servilletas y platos sucios olvidados encima de las estanterías.

No, gracias. Nada de fiestas.

Decidí pedir un día libre en el trabajo, cogí mi BMW y emprendí camino al sur. Doce horas conduciendo, escuchando a todo volumen los lieder de Schubert. No paré hasta que llegué a Fuengirola. Serían las seis de la tarde.

Ya habían pasado veintidós años.

Veintidós años desde aquel verano en Fuengirola. El último verano que pasamos con mi padre.

El pueblo había cambiado mucho. La línea de playa estaba cubierta de grandes edificios blancos, enormes adefesios de ladrillo, gigantes de cemento y vidrio que miraban directamente al mar, cuadrados como búnkers. Y a sus pies, como hormiguitas, montones de bares y chiringuitos ahora cerrados, que anunciaban sus calamares y sus ensaladas en estridentes carteles de plástico barato, reclamos de colores chillones plagados de faltas de ortografía.

Era un miércoles fuera de temporada y la playa estaba desierta.

Me senté en la terraza del único bar que encontré

abierto y pedí un vaso de vino tras otro. Estaba decidida a beberme treinta vasos, como mis treinta años. Pero no puedo recordar cuántos bebí. En un momento dado debí de perder la cuenta.

Y fui bebiendo vasos y vasos, lentamente, mientras miraba aquella enorme extensión de color crema que era la playa. Pasaban las horas y el paisaje iba cambiando de color.

El cielo fue tornándose, alternativamente, celeste, añil, azul índigo, cobalto, azulón, violeta. El mar fue de color botella, esmeralda y verdinegro. La arena adquirió todos los colores del espectro cálido: ocres, ambarinos, castaños, pardos, rojizos. Mi borrachera hacía del paisaje un caleidoscopio, un delirio cromático.

Finalmente cayó la noche y todos los colores se fundieron en negro.

Entonces me dirigí hacia la playa y me puse a contar las estrellas.

Debieron de pasar una o dos horas. Tenía muchísimo frío, y treinta años encima. No había un alma en la playa. Sólo yo, la arena, el agua y las estrellas.

Me puse en pie y me quedé mirando embobada el agua negra, prácticamente plana e inmóvil a excepción de unas olas sutilísimas, pequeñas líneas blancas horizontales, hechas de espuma, que se deslizaban lentamente hacia la playa.

Empecé a pensar que podría caminar hacia el agua, caminar y caminar hasta que ya no tocara fondo, y ahogarme sin más. Como Virginia Woolf.

Morir joven y con elegancia.

Si resistes la natural urgencia de salir a la superficie a respirar, la muerte por asfixia en el agua es la menos dolorosa de las que existen. Es incluso placentera. Una muerte muy dulce. La carencia de oxígeno produce alucinaciones y uno se va desvaneciendo en una especie de éxtasis, sin enterarse.

He oído decir que hay gente que practica el sexo con la cabeza metida en una bolsa de plástico, incluso con máscaras de gas puestas, porque la carencia de oxígeno multiplica por diez la intensidad del orgasmo.

El mar sería mi último amante. Las olas me darían el beso de la muerte. Lamerían dulcemente mis senos y mis piernas y mi sexo, hasta el final.

Llegaría a un país submarino donde el ánimo amedrentado, los malos pensamientos, las deslealtades, los rencores, los amores desafortunados, la amargura, la melancolía, la nostalgia y las ganas de llorar no tendrían cabida. Miraba con ganas la paz en blanco que la muerte podría proporcionar.

Pero sabía que, aun cuando entrara en el agua, no iba a tener el valor de ahogarme. Sentía un intenso deseo de acabar con todo, pero no tenía la fuerza de voluntad necesaria para acabar realmente. No tenía ninguna razón para seguir viviendo, pero tampoco sufría con la suficiente intensidad como para ser capaz de dejar de respirar por iniciativa propia.

Aún me quedaban por delante años de hombres a los que no entendería, y todo un mundo desbaratado con el que tendría que lidiar a diario, un mundo en que las familias se desintegran y las relaciones humanas carecen de sentido. Un mundo en que sólo tienen cabida los triunfadores. Y para llegar a serlo hay que sacrificar casi todo lo demás.

When fate calls you from this place…

No tenía miedo, no me daba miedo morir.

No se me pasaba por la cabeza que en realidad lo único que me daba miedo era seguir viviendo.

Lo siguiente que recuerdo es despertar entumecida, con la boca seca como el corcho y un repicar intermitente en las sienes. El sol ya estaba bastante alto en el cielo y la arena caliente parecía un nido acogedor. Me había quedado dormida, con la conciencia embotada por el vino y arrullada por el hipnótico murmullo de las olas.

«Frente a una situación de crisis haga una lista de las alternativas de que dispone y clasifíquelas en opciones deseables y no deseables. Considere el asunto como si ya estuviera decidido y evalúe la decisión. Repita este proceso para todos los posibles resultados que logre imaginar. Elimine mentalmente los impedimentos. Invente analogías. Rompa los esquemas del pensamiento lógico a la hora de analizar la situación de crisis. Y sobre todo, tenga siempre a mano un plan B: en caso de apuro podrá utilizarlo. Su plan B le dará a usted una sensación de seguridad que le permitirá aventurarse y hacer lo necesario para triunfar.»

Ahí radicaba mi fallo. Yo no había previsto un plan B. Había jugado todas mis cartas a una sola mano, y ahora que la jugada me había fallado, ahora que caía en la cuenta de que la ganancia apenas me servía para cubrir pérdidas, no sabía cómo seguir adelante. Qué hacer cuando una descubre que ha vivido su vida según los deseos de otros, convencida de que perseguía sus propias ambiciones.

Y mientras conducía de regreso a Madrid, ante la perspectiva de tener que enfrentarme a una sucesión infinita de días iguales, grises, borrosos y anodinos, sola, esclavizada, condenada a jugar como peón en un tablero que no entendía, sin compañero ni amantes, sin hijos, sin amigos íntimos, pensé más de una vez en soltar las manos del volante y dejar que el coche se despeñara en una curva.

Pero no lo hice, porque en el fondo soy idéntica

a mi ordenador, que dispone de una batería de emergencia que se conecta automáticamente en caso de un fallo en la corriente eléctrica.

Diseñada para durar. Programada para seguir adelante.

U

de underground

Algunos machos están dispuestos a morir por el sexo. La mantis religiosa, la araña negra, la araña negra de lomo rojo, suelen comerse a los machos durante la cópula o después de ella. Los machos intentan reproducirse y las hembras esperan cenar. Me levanto sudorosa en medio de la noche. Han vuelto a mi cabeza imágenes perdidas, escenas que hace mucho tiempo había almacenado en algún rincón de mi subconsciente, pero las muy traidoras aprovechan cuando duermo, cuando, inerme e indefensa, soy incapaz de luchar contra ellas, y vuelven a aparecer para torturarme, para conseguir que despierte de un salto, que me arañe las piernas con rabia y que me quede sentada en la cama, sola, desnuda y ensangrentada como un recién nacido. Santiago haciéndoselo con Line. Derramándose sobre su coñito afeitado. Line y su cara inocente, su cuerpo escueto, sus tetas apenas esbozadas, su pubis de niña de ocho años. ¿Cuántas

copas nos habíamos metido aquella noche? ¿Cuántas
pastillas llevábamos en el cuerpo? Pobre Santiago.
No sabías que habías encontrado una hembra caníbal.
Recuerdo cuando llegaste por primera vez al bar.
Cómo nos impresionó a todas tu sonrisa. Eras el camarero de más éxito. Las niñas te miraban embobo-
das. Las locazas te comían con los ojos. Y no porque
fueras guapo, ni mucho menos. Pero aquella sonrisa
tuya, aquella felicidad que transmitías… A pesar de
que no tenías muchas razones para ser feliz. Tus padres se habían separado cuando cumpliste siete años.
No habías vuelto a ver a tu padre desde entonces. Tu
madre, según me contabas, era una neurótica que se
ponía a llorar cada vez que llegabas tarde a casa. Os
pasabais el día gritándoos el uno al otro. Vivías con
ella porque el sueldo no te daba para pagar un alquiler decente, y, también, porque en el fondo te daba un
poco de pena. Habías estudiado filosofía y letras.
Citabas a Heidegger con la misma facilidad con que
movías tus caderas enjutas, tus caderas de post-
adolescente, al ritmo de Renegade Soundwave. Tus
notas habían sido excelentes. Pero ¿quién quiere un
filósofo detrás de la mesa de un despacho? A nadie le
importa que seas capaz de citar a Heidegger y a ti no
te apetece perder la vida en una oficina, trabajando
para mercaderes anónimos. ¿Traficantes de armas,
vendedores de niños? Nos parecíamos tanto:
emocionalmente inadaptados, familiarmente renega-
dos, socialmente inútiles. Siempre estabas contento.
Todo te parecía santo. Tal libro está muy santo, tal
grupo está muy santo, tal bar está muy santo. Y Line
la más santa de todas. Santa santísima. Tu amiga está
muy santa, pero que muy santa, dijiste la primera vez
que la viste entrar en el Planeta X. De eso hace mucho. Mucho antes de que yo conociera a Iain. Mucho

antes de que Line acabara en el hospital. Una sonda que intenta atar a la tierra sus treinta y ocho kilos. Una sonda que intenta que no salga volando. Una sonda que era como la cuerda de un globo. Pobre Santiago. No sabías que habías encontrado una hembra caníbal. Al llegar a la red la araña de lomo rojo, *Latrodectus hasselti*, inicia su sofisticada danza de cortejo. Salta sobre los pegajosos hilos. Da golpecitos sobre ellos con una pata. Coge un poco de telaraña y forma con ella una bolita. Así contribuye a disimular el olor de las feromonas de la hembra, impregnado en los hilos, que podía atraer a otros machos al punto de encuentro. Te impresionó su aire de Vampirella prepúber, te impresionaron sus coletitas y sus dos filas simétricas de dientecitos coralinos. ¿Cómo ibas a resistirte a su aire de asombro perpetuo, a esos dos pezones diminutos, desafiantes, que pugnaban como locos por escapar de la cárcel de algodón rosa en que estaban confinados? Esos pezones certeros, que localizan una fuente de calor y nunca fallan. Llevaba camuflados en el pecho dos diminutos misiles Scud. Ese culito perfecto, embutido en unos vaqueros de talla infantil. Line había pactado con el diablo para mantener su talla 38. Consérvame niña y yo a cambio dejaré de comer. Ella está muy ocupada destruyéndose a sí misma, eliminando su entidad miligramo a miligramo. ¿Qué coño podías importarle? El macho se encarama sobre el abdomen de la hembra y lo acaricia repetidamente. Durante la cópula ejecuta lentamente unas volteretas y acaba quedando en una postura en que a la hembra le resulta más fácil comérselo. Desde la primera vez que la viste no dejabas de preguntarme por ella. Tú querías follártela y yo quería follarte a ti. Y ella follaría con cualquiera o con ninguno. El sexo no significa nada. Quince minutos de embestidas y dos minutos de orgasmo como mucho. Una no se enamora de sus polvos como tampoco se enamora de su díler. Y una acaba quedándose con el mejor proveedor, el que ofrezca el mejor material al mejor precio. La vida es así de simple. Tras la noche de Fin de Año volvíamos a tu casa a las once de la mañana, en tu viejo Citroën AX rojo. Llevábamos muchas pastillas en el cuerpo. Habíamos intercambiado largos besos en la pista. Yo te había besado, tú me habías besado. Tú la habías besado. Vosotros os habíais besado. Nosotros nos habíamos besado, y nosotras nos habíamos besado. Un morreo largo y apasionado, al ritmo perezoso y machacón de Renegade Soundwave. Está tan trillado eso de dos chicas guapas que se besan en una pista. Todos hemos visto *Instinto básico*. Y cuando llegamos a mi casa fuimos directamente a la cama. De eso hace mucho, mucho antes de que yo conociera a Iain, mucho antes de que Line acabara en el hospital. Nos arrancamos la ropa mutuamente, riendo, tropezando, felices como bestias. Yo quería follar contigo y tú querías follar con ella y ella quería follar con todos y con ninguno. Casi te desmayas cuando viste su falso coñito de niña, su coñito traicionero, rejuvenecido diez años por obra y gracia de una maquinilla eléctrica. La delicada curva de los pezones rosados, curiosos e insolentes, que presidían aquellas tetitas apenas esbozadas. Line lolita, la reina de la pista y de las nínfulas. Yo te lamía el glande y tú le besabas en la boca. Y dentro de la mía, notaba que tu verga crecía y crecía. Le pediste que te atara. Está tan pasado eso del pañuelo. Todos hemos visto *Instinto básico*. Ella te ató a la cabecera de la cama y cabalgó a horcajadas sobre ti. Yo contemplaba sus subidas y bajadas, y la expresión indolente de su carita, cómo sonreía con los ojos ce-

rrados, con la misma alegría y la misma despreocupa-
ción que si estuviera montada en el caballito de un
tiovivo. No se había deshecho las coletitas. Sólo le
faltaba un palo de algodón de azúcar, de ese dulce
pegajoso teñido de rosa que venden en las ferias. Y tú
le pedías más y más. Al convencer a la hembra de que
se lo coma, el macho consigue prolongar el acto
sexual varios minutos. El acto también inhibe el ardor sexual de la hembra. Yo sobraba. Es menos probable que una hembra caníbal busque otra pareja que
la que se aparea sin festín. Ella siguió cabalgándote
incluso después de que te corrieras. Estoy segura de
que aquello te dolía, pero te dejaste hacer, seguiste
debajo de ella durante horas y horas. Tu polla seguía
dura a pesar de todo el semen que le habías regalado.
Litros y litros de líquido blanco y pegajoso. Colonias
y colonias de espermatozoides exterminados por su
crema espermicida. Un auténtico holocausto. Pero tu
polla seguía firme y en su sitio. Agradéceselo al éxtasis o a la maquinilla eléctrica. La hembra corresponde al ardor del macho licuándolo y devorándolo
mientras tiene lugar el acto sexual. Pobre Santiago, no
sabías que habías encontrado una hembra caníbal.
¿Qué sentido tiene tener una pareja seria? ¿Acaso
tenemos algún futuro, podremos comprarnos algún
día una casa, podremos mantener a nuestros niños? Si
casi no podemos mantenernos a nosotros mismos,
aunque de pequeños nos decían que éramos tan brillantes, que teníamos la vida por delante, que debíamos esforzarnos y estudiar. Y hemos sacado las
mejores notas, y podemos citar a Heidegger y a Fou-
cault y para qué. No tenemos nada que crear. Sólo
podemos esperar seguir emborrachándonos y dro-
gándonos y follando de vez en cuando. Y eso es lo
que ella cree, y por eso le daban igual tus miradas

lánguidas, tu deseo desesperado de proteger a la niña que tú creías que era. Y por eso no quiso repetir después de aquello, porque tenía otros cuerpos que explorar, otros machos que devorar. Porque eso era lo único que se permitía comer. Su dieta se restringía a los machos en celo, y por eso no comía nada más. No sé cómo pudiste colgarte tanto. Perdiste los papeles por completo. Te empeñaste en perseguirla día y noche, en llamarla a todas horas, en demostrarle que estabas a su total disposición. Acabaste tan mal, Santiago. Metiéndote toda aquella mierda por la vena. Porque a ella le parecía muy cool aquello de meterse jaco. Porque Kurt Cobain se metía, porque Iggy Pop se metía, porque Courtney Love se mete. Y todos están tan, tan delgados. Cuerpo de moderno, magro y consumido. Y ya dijo Kerouak que prefería ser flaco que famoso. Todos hablamos de Kerouak aunque ninguno de nosotros lo ha leído. Está de moda, pero, entre tú y yo, es un tostón de mucho cuidado. He intentado olvidarte como he podido, he intentado olvidar toda aquella historia del polvo blanco y la jeringuilla y la cuchara y el limón. He intentado olvidar que tuve algo que ver en eso. He intentado olvidar los chinos que fumamos los tres juntos, los polvos que echamos los tres juntos. He intentado olvidar la expresión de tu madre en el funeral. Pero la memoria, la muy traidora, aprovecha cuando duermo, cuando estoy inerme e indefensa, cuando soy incapaz de luchar contra ella, y aquellas imágenes vuelven a aparecer para torturarme. Tú haciéndotelo con Line. Derramándote sobre su falso coñito de niña. Yo, tendida en mi cama, desnuda y ensangrentada como un recién nacido. Pobre Santiago, no sabías que habías encontrado una hembra caníbal.

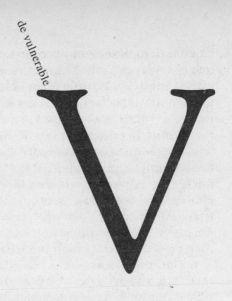

V

Embarcarse en la tristeza es como deslizarse en patines por una pendiente: es imposible prever cuándo acabará la bajada, pero se sabe perfectamente que todo acabará en un trompazo. La niña de los patines soy yo, Anita, rubia y pequeña como siempre he sido, y bajo por la pendiente atiborrada de pastillas.

Las pastillas para dormir son redondas, pequeñas y azules, y las pastillas para despertarse son blancas y más pequeñas aún, y las pastillas para mantenerse feliz son cápsulas blancas y verdes, y hay otras cápsulas rojas que quitan todos los dolores, y unas pastillitas blancas que hacen desaparecer la ansiedad. Las llevo todas en el bolso, dentro de una caja de caramelos de violeta, donormiles, diacepanes, nolotiles, lexatines, y se han convertido en mi kit de salvamento, en mi fetiche, porque sé que nada serio puede pasarme mientras las tenga a mano.

Empecé tomando polaramines para dormir, pero

al poco tiempo se acabó la caja. Entonces fui a la farmacia y le conté a la farmacéutica la primera excusa que se me ocurrió, que a mamá le habían detectado un tumor, que no se sabía si era serio hasta que no le hiciesen pruebas, pero que de momento yo andaba como muy nerviosa, que me había afectado mucho la noticia y que necesitaba pastillas para dormir. Y la farmacéutica, amiga del barrio de toda la vida, y miembro, como yo, de la asociación de antiguas alumnas del Sagrado Corazón, me pasó una caja de tranxilium y me explicó que es un medicamento que normalmente se adquiere con receta, pero que en este caso, y por ser yo quien era, haría una excepción. Y me dijo que con media cápsula conseguiría dormir. Y yo se lo agradecí y rogué en silencio que mamá nunca se pasara por aquella farmacia. La primera noche me tomé una y no conseguí gran cosa, porque seguía despertándome a ratos, así que a la noche siguiente me tragué cinco, y, claro, por la mañana fui incapaz de levantarme. Borja no hacía más que zarandearme, pero yo me negaba a salir del nido de algodón en que las pastillas me había puesto a dormir, bien tapadita y protegida, e intenté explicarle que me dolía mucho la cabeza y que me sentía incapaz de salir de la cama, pero tenía la lengua como si fuese de trapo y no acertaba a dar con las palabras, y Borja me hizo ver que él sólo no podía ocuparse del niño. Hablaba a gritos, cosa rara en mi Borja, que nunca grita, pero los gritos me llegaban amortiguados, como si tuviera la cabeza debajo de un almohadón de plumas. Y al final acabé por levantarme, pero me parecía que los pies no tocaban el suelo y que el niño pesaba quintales, y el niño lloraba, pero me daba igual que llorase, todo me daba igual, la verdad, y no sé cómo no se me cayó el niño de los brazos. Finalmente Borja se llevó al niño y volví a la cama. Fue maravilloso regresar a esa sensación cálida de no sentir nada. Seguí durmiendo hasta la noche.

Seguí tomando tranxilium una semana o así, y me pasaba el día medio dormida, pero me daba cuenta de que, por mucho que lo desease, no podía pasarme la vida durmiendo, y, claro, si me tomaba dos pastillas por la noche al día siguiente no podía funcionar, y si no me tomaba las dos pastillas no podía dormir. Entonces recordé unas pastillas amarillas que había tomado durante una temporada, para intentar perder los kilos que había ganado con el embarazo, que te aceleraban y te quitaban el hambre. En su momento las había dejado porque me parecía que me excitaban demasiado, pero entonces pensé que eran exactamente lo que me hacía falta. Tomaba tranxilium para dormir y por las mañanas tomaba dicel para superar el sueño que daba el tranxilium. Y cuando el dicel se acabó, empecé con el minilip, que me parece que es lo mismo pero con otro nombre. Y luego empecé a mezclarlas con alcohol, porque las pastillas, no sé, como que sientan mejor cuando las mezclas, y te pones contenta y como que ves la vida de otra manera, no sé, todo te da igual, nada es bueno ni malo. La verdad es que el alcohol nunca me ha gustado, a menos que sea muy dulce, así que me metía las pastillas con cassis, un licor francés de moras que Borja me había traído de París y que entra casi sin sentirlo, pero que sube muchísimo porque tiene una graduación como de cuarenta grados o así, y sin darme cuenta me acostumbré a tragar las pastillas con sorbitos de cassis, hasta que se terminó la botella y luego probé el whisky con cocacola y vi que no estaba tan mal y empecé a tomarme las pastillas con whisky y cocacola light, con un poco de reparo porque el alcohol engorda muchísimo, pero gracias a las pastillas casi no como, así que ese detalle ya no importa. Y después empecé a variarlas; cuando se acabó el tranxilium probé el donormil, y después del mini-lip vino el adofén, y el propio Borja me aconsejó el lexatín, y ahora creo que no hay pastilla que cambie el ánimo que yo no haya probado. Y me paso las mañanas sentada delante de la televisión, en trance, aunque en realidad no me importa excesivamente lo que pueda sucederle a las figuritas que veo en la pantalla, pero a pesar de eso me quedo fascinada, enganchada a la tele como si estuviera unida a ella por un invisible cordón umbilical hecho con ondas hertzianas, y no me levanto del sillón porque no encuentro ninguna razón para levantarme. Y a veces tengo ganas de llorar, pero ya no lloro, porque voy tan tan cargada de pastillas que creo que los lacrimales se me han obturado. Y me acurruco en el sofá, contraigo la cara y quiebro la voz en un débil gemidito, al borde del sollozo, pero las lágrimas no acuden. Me he quedado seca, como un árbol derrumbado que va camino de la serrería. Parece, no sé, como si las pastillas hubiesen bloqueado los receptores de mi cerebro, los puntos donde se conectan los hechos y los sentimientos. Y ahora floto en la nada y soy como una mujer encerrada en un bote de formol.

Acurrucada en posición fetal desearía estar en cualquier otra parte, excepto en el sofá. ¿Cómo me las voy a arreglar para mezclarme en toda esa vida que transcurre al otro lado del cristal de la ventana? El breve alivio que podría suponer el relacionarme con alguien se convierte en el terrible temor de que nunca tendré una amiga ni nadie a quien querer de verdad, de que toda la vida estaré sola en este mundo, porque ni siquiera soy capaz de ocuparme de mi propio hijo y tengo que llevarle a la guardería porque no sé enfrentarme a sus lloros y sus pataletas y no sé qué hacer cuando veo que va a meter directamente los dedos en el enchufe y me siento demasiado cansada para perseguirle por toda la casa.

Acurrucada en el sofá me invento otra vida, otro nombre, otra personalidad. Imagino que no me he casado. Y que he estudiado, que he estudiado una carrera seria, no esa tontería de secretariado internacional que no me sirvió para nada. Me veo como una mujer eficiente y segura, vestida con un elegante traje de chaqueta oscuro, que se mueve como un pez en un mar de pasillos y despachos, enarbolando un ataché negro lleno de valiosos documentos, como la abogada de la *Ley de Los Ángeles*, y los hombres me miran con respeto y las mujeres con envidia. No tengo a un hombre a mi lado ni lo necesito, porque no soy la señora de nadie y no dependo de ninguno. Me imagino que soy como mi hermana Rosa, que tengo un BMW y gano diez millones de pesetas al año. Si fuese Rosa, pienso, no estaría sumergida en este caos. Si fuese Rosa agarraría con fuerza las riendas de mi vida y la llevaría hacia donde yo quisiera; si fuese Rosa controlaría la velocidad, las curvas y los baches, viviría la vida a ritmo de vértigo, pero no me estrellaría.

Más tarde, cuando Borja padre duerma y Borja niño duerma también, cuando se me haya pasado el efecto del delgamed y comience el del donormil, cuando mis pensamientos se diluyan y mi cabeza se convierta en un amasijo borroso, cogeré el teléfono y marcaré el número de Rosa, pero como no sé cómo decir estoy sola, estoy desesperada, quiero ser como tú y necesito ayuda, me limitaré a hacerle escuchar *La hora fatal*, convencida de que el desgarro de la canción expresa perfectamente el estado en que me siento y transmite cómo la idea de la muerte no me abandona en ningún momento, cómo vivo en una agonía opaca e ingrata, encenagada en el tedio, porque, Rosa, siempre habéis creído que yo era la tonta de la casa, una buena chica sin más, pero me temo que no era tan tonta, que soy demasiado lista, lo suficientemente lista, al menos, para darme cuenta de que esta vida que llevo no me dice nada, y que lo que yo querría es ser como tú, pero lo suficientemente tonta para no saber cómo arreglar este desaguisado en que yo misma me he metido.

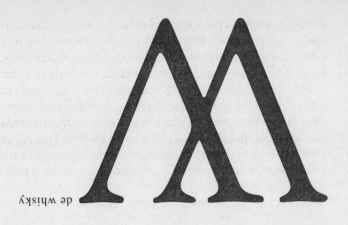

de whisky

Un día cualquiera en la vida siempre constituye una fecha señalada. Aunque no nos demos cuenta. Nos iremos a la cama con los ojos cansados y en la cabeza la idea de que hemos vivido un día exactamente igual a tantos otros. Sólo años más tarde nos daremos cuenta de la crucial importancia de aquella fecha en nuestras vidas.

El 17 de mayo de 1980, en Macclesfield, a punto de partir hacia Estados Unidos con la primera gira americana de Joy Division, Ian Curtis visitó por última vez la casa que había compartido con su mujer e hijo y, tras mirar en la televisión la amarga odisea de Bruno S. que su director favorito, Werner Herzog, narraba en *Stroszek*, se colgó, en la madrugada del día siguiente, del techo de la cocina.

El 17 de mayo de 1980, en Londres, Iain Bruton, que acababa de mirar *Stroszek* por televisión, se fue a la cama con el sufrimiento que expresaba la mirada de Bruno S. grabado en la retina. No conseguía dormir y pasó la noche bebiendo whisky y escuchando cómo las gotas de lluvia golpeaban contra el cristal de la ventana. Por fin, llegada la madrugada, cerró los ojos y el sueño le invadió. Y soñó con un ángel de enormes alas blancas que paseaba lenta, lentamente, arrastrando los pies desnudos sobre la hierba verde y fresca del cementerio, reflejando el mármol frío de las lápidas en sus ojos vencidos. A la mañana siguiente, cuando leyó en el periódico la noticia del suicidio de Curtis, comprendió que el ángel que había visto en su sueño era el espíritu de Ian. Inmediatamente se dirigió a Tower Records con la intención de comprar todos los discos y los singles de Joy Division. El dependiente negro le hizo saber que se habían agotado apenas media hora después de que la tienda abriese las puertas. La muerte vende.

El 17 de mayo de 1980, en Madrid, Ana Gaena, mi hermana mayor, hacía girar en el dedo el anillo de oro que Borja, su novio, le había regalado aquella misma tarde, para celebrar el año que llevaban saliendo juntos, y clavaba los ojos en los destellos del diamante, intentando imaginarse a sí misma toda vestida de blanco purísimo, arrastrando un largo velo por el pasillo central de la iglesia.

El 17 de mayo de 1980, en Madrid, Rosa Gaena, mi otra hermana, encorvada sobre su libro, intentaba atiborrarse de tablas estadísticas y lanzarse de cabeza al interior de un mundo desconocido, donde en lugar de casas, carreteras, tiendas, portales y familias había probabilidades y desviaciones, medidas de dispersión, modelos econométricos y cálculos matriciales. Rosa intentaba desesperadamente buscar su lugar en un mundo hecho de números, porque no había podido encontrarlo en un mundo construido con sentimientos encontrados y traiciones disimuladas.

El 17 de mayo de 1980, Cristina Gaena, yo, abrazada en silencio al cuerpo de su primo Gonzalo, repetía despacio, mentalmente, los nombres de todos los peluches y las muñecas de su infancia, a los que inmediatamente antes de irse a dormir solía besar y dar las buenas noches, uno por uno, y juntaba sus labios con los de Gonzalo Anasagasti, y escurría sus dedos entre las ondas del pelo rubio y suave de su primo, y dejaba que él le besase lentamente el cuello y aspirase su olor a Nenuco, porque sabía perfectamente que ella, y sólo ella, era su muñeca preferida.

Quince años después, en prueba de amor, Iain Bruton me regaló su disco más querido: *Love Will Tear Us Apart*, de Joy Division, en versión maxisingle. Una rareza de coleccionista. Yo sabía muy bien cuánto le había costado separarse de él. Así que convertí la primera escucha en una ceremonia religiosa. Apagué todas las luces del apartamento y encendí un único cirio rojo que tiñó las sombras de misterio. Puse el disco. Escuché ese sonido chirriante y obsesivo de la aguja cuando comienza a rascar el vinilo. Me tumbé en la cama y cerré los ojos. Allí dentro, humo y jirones de nube roja flotaban hacia un horizonte negro. La voz de Ian Curtis invadió de improviso aquel territorio bicolor, y se hizo con él. *When the routine bites hard and ambitions are low and the resentment rides high but emotions won't grow... Do you cry in your sleep all your failings expose?* Era la voz de un muerto. Amé su soledad y amé su orgullo. *Get a taste in my mouth as desperation takes hold. It is something so good just can't function no more...?* El amor nos va a separar. Pero yo no necesitaba escuchar aquella canción desoladora y dura, demasiado bella y demasiado real, aquella rotunda aniquilación de la esperanza, aquel retrato en blanco y negro del placer y el tormento, aquella afirmación de la impotencia ante un mundo sin respuestas que penetraba en mi carne con la misma aséptica certeza con que lo haría el bisturí de un cirujano, para saber lo que había sabido desde niña, desde siempre: el amor destroza. Profunda, hiriente, dolorosamente.

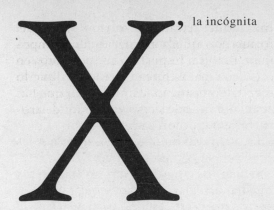
X, la incógnita

El mundo está lleno de vampiros. Aquel que muerde fue un día mordido. El que golpea fue golpeado. El que abusa sufrió abuso. El bien y el mal no surgen de la nada, alguien los metió en nuestra cabeza a golpes de martillo. Al nacer éramos piedras que esperábamos que la vida nos tallara. Al crecer nos convertimos en estatuas. Podemos quebrarnos o rompernos, pero básicamente ya no cambiamos.

Yo creo que en el mundo hay dos tipos de personas: los que creen y los que no creen en el Gran Porqué. Los psicoanalistas creen en el Gran Porqué, y los psicólogos no, y yo, que a ojos de mi madre y mis hermanas estoy chalada, y que he tenido que aguantar a unos y a otros desde que cumplí quince años, he conocido de cerca ambas opiniones.

El Gran Porqué es ese hecho particular de la vida que te hace ser como eres. Los maltratos infantiles que convirtieron en asesino al Estrangulador de

Boston, la carencia de padre que volvió depresivo a Baudelaire, la ausencia de figura paterna que hizo una lesbiana de Jane Bowles. Pero si no crees en el Gran Porqué podrás decir que el Estrangulador de Boston se cargó a diez tías porque era un hijo de puta, sin más; que Baudelaire no era depresivo sino que nació artista y sensible, y que Jane Bowles era lesbiana desde el primer día, y vino al mundo con el amor por las mujeres impreso en su código genético.

De esta manera los psicoanalistas creen que tus problemas pueden arreglarse si logras aislar el Gran Porqué, si logras encontrar el hecho particular que te convirtió en lo que eres; mientras que los psicólogos insisten en modificar la conducta, en tratar de alterar las pautas de comportamiento que, según los psicoanalistas, el Gran Porqué habría creado.

Yo lo he intentado todo y no ha servido de nada. He ido a psicoanalistas que me han hecho hablar de mis primeros recuerdos (algunos me tumbaban en un diván, otros no), y he ido a psicólogos que me han hecho dibujar árboles e interpretar el significado de unas manchas de tinta impresas en un papel.

Pero aún no sé por qué pierdo los nervios y me pongo histérica y me ataco a mí misma cuando no viene a cuento.

Puede que yo sea como soy porque padezco un exceso de testosterona. Y puede que Gonzalo sea mi Gran Porqué.

Pues sí, Gonzalo fue el saqueador de mis tesoros virginales, si es así como queréis llamarlo.

El mundo se destrozó para mí cuando nuestro padre nos dejó. Yo sólo tenía cuatro años y la gente cree que aquella Cristinita no se enteró de nada, pero sí que me enteré. Me enteré de todo, perfectamente. Me enteré de que la persona que más quería en el

mundo se había marchado. Me enteré de que ya nadie me hacía mimos y carantoñas, nadie me llevaba en
volandas, nadie jugaba conmigo a la carretilla. Me
enteré de que mi madre se pasaba el día llorando.
Me enteré de todo, a pesar de que llevaba baby y
coletitas, a pesar de que aún jugaba con mi Nancy.

Al principio me encerraba en el armario del recibidor y pasaba horas sumida en la oscuridad, entre el
manto cálido de las trencas y los abrigos, envuelta
entre tantísimas capas de protección que todo lo que
pudiera pasar en casa dejaba de afectarme. Debía de
pasar allí horas, y sin embargo nadie me echaba en
falta.

Y cuando llegó Gonzalo, vi por fin una luz al final del túnel. Volvía a tener un hombre que me prestaba atención, que se concentraba exclusivamente en
mí, que me encontraba maravillosa. Además, era guapo, tan guapo como había sido mi padre, y era evidente que a todas las mujeres les gustaba. Diréis que
a los cinco años una no se da cuenta de eso. Que a los
cinco años una no se enamora. Mentira.

Sentía una extraña afinidad con él. Era como si yo
también pudiera gustarle. Era como si los ángeles me
lo hubieran enviado expresamente para protegerme,
para compensarme de la catástrofe que supuso la partida de mi padre. Sabía que Gonzalo había sido enviado expresamente para mí. Era mío.

Y una noche, años después, estábamos mirando la
tele en el salón, solos. Mamá y la tía habían salido de
compras, Ana había quedado con Borja y Rosa estaba encerrada en su cuarto, estudiando. Yo estaba ta-
pada con una vieja manta de viaje a cuadros escoce-
ses y noté que su mano se colaba por debajo de la
manta y avanzaba por mis piernas. Sus dedos inicia-
ron una aventurada incursión por debajo de mis bra-

gas. Y no intenté detenerle. Noté que el corazón se me aceleraba y que respiraba más deprisa que de costumbre, pero traté de disimularlo porque pensé que si reaccionaba de cualquier manera él se detendría. Y yo no quería que se detuviese. No hice otra cosa que seguir como estaba y asumir lo que estaba pasando. No sabía muy bien qué estaba haciendo él, pero de alguna forma yo lo había deseado, aunque no supiese de qué se trataba. Sólo sabía que nadie debía tocarme *ahí*. Y por eso precisamente quería que él lo hiciera, porque él era especial, porque él no era cualquiera. A él debía, quería, concederle privilegios especiales. Su mano seguía avanzando y el resto del cuerpo permanecía quieto, mientras miraba fijamente la tele. Él también prefería fingir que todo seguía como siempre, que no estábamos saltándonos ninguna regla. Y así seguimos, con los ojos puestos en la pantalla y el cerebro concentrado en lo que sucedía debajo de la manta a cuadros. Yo estaba muy nerviosa, y feliz a la vez. Sabía muy bien que al hacer lo que estaba haciendo Gonzalo estaba concediéndome la categoría de persona mayor. Para él ya no era su primita, era algo más. Yo nunca había experimentado una sensación parecida, nunca me había acercado siquiera a esa especie de cosquilleo que parecía darme vueltas en el estómago, como la colada en una lavadora. Sentía como si me hubiese tocado el premio gordo de la rifa de fin de curso del colegio, que llevaba cinco años deseando con toda mi alma y que nunca había conseguido.

La cosa no quedó ahí. Siguió adelante noche a noche. Pronto aprendí a tocarle a él. Con los dedos, con las manos, con la boca. Cada día aprendía un poco más. Avanzaba peligrosamente, como a través de un campo minado. A veces, cuando veía a otro chico mayor que me gustaba, a los estudiantes de los Maristas con los que coincidíamos en el autobús, al chico de la panadería, al quiosquero, me entraban ganas de intentarlo con ellos, y me preguntaba si responderían de la misma manera que Gonzalo, o si no sería algo exclusivamente de éste. Pero no podía decir una palabra, porque Gonzalo me había hecho jurar que lo mantendría en secreto, me había hecho entender que todo el mundo pensaría que él estaba abusando de mí porque yo sólo tenía nueve años y él veinte, que si alguien se enteraba me echarían del colegio, me encerrarían en un reformatorio o en un hospital psiquiátrico, y yo no quería que nada de aquello ocurriese, porque sabía que era una buena chica, una buena chica a mi manera.

Así estuvimos un año. A veces en mitad de la noche, me colaba en su cuarto, donde me encantaba mezclar aquellas dos sensaciones: el miedo a ser descubiertos y el descubrimiento de mi propia capacidad para el placer. Deseaba que pudiera hacerme a todas horas aquello que me hacía, porque nunca había sospechado que en mi cuerpo existiera semejante disposición para la dicha. Adoraba dormir abrazada a él. Adoraba su olor y su calor. Jamás me planteé la posibilidad de perderle.

Y, de pronto, la tía Carmen decidió irse a vivir a Donosti y mi vida se pulverizó en pequeños pedacitos de colores, como una vidriera rota. Gonzalo intentó explicarme que yo tenía que crecer y hacerme mayor sin él, cuando fuera mayor tenía que ir con chicos de mi edad, que no debía llorar.

No me preguntéis cómo lo superé. Yo misma no lo sé. Supongo que debí de olvidarlo. Quizá haya que achacarlo a la incapacidad de los niños para conservar recuerdos y afectos precisos. Es cierto que hubo una época en que me sentía cada día más invisible, como si fuera cubriéndome un barniz espeso y oscuro, capas y más capas sucesivas de tinieblas que amenazaban con asfixiarme. Pero luego me puse bien. Algo había cambiado dentro de mí, me sentía a salvo en mi piel. Sentía una curiosidad enorme que iba creciendo día a día, como un monstruo enorme e insaciable que se alimentaba de mis experiencias y que cada vez me exigía más comida, empujándome a la puerta, obligándome a salir al exterior, arrastrándome por las calles, viendo cosas y sintiendo la caricia del aire en las mejillas y el cosquilleo de la luz en los ojos. Una mañana desperté y Gonzalo había dejado de importarme. Miré con buena cara el día que me quedaba por vivir. Poco a poco la pena fue disipándose, poco a poco, exactamente igual que la neblina de la mañana va desapareciendo en Donosti. De repente, antes de que caigas en la cuenta, ya hay un rayo de sol que te sube por la cara y le arranca reflejos cobrizos a tu pelo, cuando unas horas antes te resultaba imposible ver más allá de tus narices.

Después conocí a Mikel, en Donosti, y comprendí que podía hacer con otros lo mismo que hacía con Gonzalo. Lo hice con varios, pero nunca llegué hasta el final. Tenía reservada mi virginidad.

Fue natural que cuatro años más tarde fuera Gonzalo el encargado de llevársela. No podía haber sido ningún otro. No me forzó. Yo lo había decidido así. Había decidido tomar el control. Y no me arrepiento. No fue doloroso, no fue desagradable. Me gustó muchísimo. Las sonrisas más francas, las caricias más tiernas, el destello de gloria entre las piernas. Habrá quien diga que he sido una víctima. Puede. Pero, sinceramente, creo que ha habido primeras experiencias muchísimo peores que la mía.

Y luego comenzaron las llamadas continuas a Madrid, los chantajes sentimentales, las cartas, los acosos. Fue una pesadilla. Yo no quería repetir la experiencia. En realidad, la única razón por la que me acosté con él es porque me sentí obligada, porque sentí que se lo debía. Porque sabía que eso era lo que él esperaba de mí. Pero pensaba que, tal y como me habían dicho las monjas, en cuanto le diese lo que me pedía se hartaría y no querría volver a saber nada de mi persona. Y eso era exactamente lo qué yo quería: que me dejara en paz. Quería salir con chicos de mi edad, llevar mi vida. Quería dar por terminada aquella historia. Ya me sentía mayor por mí misma y no necesitaba que nadie me lo probara. Pero él, erre que erre. Durante años, cuando venía a vernos a Madrid insistía en salir conmigo de marcha, se emborrachaba e intentaba seducir a mis amigas, visto que yo no le hacía mucho caso. Se acostó con Line y no dejó de intentarlo con Gema, aunque ella le hubiese dejado muy claro cuáles eran sus gustos.

Gonzalo es ahora un cuarentón sin oficio ni beneficio, que diría mi madre. No sé mucho de él, excepto por las noticias que nos llegan a través de la tía. No trabaja ni lo necesita, porque ha heredado dinero suficiente para vivir de las rentas toda su vida. La última vez que le vi fue hace dos años, en la boda de mi prima Andone. Por poco no le reconozco. Había engordado, se le había caído el pelo, le habían salido arrugas, y aquellos increíbles ojos grises de antaño estaban enrojecidos y vidriosos, cubiertos por un velo cristalino tejido a fuerza de mucho alcohol y muchas drogas. Imagino, por las pintas que llevaba, que todavía escucha aquellos discos de Hendrix y la Joplin. Su cuerpo ha envejecido, pero él no ha crecido. No se ha casado, claro, ni se le ha conocido ninguna relación seria. Me parece que es incapaz de mantener relaciones profundas con mujeres de carne y hueso. Sólo con niñas.

No se lo conté a ninguno de los psicólogos. Para qué. Sin embargo, hubo uno que debió de adivinarlo, porque una tarde dejó caer, así, como quien no quiere la cosa, que las niñas que han sufrido abusos sexuales tienden a ser muy promiscuas en la edad adulta, porque van buscando desesperadamente aquella atención exagerada que se les prestaba de pequeñas. Puede. Puede que yo sea una víctima. No lo sé. Puede que realmente tenga un conflicto mental y que esta fijación obsesiva que siento por Iain no se llame amor sino dependencia neurótica. Puede. Puede que se trate, sencillamente, de un defecto de serotonina. O de un exceso de testosterona.

Y

Durante los últimos cinco años mi vida no ha seguido un rumbo fijo. Yendo de nada a nada, sin patrón ni destino, sin refugio ni brújula. A la deriva. Empeñada en la inútil huida de mí misma, en busca de un lugar donde caerme viva. Bebiendo cubalibres y fumando chinos y tragando éxtasis y sirviendo copas y besando labios y chupando pollas y aprobando exámenes y redactando trabajos y leyendo libros y escribiendo poesías, por lo general bastante malas, todo hay que reconocerlo. Politoxicómana confesa y pendón vocacional. Digamos que quería ser Burroughs, como Gema, supongo, aspiraba a ser Jane Bowles. He probado todas las drogas disponibles y me he acostado con todos los hombres más o menos presentables que se me ponían a tiro. Me lo he pasado bien, en suma. O quizá lo he pasado fatal. Puede que ni siquiera me haya enterado.

Así estaban las cosas en mi vida, ni mejores ni

peores, distintas, hasta que, de esto hace ya meses, Line se empeñó en que probáramos un jaco nuevo que Santiago había pillado.

Pobre Santiago. El camarero más mono del Planeta X. Yo estaba loca por él, aunque nunca se lo reconociera a nadie, ni siquiera a mí misma. Me sobraba orgullo para admitir que estaba quedada con alguien que a su vez bebía los vientos por otra, mi mejor amiga, por más señas. Y Santiago estaba tan loco por Line que desde el preciso momento en que ella comentó que cada vez le gustaba más el caballo no paró hasta encontrar el mejor de Madrid, recién traído de Thailandia, cero/cero, prácticamente puro.

A mí no me hacía mucha gracia la idea, entre otras cosas porque el jaco siempre me ha parecido una droga cara y aburrida. No le encuentro mucho sentido al tema ese de ponerse y quedarse mudo e inmóvil durante horas, presa de una relajación que despega los músculos de los huesos, que le hace a uno flotar sin límites como si estuviera tendido sobre una cama de agua, y que luego se extiende por los tejidos, haciéndote navegar por otros mundos pero dejando tu cuerpo en éste, y uno se vuelve incapaz de relacionarse con otro ser humano, sencillamente porque uno ya no está ahí. Creo que sólo les atrae a los que no se aguantan a sí mismos, a los que necesitan olvidarse de su propia identidad.

Y luego está todo lo que el jaco significa, ese submundo que vive regido por el reloj de la droga: sus tres chutes diarios y, entre un chute y otro, llenar el tiempo de cualquier manera, esperando el próximo. Esto si eres pijo y rico, claro. Si no, debes emplear ese tiempo en encontrar el dinero para agenciarte otro chute, ya sea robando, trapicheando o haciendo la calle.

Una vida en perpetuo movimiento, la búsqueda en la calle de la droga, el temor al palo y la denuncia, la travesía continua de la ciudad, salidas a horas intempestivas, encuentros en lugares inesperados, persecuciones, engaños, traiciones, revanchas, nuevas caras, nueva gente, nuevos yonkis y camellos, chinos, chutas, papelinas, rohipnol, palos, broncas, buprex, monos, pastillas para superar el mono, calabozos de cárceles y celdas de clínicas, la amenaza constante de los maderos, idas y venidas, ningún lugar seguro, ningún día igual a otro. El vértigo de la aventura, el coqueteo con la muerte. Una vida dura. Una vida a cien. El éxtasis del héroe. De la heroína.

Yonkis consumidos, flacos y nerviosos, de esos que llaman «mi mujer» a la novia. Esqueletos andantes que sólo piensan en el jaco. Mirada moribunda, confusos, resentidos, deprimentes, estúpidos.

Más exigente que la más posesiva de las amantes, más peligrosa que la más desalmada de las zorras. La heroína le chupa a uno la sangre y a cambio sólo ofrece la seguridad contra la carencia de ella misma.

Pero Line insistió y acabé por ceder. Nos creemos muy listos y siempre pensamos que podemos meternos de cuando en cuando, que sabemos controlarlo. Qué soberbios somos todos, convencidos de que estamos por encima del resto de los mortales. Al fin y al cabo, me decía a mí misma, no había probado el jaco en un año. Ya iba siendo hora de darme un homenaje. ¿Por qué no?

«Si uno quiere vivir la vida *de verdad* debe estar preparado para introducir toda clase de objetos y sustancias extrañas por todos los orificios de su cuerpo.» Las *boutades* de Line en la barra del bar. Conversación de bar de moda a las seis de la mañana. Pobre Santiago. Habría hecho cualquier cosa por impresionar a Line, y si Kurt Cobain se metía caballo, Line quería caballo, y si Line quería caballo habría que dárselo. Las cosas son muy simples a los veinticinco años. Así que a las siete de la mañana, cuando acabó nuestro turno en el bar, nos metimos en el coche de Santiago y nos dirigimos hacia parque del Oeste. Line, Santi y yo. Yo quería follar con Santi, Santi quería follar con Line y Line quería follar con todos y con ninguno.

Aparcamos en un rincón apartado y Santi sacó de la guantera toda su parafernalia de yonki: la bolsita con el jaco, la cuchara, la jeringuilla y el limón para desinfectar, amén de una botella de agua mineral y unos kleenex. No iba preparado ni nada, el tío.

Rasgó una larga tira de papel, la mojó con la boca y la enrolló alrededor del extremo de la chuta. Abrió la bolsita del jaco cuidando de no derramar el contenido, lo vació con un movimiento de muelle sobre la cucharilla y añadió un poco de agua mineral de la botella que, como buen pastillero, siempre llevaba en el coche. Puso un mechero encendido bajo la cuchara hasta que la droga se disolvió como la nieve que cae sobre un charco. Acto seguido, introdujo la jeringa en la solución a través del algodón que hacía de filtro.

Según vi aquello, empecé a arrepentirme. Había pensado que íbamos a meternos un chino, o esnifarlo. No había contado con el pequeño detalle de que Santiago habría hecho cualquier cosa para impresionar a Line. El muy bestia. Queda mucho más cool meterse un pico, claro. Muy Tarantino.

Me daba miedo inyectarme, para qué negarlo. La aguja, el pinchazo, la grima de sentir el jaco entrándote por la vena. Uno puede fumar el jaco o esnifarlo, pero la gente se inyecta en la vena para ahorrar material y porque dicen que el efecto inmediato es mejor. La forma más fácil de encontrar la vena es pincharse en el antebrazo, pero hay gente que no lo hace para evitar las marcas delatoras, los estigmas de yonki. O, simplemente, porque ya no pueden hacerlo, porque tienen el brazo hecho un acerico, atravesado por una cordillera de bultos encallecidos de tanto hurgar en ellos. Se pinchan en los pies o en las manos, algunos incluso en la lengua, pero entonces la vena es más difícil de encontrar. Algún colgado que conozco se ha pinchado en la polla. Hay que hacerlo con cuidado, pincharse en la vena, nunca en la piel, si no habrá que limpiar la aguja varias veces, porque se obturará con la sangre coagulada.

¿Entendéis ahora mi pasión por las pastillas, esas dosis de felicidad comprimida que se deslizan sin sentirlo por tu esófago, que no exigen sacrificios ni autoperforaciones? Yo, que tengo terror hasta a los análisis de sangre, ¿cómo iba a meterme una aguja, así, a lo bruto? Sentía compasión por la carne penetrada y las venas violadas.

De modo que les dije que salía a hacer pis, más que nada porque no soporto ver cómo alguien se pone un pico. Prefería volver cuando todo el ritual de la jeringuilla y la vena hubiera terminado, y entonces meterme una raya tranquilamente.

—Tú haz lo que quieras —dijo Santi—, pero yo pienso meterme ahora mismo.

—Pues yo te acompaño, Cris —me dijo Line—, que también me estoy meando viva.

Si Santi pretendía impresionarla, se había lucido.

Así que Line y yo salimos del coche y buscamos un lugar apartado entre los arbustos donde poder dar rienda suelta a nuestra incontinencia, mientras Santiago se ponía a gusto. Hicimos pis en cuclillas entre unos arbustos, intentando sin mucho éxito no salpicar nuestras flamantes Doctor Martens. Cuando nos levantábamos a Line se le cayó al suelo su bolsito en forma de corazón. Debía de tenerlo mal cerrado y el contenido se desparramó sobre la hierba. Nos costó Dios y ayuda encontrar las llaves, que habían ido a parar debajo de un alibustre, y debido a la poca luz y a lo mucho que habíamos bebido tardamos por lo menos media hora en dar con ellas. Cuando las encontramos caímos en la cuenta de que quizá habíamos perdido demasiado tiempo. Probablemente Santiago ya se hubiese largado, apunté yo, y ¿dónde coño íbamos a encontrar un taxi a semejantes horas, y, para colmo, en el culo del mundo?

–No te preocupes tanto –dijo Line–, si está puesto, seguro que se ha quedado donde estaba. Si el material es tan bueno como asegura, ni se habrá enterado de cuánto tiempo hemos tardado.

Volvimos a la carretera y divisamos su coche a lo lejos. El coche seguía allí. Santiago estaba apoyado contra el volante, inmóvil. Pensé que iría tan puesto que se había quedado grogui, sin más. Le sacudí.

–Eh, levántate, que no podemos quedarnos aquí toda la noche. –Le zarandeé, pero él no contestaba–. Line, me temo que va a tocarte conducir, que este tío no reacciona.

Y entonces me fijé bien en Santi. La aguja clavada en el brazo, la cara blanca como el papel y una mancha de sangre alrededor de los labios morados, entumecidos como si le hubieran asestado un puñetazo. Los ojos abiertos, la mirada fija en un punto indeterminado. Unas enormes ojeras malva, tan exageradas que parecían maquillaje, cuyo color hacía juego con los labios. El cuerpo duro, contraído, tumefacto. Parecía embalsamado, como si le hubiesen inyectado pegamento bajo la piel. Su carne sin sangre, casi transparente, semejaba la de un lagarto inmóvil, aterido y debilitado, al que el invierno hubiese pillado desprevenido.

Me asusté, y empecé a sacudirle todavía más, entre gritos, pero él seguía sin reaccionar. Line se acercó y, cuando le vio, se puso casi tan blanca como él. Luego le tomó el pulso y apretó su cabeza contra el pecho de él. Exactamente igual a como yo había visto hacer en las películas.

—Este tío está muerto —anunció. Fue la única vez en la vida que oí su voz (su voz, no su vocecita) sin el timbre agudo que normalmente la caracteriza.

—¿Cómo lo sabes? Quizá sólo esté en coma —dije.

—Está muerto. Estoy totalmente segura.

—¿Por qué? ¿Cómo puedes tenerlo tan claro?

Yo quería creer que quizá sólo estuviese en coma o inconsciente.

—Porque soy socorrista. Sé tomar el pulso y sé reconocer a un cadáver. Y este tío está muerto. Vámonos de aquí. —Parecía asustada de verdad—. Qué suerte hemos tenido de no haber sido las primeras en probar el material.

Me escandalizó la frase con que había rematado la cuestión. Parecía no afectarle el que uno de nuestros amigos, precisamente el que hacía cualquier cosa por ella, la hubiese palmado. Sólo le importaba que la china no le había tocado a ella.

—No podemos irnos así como así. No podemos dejarlo aquí —insistí.

—Mira, Cris, ya no hay nada que podamos hacer por él —dijo Line—. Y yo paso de meterme en líos. Vámonos inmediatamente.

Me cuesta mucho justificar ante mí misma cómo consentí en dejarle allí, solo. Supongo que estaba tan aturdida que me dejé arrastrar por la recién descubierta voluntad férrea de Line. Me pareció que ella tenía razón. Si estaba muerto, nosotras no podíamos ayudarle en nada quedándonos allí. Y si estaba vivo, lo mejor era irnos y llamar una ambulancia. Nada ganábamos permaneciendo a su lado, y teníamos mucho que perder, en cambio, si no nos largábamos. Sobre todo Line, que vive con sus padres y que no podría silenciar el asunto y se vería obligada a ofrecer interminables explicaciones y confrontaciones. Yo lo entendía perfectamente. No hacía falta que ella me dijera nada. Al fin y al cabo no somos más que dos niñas pijas recicladas.

Llegamos andando hasta Moncloa sin intercambiar una sola palabra durante todo el camino. Cuando vimos una cabina entramos y no hizo falta que ninguna le explicase a la otra qué correspondía hacer. Line llamó a la policía e informó de lo que pasaba, describió el sitio donde podrían encontrar el coche y rogó que enviaran una ambulancia lo antes posible. Insistió varias veces en que la cosa iba en serio y acto seguido colgó.

Cuando llegamos a casa intentamos averiguar qué podía haber pasado. No era una sobredosis. Habíamos visto al tío preparar su chute y ni siquiera había metido un cuarto. La cantidad no era excesiva. No podía ser sobredosis. ¿Cuánta heroína hay en un gramo de burro? ¿Un siete por ciento? Probablemente el material estuviese cortado con estricnina o con cal o con cualquier sustancia imposible de analizar. O quizá, peor aún, era tan tan bueno como él aseguraba. Eso pasa. Cuando el jaco es demasiado puro es casi más peligroso que cuando lo han adulterado. No estamos acostumbrados a meternos heroína de verdad y no sabemos manejar las cantidades. El caso es que no sé lo que pasó.

No podía olvidar lo que Line había dicho. La suerte que habíamos tenido. Si a mí no me diesen repelús las agujas, si Line no hubiese venido conmigo a hacer pis, si no hubiésemos perdido media hora buscando las llaves, si nos hubiésemos metido las líneas antes que Santi, ¿dónde estaríamos ahora?

Yo me habría metido una línea de aquel jaco mal cortado, me habría disparado directamente al corazón novocaína, lactosa, laxantes, cal de la pared, estricnina, diazepanes, hipnóticos, codeína, aspirina, antibióticos, nesquick, polvo de ladrillo, migas de galleta, vete tú a saber qué, y estaría allí, con los ojos en blanco, la boca babeante y la cabeza cayéndose sobre un hombro, como Uma Thurman en *Pulp Fiction*.

Me dije a mí misma : «Pase lo que pase a partir de ahora, por muy mal que te encuentres y por muy harta de todo que te sientas, recuerda que tienes suerte de seguir con vida. Estás aquí de regalo.»

Una quincena exacta después de aquello conocí a Iain, y me aferré desesperadamente a él como el náufrago a su tablón, porque no quería ahogarme en aquel océano turbulento en que Line y yo navegábamos. Porque quería olvidar la cara azul de Santiago, los labios azules que yo había besado cuando eran rojos, los dedos rígidos que me habían pellizcado el culo cuando aún podían moverse. Quería olvidar a Line, convertida en su propia radiografía, incapaz de conmoverse ya ni por lo bueno ni por lo malo. Necesitaba alguien a quien querer. Necesitaba alguien a quien aferrarme, una razón seria para vivir. Alguien alejado del caballo y de los éxtasis y del Planeta X. Alguien más serio, mayor que yo. Uno de esos tipos que describen las rubias de las películas yanquis: un hombre bueno que me quiera y me respete. Pero no funcionó. Yo no soy una rubia de las películas yanquis. Soy una morena excesiva que se ha follado a medio Madrid. Ningún hombre honesto se plantearía retirarme.

Iain no quiere saber nada de mí y a mi vida no le queda un solo agarradero. Mi hermana Rosa no tiene más amigos que su módem y su fax. Mi hermana Ana acaba de darse cuenta que en la vida de una mujer debe haber algo más que armarios y coladas. Pero yo no siento ninguna compasión ni por mis hermanas ni por mí misma. No estamos en nuestro mejor momento, pero superaremos este bache. Hemos pasado por cosas peores. Y si lo que no te mata te hace más fuerte, entonces nosotras somos resistentes como un tentetieso, y abriremos un camino sobre nuestras cicatrices.

Y, por lo menos, estamos vivas. Lo tengo presente cada día. Y tengo que agradecerle no sé a quién, a la mano invisible de la divina providencia, a los ángeles cuya existencia niego, que me haya permitido quedarme. Así que, mientras esté aquí, seguiré adelante, a trancas y barrancas, a trompicones, resbalando, tropezando si hace falta, volviendo a levantarme cuando me caiga. Estoy aquí, pero noviembre llega de color tristeza.

Z de zenit

Apoyándose en el primer relato de la creación del hombre que dice «macho y hembra los creó», una tradición rabínica hace de Lilith la primera mujer, creada antes de Eva. De este modo ella sería igual al hombre, por haber salido, como él, del barro de la tierra. La Cábala la hace disputar con Adán y huir. Se habría convertido en un demonio, súcubo e instigadora de los amores ilegítimos.

Pero a los que escribieron la Biblia no les gustó el primer relato de la creación del hombre. Para subrayar la necesaria sumisión de la mujer al hombre inventaron la figura de Eva, creada a partir de la costilla de Adán, que fue seducida por la serpiente y se convirtió por ello en la responsable de todos los males de sus descendientes. Esta segunda primera mujer había nacido del hombre y debía depender, por tanto, de él.

Hoy en día casi nadie sabe quién era Lilith, aunque todo el mundo conoce el mito de Eva. Los redactores de la Biblia se salieron con la suya.

Y, sin embargo, pese a ellos, algunas mujeres fuertes se colaron entre las páginas de la Biblia y demostraron que no eran el apéndice de nadie. Débora, jueza y profetisa que dirigió la campaña contra Sísara apoyada por Baraq. Atalía, reina de Judá, única mujer que gobernó un reino judío, aunque para conseguirlo tuviera que matar uno a uno a sus seis hermanos. Betsabé, la mujer favorita de David, su consejera y su apoyo. Ester, la mujer judía del rey persa Vastí, que arriesgó su vida y su situación para impedir la matanza programada de su pueblo. Judit, la asesina de Holofernes, el general asirio, que gracias a su astucia e inteligencia consiguió acabar con el asedio del pueblo judío...

Lo que viene a demostrar, supongo, que por muchos impedimentos que se le pongan por delante, por mucho que se haga por ocultar su existencia, una mujer fuerte siempre puede conseguir lo que se propone. Y resulta paradójico que yo aprendiera esta lección precisamente en un colegio de monjas, un colegio en el que las hermanas me alentaban a hacer los deberes porque «algún día tendría que ayudar a mis hijos a hacer los suyos».

Fortaleza no es lo que creéis. La fortaleza no se mide según el grosor de los músculos ni según el número de kilos que una persona pueda levantar. Fortaleza significa, sobre todo, aguantar, no romperse. Es una virtud femenina.

A veces odio a esos productos de familias felices que me rodean, a esos pastilleros que vienen al Planeta X, esos niños bien que viven en Mirasierra o la Moraleja, que tienen un chalet con jardín y piscina y perro, y un padre trabajador y una madre saludable

y bronceada, y nada que olvidar o de lo que avergon-
zarse. Tienen un padre y una madre que se adoran, o
que al menos se soportan con mutua tolerancia, unos
padres que les regalaron su primer coche al aprobar
la selectividad, que les han pagado la universidad y las
vacaciones, un mes en Marbella en verano y una semana en Saint Lary en invierno. Tienen unos amigos
que han esquiado y han montado a caballo con ellos
desde la infancia. Tienen un ordenador y un vídeo en
su habitación, y pantalones Caroche y cazadoras de
Gaultier y botas de auténtica piel de serpiente (a cuarenta talegos el par) y van vestidos como si fueran
yonkis, yonkis de lujo, imitando las pintas de Matt
Dillon en *Drugstore Cowboy*, aunque, eso sí, su nevera está repleta y nunca han dormido en la calle.

Uno de estos chicos me contó en la barra, entre
cubata y cubata, las dos grandes tragedias de su vida:
una novia que le había dejado y un atraco que había
sufrido en la Gran Vía. ¿Cómo iba a explicarle yo que
mi padre se había largado un buen día sin razón aparente, que mi madre no ha sido capaz de dirigirme
más de cinco palabras seguidas en toda su vida, que
cuando yo tenía nueve años me lo hacía con mi primo de veinte, que mi mejor amiga se pasa el día yendo y viniendo del hospital, que tengo un tajo de siete puntos en el brazo derecho que me hice yo misma
con un cuchillo y que a los dieciséis años intenté
matarme por primera vez?

Si le contara alguna de estas cosas pensaría que
soy una persona muy desgraciada y muy problemá-
tica, y, sin embargo, yo no me veo así. Estoy segura
de que él ha sufrido mucho más por su novia que yo
por Iain. Me lo imagino ahogando sus penas en éxtasis y alcohol, haciendo esfuerzos hercúleos por olvidar su nombre y su cara, evitando sistemáticamente

los bares a que solían ir juntos y las terrazas por las que paseaban, desarmado ante el primer golpe de su vida, puesto que nadie le había curtido en una batalla previa, puesto que nadie se había encargado de hacerle resistente a la frustración. Nadie le había advertido de que en la vida, por una cuestión de simple estadística, le tocaría, una vez al menos, enfrentarse a un desamor, y a un accidente de coche, y a un amigo desleal, y que todo el dinero y el amor de sus padres no iban a poder evitar lo inevitable.

Piensa en nosotras, por ejemplo, en las hermanas Gaena. ¿Nos van tan mal las cosas como parece?

Asumamos que Iain me ha dejado y que nunca va a volver. Quizá nunca le quise. Quizá sólo quería que llenase este agujero enorme que tengo en mi interior. Es hora de que aprenda que no puedo perderme en la vida de otra persona sin haber vivido la que me pertenece y que yo, y sólo yo, puedo llenar mis propios huecos.

Mi hermana Rosa vivió su propia vida sin intromisiones de otros, nadie se lo niega, pero ella misma se ha convertido en su cárcel. ¿Cómo se vive con un disco duro por cerebro y un módem por corazón? Supongo que hay mucha gente que creería que su vida es un desierto sin oasis. Supongo que hay mucha gente que la compadece, que en su mente la retrata como una solterona neurótica, que imagina la vida de mi hermana como una carrera contrarreloj, intentando dar sentido a su existencia antes de que su reloj biológico se pare, antes de que sea demasiado mayor para tener hijos o seguir resultando sexualmente atractiva. Yo, sin embargo, sé que mi hermana puede conseguir todo lo que quiera.

La he visto durante años encerrada en su cuarto, frente a los lápices y los bolígrafos ordenados por colores, con el entrecejo fruncido y los ojos bien abiertos, decidida a ser la mejor de su promoción. Y si pudo ser la mejor en una carrera prácticamente reservada para hombres, ¿no podría cambiar su vida en el momento en que lo decidiera? Puede que no me lleve mucho con mi hermana, pero, joder, debo reconocer, aunque me pese, que hay momentos en que la admiro profundamente. Y, desde luego, no la compadezco.

A la playa de Ana llegó una ola enorme que le destrozó su castillo de arena. No me preguntéis cuándo ni por qué, porque no lo sé. Sólo sé que lo que tiene no le gusta. La vida se le escapa, lenta e inexorablemente, marcando las horas, como la arena de un reloj. Y cada vez le queda menos tiempo. Mi madre me llama angustiada, me dice que lo suyo es grave. Vale, he visto los ojos vidriosos de Ana fijos en una pantalla, y sus manos lánguidas incapaces de sostener un vaso. La he visto ojerosa y despeinada, incapaz de pronunciar una palabra, y sin embargo no temo por ella.

Porque también la he visto, durante años, eficiente y laboriosa como una hormiguita, despachando facturas y ordenando armarios, abriendo senderos en la cocina a través de montañas de platos sucios y envoltorios vacíos, convertida en la madre que mi madre no sabía ser, administradora, organizada, tranquila y coherente.

Nunca advertimos demasiado su presencia hasta que se casó y resultó tan drásticamente evidente que se había marchado. La casa se hundió de la noche a la mañana en un caos incontrolable. La colada se pasaba días pudriéndose dentro de la lavadora porque se nos olvidaba tenderla, así de simple; teníamos que sobrevivir a base de congelados porque ninguna de nosotras sabía cocinar, y nuestras respectivas habitaciones se cubrieron de capas de polvo y mugre porque durante años ninguna de nosotras había tenido que pasar una bayeta, así que ¿por qué se nos iba a ocurrir que ahora nos tocaba hacerlo?

Ana se marchó y mis discusiones con mi madre empezaron a hacerse cada vez más frecuentes, cada vez más sonadas. Mi madre se desesperaba entre aquel desorden que la rodeaba, que avanzaba lenta pero inexorablemente como una enfermedad incurable, y cuando llegaba a casa de la farmacia, agotada y deprimida, y se encontraba con aquella casa que se descomponía por momentos, estallaba. Nos echaba la culpa a nosotras, claro, pero nosotras, ¿qué podíamos hacer? Yo ni siquiera sabía freír un huevo o aliñar una ensalada, y mucho menos planchar o hacer las camas. Ana no me había enseñado. Rosa se pasaba el día encerrada con sus libros y dejó siempre muy claro que su vocación para las tareas domésticas era nula. Hasta entonces los silencios gélidos de mi madre siempre me habían sacado de quicio. Pero cuando Ana se marchó, mi madre aprendió a gritar y a maldecir en alto, y de golpe afloró a la superficie todo el resentimiento que llevaba acumulado durante décadas, y entonces sí que de verdad perdí los estribos. Ella gritaba y yo gritaba más alto e intercambiábamos todos los insultos que conocíamos, más algunos que inventábamos expresamente para la ocasión. Ella decía que se arrepentía de haberme traído al mundo. Yo respondía que nadie se lo había pedido y que yo no estaba precisamente contenta del sitio adonde había ido a parar. Me largué de casa en cuanto pillé un trabajo y Rosa hizo lo propio dos años después, aunque con la carrera acabada, que es una ventaja.

No nos habíamos dado cuenta hasta entonces de

que Ana era el pegamento que nos mantenía unidas. Sin ella, la familia se hacía pedazos.

Por eso nos cuesta tanto asumir que Ana la dulce, Ana la estable, Ana que fuera el epítome de la cordura, se ha despeñado cuesta abajo. Es oficial.

La cosa fue más o menos así, según he podido deducir de las conversaciones que he mantenido al respecto con mi madre y con mi hermana Rosa: una mañana mi hermana Ana se levantó de la cama a las siete, según su costumbre; preparó el desayuno, según su costumbre; despertó al niño, según su costumbre; le cambió el pañal, según su costumbre, y acto seguido, con el niño todavía en brazos, se sentó a la mesa frente a su marido, con los ojos muy abiertos y expresión solemne. Entonces le anunció con voz clara que quería divorciarse. No le dio razones. No había otro hombre, que era lo que Borja esperaba, porque para un hombre como Borja la única razón que puede tener para divorciarse una mujer que tiene todo lo que una mujer pueda desear (un niño sano y guapo, un marido amable y atento y una casa que vale cincuenta millones) es otro hombre (uno que pueda proporcionarle otro bebé sano y guapo y una casa de cien millones). No había otro hombre, le aseguró ella, y Borja no dudó de su palabra porque siempre había mantenido, y aún mantiene, que su mujer es incapaz de serle infiel, él habría puesto y pondría ahora la mano en el fuego, pero ella, erre que erre, sólo podía repetir que quería divorciarse, sin más explicaciones.

Entonces Borja llamó a mi madre y mi madre convino con él en que no era normal que a una chica como Ana, que siempre había sido tan responsable, le diese de la noche a la mañana por una barbaridad como ésa, por mucho que últimamente ya no fuese la misma. No, una chica como Ana no se divorcia así como así, de la noche a la mañana y sin razón aparente. Así que llamaron al médico de cabecera, que cabeceó un rato delante de mi hermana y después se encerró en una habitación con ella, y que cuando salió de la habitación les dio el número del psiquiatra privado y carísimo que al día siguiente diagnosticaría una crisis nerviosa. Y eso fue un alivio para Borja y para mi madre, porque una crisis nerviosa es algo sobre lo que uno mismo no tiene control, así que a partir de dicho diagnóstico resultaba evidente que la propia Ana no sabía lo que decía y que todo volvería a la normalidad en breve, con la ayuda de Dios y de la medicina moderna. Resultado: que Ana estaba ingresada en lo que mi madre llamaba una casa de reposo, y Borja una clínica privada y Rosa una clínica psiquiátrica, y que era, para entendernos, un loquero. Un loquero para ricos, eso sí.

Cuando Rosa me contó todo esto al teléfono al principio no podía creerlo, porque por muy mal que hubiese visto a Ana la última vez que la vi, nunca sospeché que la cosa pudiera ser para tanto, y sólo se me ocurrió comentarle a Rosa que el gremio de psiquiatras de Madrid iba a hacernos un monumento a las hermanas Gaena en agradecimiento a toda la pasta que habían hecho a nuestra costa. Y Rosa me explicó que no acababa ahí la cosa, que por lo visto Ana había pasado los últimos meses metiéndose tranquilizantes y minilips, o sea, que la cosa, vosotros me entendéis, no iba de que Ana hubiese acabado en el loquero a cuenta de una mera depresión. Mi hermana la pija, la niña modelo, la santa madre y esposa, en una cura de desintoxicación. Ver para creer.

El caso es que Rosa quedó en pasar a recogerme para que fuésemos juntas a ver a Ana. Rosa especificó que iríamos las dos solas, porque Ana había dejado bien claro que no quería ver a mi madre, y esto ya fue la guinda del pastel de las sorpresas, porque desde que tengo uso de razón Anita siempre ha sido la niña de los ojos de mi madre y en la vida ha dado un paso sin consultarla, y no me cabía en la cabeza que la propia Anita hubiera dado instrucciones semejantes.

La mañana del día que habíamos fijado para la visita me la pasé casi entera delante del armario estrujándome el cerebro para encontrar algo que ponerme, como me ocurre siempre que quedo con un miembro (¿debería decir miembra?, ¿mi hembra?) de mi familia, porque sabido es por todo aquel que haya tenido contacto alguna vez, por mínimo que sea, con la familia Gaena que ni a mi madre ni a mis hermanas les hacen mucha gracia mis pintas. Pero después de estar veinte minutos revolviendo en el armario en busca de alguna falda azul plisada de aquellas que llevaba cuando trabajaba en una oficina, me pareció un poco absurdo que en un momento en que el universo se desmoronaba alrededor de nosotras empezase yo a comerme el tarro a cuenta de gustarles o no gustarles a mis hermanas. Así que me puse los vaqueros de costumbre y la primera camiseta que pillé en el armario, que resultó ser la del *Nevermind* de Nirvana. Pero luego, como me parecía que no iba a quedar muy bien eso de ir a un loquero con la imagen de un suicida estampada sobre las tetas, en el último momento me puse una de Shampoo, por la simple razón de que era color rosa chicle y yo pensé, en buena lógica cromática, que la camiseta aportaría a mi imagen el optimismo que le faltaba a mi alma.

El loquero se encontraba a cuarenta kilómetros de Madrid y estaba rodeado por una enorme muralla blanca. En el interior los muros de ladrillo blanco que protegían la casa estaban adornados con celosías de madera intercalada. A la sombra de un gran cedro resaltaba el color de un arriate de petunias y alhelíes. Al fondo, formando líneas rectas entre los grandes árboles, crecían setos de boj. Había cedros y encinas, y otros árboles cuyos nombres yo, miserable urbanita, ni siquiera imaginaba. Un sendero de gravilla cruzaba el jardín hasta la casa. La hierba crecía entre las junturas de las piedras.

El BMW se deslizó silencioso, como sólo se deslizan los BMW en los anuncios de la tele, hacia la clínica, que a primera vista parecía cualquier cosa menos una clínica, ya que se trataba de una mansión enorme con cierto aire nostálgico y colonial, una estructura de otro tiempo que desentonaba con su emplazamiento y su función actuales. Una encina proporcionaba sombra al porche de la casa, donde se habían colocado dos tumbonas enormes. Si no hubiese sido por aquel detalle moderno, se habría dicho que la casa recordaba a la Tara de *Lo que el viento se llevó*. Casi esperaba ver aparecer en cualquier momento a un criado negro vestido de librea que viniera a ofrecerme ponche.

Entramos. Nos encontramos con un recibidor enorme y vacío que olía desagradablemente a lejía. A un lado, unos sillones azules y una mesilla sembrada de revistas de moda y cotilleo. Al fondo, una especie de pecera acristalada dentro de la cual una chica de aspecto aburrido, conectada a un ordenador y una centralita, nos miraba con ojos interrogantes. Mi hermana se acercó a la pecera con ese aire marcial suyo, y una vez delante de la chica le informó en voz alta y clara quiénes éramos y a quién buscábamos. La chica de la pecera nos rogó con voz amable que esperáramos un momento.

Yo me dejé caer desmadejada en el sillón azul, como una marioneta a la que le hubieran cortado los hilos. Mientras tanto, mi hermana caminaba arriba y abajo por el recibidor, las manos en los bolsillos de su abrigo de piel de camello, dejando salir los pulgares desafiantes. No reparaba en la mirada de curiosidad que le dirigía la chica pez, fascinada ante la rubia arrogancia de mi hermana, que en medio de aquel recibidor se imponía con la vertical solemnidad de su metro ochenta. Llevada por el cansancio cerré los ojos y la imagen de mi hermana se disolvió en fractales de colores. Escuchaba el acompasado repicar de sus tacones sobre el suelo de mármol, aquel taconeo rítmico, monótono, asertivo y... y me iba adormeciendo.

Al cabo de unos minutos, cuando yo ya empezaba a navegar en sueños difuminados e imprecisos, nos recibió una treintañera de expresión amable que llevaba puesta la bata blanca de rigor. Mi hermana, nos explicó, reposaba de momento en su habitación porque aún (no le habían concedido el régimen abierto, pensé yo) no se había elaborado el diagnóstico adecuado y establecido las entrevistas previas con los diferentes doctores que todo recién llegado a la casa (paciente, puntualicé yo mentalmente) debía superar a fin de que los doctores pudiesen evaluar su estado.

Como una Virgilia de bata blanca, la doctora nos guió a través de un laberinto de corredores. Algunos pacientes deambulaban por los pasillos: chicos guapos con cara de perdidos a los que supuse yonkis de buena familia, damas estiradas con collares de perlas y el pelo recogido en un moño que probablemente fueran borrachuzas de alcurnia o adictas al bingo y algún que otro vejete despistado que dirigía de reojo miradas pícaras a mi camiseta rosa.

Recuerdo cuando iba a ver a Line ingresada. La cama de hierro, las paredes de placas, la botella de suero, los tubos, los aparatos, el olor a desinfectante que impregnaba las conversaciones. Media hora de visita aséptica y deprimente. La palabra «hospitalario» perdía su sentido original. Pero la habitación de Ana no tenía nada que ver con aquello. Era más grande que mi apartamento, con eso lo digo todo. Las paredes estaban pintadas de un sedante color verde pálido. Alguien había bajado las persianas, pero no lo suficiente como para que no pudiésemos entrever a través de la ventana (sin rejas) un cuadrado de hierba reluciente del jardín. En un jarrón, sobre la mesilla de noche, un enorme ramo de rosas blancas, primorosamente arreglado, presidía la habitación; la marca territorial de Borja, supuse. Ana reposaba en la cama y apoyaba su cabecita rubia, sus ricitos de querubín, sobre un montón de almohadas.

Rosa se sentó al lado de la cama, y, un tanto envaradamente, le entregó a la enfermera el regalo que le había llevado: un libro de Marina Mayoral. Ana lo depositó en la mesilla sin prestarle la menor atención y arrancó a hablar de inmediato, atropelladamente, y tengo que admitir que, pese a las circunstancias, me pareció que nunca le había conocido tanto aplomo como entonces. Primero nos explicó, con un tono tranquilo y pausado, casi pedagógico, lo de su historia con las pastillas, y nos dejó claro que no se había metido en aquello consciente de lo que hacía, que empezó a tomar anfetaminas para adelgazar y tranquilizantes para superar el nerviosismo de las anfetaminas y que al final, pues eso, la cosa se le había ido de las manos. No parecía intentar justificarse, daba la impresión de que, simplemente, nos aportaba los datos justos y necesarios que nosotras, en nuestra condición de hermanas, debíamos conocer. Ni más ni menos. Nos dijo que desde su llegada al hospital había mantenido conversaciones muy serias con varios médicos, quienes le habían asegurado que la cosa no era muy grave, o no tan grave como habría podido serlo si hubiese continuado con semejante dieta unas semanas más. O sea, que de momento Ana pensaba quedarse en la clínica y arreglar su problema.

Después de suministrarnos esta información, volvió la cabeza hacia Rosa, le miró fijamente a los ojos y se puso a hablar con ella como si yo no existiera.

–Te he llamado –dijo– porque creo que eres la mujer más inteligente que conozco. Y la única que puede ayudarme en estas circunstancias, creo. Además, eres mi hermana, claro. Pero eso no tiene nada que ver. Llevo pensando en esto varios días, en lo lista que eres, quiero decir, y en que nunca te lo he dicho. También he pensado en que a pesar de lo mucho que te admiro casi no te conozco. No sé, en el fondo no estoy segura de que pueda contar contigo. Quiero decir, que no sé qué estarás pensando de mí ahora…

–Claro que puedes contar conmigo –le interrumpió Rosa con el aire cansado y deferente de una maestra–. No digas tonterías, por favor.

Yo no tenía muy claro si pintaba algo en aquella escena, pero nadie me había dicho que me marchara, de modo que allí me quedé, escuchando cómo Ana desgranaba quejas y argumentos con su vocecita aguda. El caso es que Ana estaba decidida a divorciarse y quería saber si existía alguna posibilidad de que su marido utilizase lo de sus problemas con las pastillas y lo de su internamiento en la clínica como argumento para reclamar la custodia del niño en un tribunal. Yo no entendía nada, porque a mis ojos, como a los de mi madre, no existía ninguna razón lógica para que Anita decidiera divorciarse así como así, de la noche a la mañana. Por eso me sorprendió tanto que Rosa pareciera tomarse la cosa en serio y empezara a hablarle de casos que conocía y de compañeras de trabajo que se habían divorciado y habían mantenido la custodia de sus niños a pesar de sus infidelidades notorias o de sus sobradamente conocidos problemas con el alcohol, e incluso se ofreciera a hablar con el bufete de abogados que le gestionaba a ella sus asuntos legales, en el que seguro que había un buen abogado matrimonialista. Yo no daba crédito a mis oídos, porque no me parecía muy coherente que mi hermana Rosa, la sensatísima, la racionalísima, la estiradísima, la cuerdísima, se pusiera automáticamente de parte de Ana sin preguntarle siquiera lo que cualquiera le habría preguntado, esto es, si su marido le pegaba o si bebía, o si le había pillado follando con otra, o qué puñetera razón había podido encontrar Ana para decidir, así, de la noche a la mañana, tirar su matrimonio por la borda. Entonces Ana me miró fijamente, los enormes ojos de agua abiertos en una expresión de ángel suplicante que me devolvía una imagen líquida de mí misma.

–Y tú, Cristina, ¿qué opinas? –preguntó.

Y como me pilló desprevenida y con la guardia baja sólo se me ocurrió decirle lo que en aquel momento me salió del alma: que la vida es una pelea de la que no se puede salir derrotado. Y la explicación pareció satisfacerle, porque ya no me preguntó nada más.

Nos explicó después que no pensaba quedarse en aquel sitio (este sitio, decía, evitando así definir el tipo de establecimiento al que había ido a parar) más de un mes, el tiempo suficiente, añadió, para que se acostumbrase a funcionar sin pastillas. Y yo asentía quedamente y contemplaba con ojos atónitos la recién acaecida transformación de mi hermana.

Al cabo de un rato apareció la misma doctora de antes para comunicarnos que nuestro tiempo de visita había terminado. Así que plantamos en las mejillas de Ana los obligados besos fraternales, abandonamos la habitación y desanduvimos todo el camino que nos había conducido a aquella habitación.

Volvíamos a Madrid sin cruzar palabra. Rosa conducía con la mirada fija en la carretera. Contuve mi curiosidad durante los primeros treinta minutos, pero al final no pude resistir más y tuve que preguntarle a Rosa por qué le había hecho tanto caso a Ana y había tomado tan en serio lo que no parecía sino un arrebato de niña rica y mimosa, empastillada de puro aburrimiento. Entonces aminoró la velocidad del coche y desvió la mirada del parabrisas para dirigirla hacia mi humilde y desgarbada persona.

–¿Sabes cuántos años tengo, Cristina? dijo–. Treinta. Y ¿sabes qué he hecho durante estos treinta años con mi vida? Nada. Nada de nada.

–Yo no diría eso, precisamente. Has hecho una carrera de la que pocas mujeres de tu edad pueden presumir.

–No me entiendes. Eso, precisamente, no es nada. Yo no he hecho nada. No me he emborrachado hasta caer redonda al suelo, no he tenido una amiga con la que pelearme o a la que envidiar, no he hecho el ridículo llamando a un tío a su casa cuando era evidente que él ya no me quería, no he deseado en secreto a un compañero de la oficina… En fin, no he vivido ninguna de esas pequeñas tragedias cotidianas que constituyen el pan de cada día del común de los mortales, las que les hacen apegarse al aire que respiran y al suelo que pisan, las que les permiten levantarse cada mañana con la ilusión de que el día que comienza va a ser distinto del anterior y del siguiente. Los últimos años he sido una máquina. Eso es todo. He sido como una réplica de mí misma, pero que en el fondo no era yo, porque yo no soy, no puedo ser, alguien que no siente absolutamente nada. Nada.

—Te entiendo —susurré. Y la entendía, porque estaba describiendo exactamente la situación que vivo yo en el bar todas las noches, recogiendo vasos y esquivando cuerpos sudorosos, un androide cibernético que pasea mis mismas facciones, mis curvas y mis gestos, entre las sombras, con la mente en blanco, para conseguir aguantar las seis horas del turno de cada noche sin pensarlo.

—Y lo peor es que ni siquiera lo sabía —prosiguió Rosa—, ni siquiera era consciente de lo que estaba sucediéndome. No empecé a serlo hasta hace cosa así de un mes, cuando empezaron las llamadas.

—¿Qué llamadas?

—Verás, Cristina, alguien empezó a llamarme todas las noches, todas, más o menos a la misma hora. No decía nada, nunca. Se limitaba a hacerme escuchar una canción. *La hora fatal*, de Purcell. No sé si la conoces.

—Creo que no. A mí, si me sacas del techno…

—¿Te acuerdas de aquellas fiestas de fin de curso horribles que hacíamos en el colegio?

—¿Aquellas en que tú siempre salías a tocar el piano y yo a recitar poesías?

—Sí, éramos como monos de feria.

—Más bien. —Sonreí ante lo acertado de la definición.

—Pues bien, un año, yo debía de tener once o doce años, me empeñé en cantar esa canción en la fiesta de fin de curso, *La hora fatal*, o sea, la misma que el llamador anónimo me hacía escuchar al teléfono. Entonces, cuando tenía once años, no creo que te acuerdes, yo estudiaba solfeo y piano, pero no canto. Y la profesora se empeñó en decir que no podía cantar a Purcell, que podría interpretar la partitura pero que no conseguiría aportarle los matices, que para eso tendría que estudiar canto con un repertorista que me ayudase a entender qué quería decir Purcell con aquella canción. Y yo respondía que me bastaba con escuchar la canción para saber qué quería decir Purcell, que no me hacía falta un repertorista, que sabía muy bien lo que Purcell quería transmitir. –Miraba hacia la carretera con expresión soñadora y por un momento temí que nos la pegáramos–. Tuvimos una bronca memorable a cuenta del asunto, ella venga a llamarme niña tozuda y yo empeñada en cantar lo que quería. Y el caso es que al final me salí con la mía y canté a Purcell, ¿sabes? Fue un triunfo de mi voluntad.

–… que hubiese dicho Nietzsche.

–Y lo curioso –prosiguió, ajena a mi interrupción, el rostro pálido y rígido, los ojos brillantes a causa de las lágrimas que no derramaba– es que había olvidado esta historia por completo, llevaba años sin recordarla hasta que quienquiera que llamase me puso esa canción. Y por eso sabía que quien me llamaba me conocía a fondo. Estuve dándole vueltas a quién podía ser, estuve haciendo todo tipo de cálculos y análisis de probabilidades hasta que me di cuenta que lo importante no era el remitente sino el mensaje.

–¿El mensaje?

–Me di cuenta de que no importaba quién me llamase, sino el mensaje que me había hecho llegar. Y es que me hizo recordar que hubo un momento en que yo era capaz de sentir pasión por las cosas, en que fui capaz de aprenderme nota a nota una canción que ninguna alumna de mi edad se habría atrevido a solfear y mucho menos a cantar. Que hubo un tiempo en que luchaba por lo que de verdad quería. Que hubo un tiempo en que lloraba escuchando a Purcell. —La sombra de una lágrima a punto de caer centelleaba en sus ojos—. Lloraba de pura felicidad, de pura empatía con las notas. Y los últimos años he vivido tan anestesiada, tan bloqueada, que nunca lo habría recordado de no haber sido por aquellas llamadas. ¿No te das cuenta? Quienquiera que llamase me estaba haciendo ver cómo me había negado a mí misma, cómo he arruinado mi vida. Porque ¿qué hago yo encerrada en un despacho, acatando órdenes de inútiles a los que no respeto y sirviendo a unos intereses que en el fondo desconozco? No importaba quién llamase, eso era lo de menos, en el fondo estaba llamándome mi propia alma.

Yo bebía las palabras de la boca de mi hermana con la sed del beduino, porque si una mañana me hubiese levantado y me hubiese encontrado con que el cielo resplandecía de un bonito color verde musgo y las hojas de los árboles ondeaban al viento teñidas de azul pitufo, estoy segura de que me habría sorprendido menos que ver a mi hermana la mayor hablando de cosas tales como que su alma la llamaba por teléfono.

—Hace una semana tomé por fin una decisión. Sabes que llevo quince meses tomando prozac, ¿no?

—Ya me lo habías contado —asentí solícita y rápida, deseosa de que prosiguiera con la historia.

—Bueno, me habían advertido de que no podía dejarlo de la noche a la mañana. De que debía haber un período de transición en que fuera reduciendo la dosis gradualmente. Pero yo sabía que me hacía falta un cambio brusco. Así que un día decidí deshacerme de todas mis reservas de fluoxicetina. Cuatro cajas, Cristina, dos en el cajón de la mesilla de noche y dos en el de la oficina. Las cuatro fueron a parar a la basura. Y me dispuse a afrontar lo que viniera, la crisis o lo que se presentara, tranquila. Al principio no pasaba nada, ¿sabes? Me habían dicho que es peligrosísimo dejar el prozac de golpe, sobre todo si uno ha estado tomándolo años, como es mi caso, y que podía sobrevenir una crisis seria, un episodio depresivo, que podría aparecer un brote esquizoide, qué sé yo. Pero no pasaba nada. Hasta que el otro día, hace exactamente dos noches, busqué entre mis discos viejos aquella canción de Purcell, cantada por James Bowan, descolgué el teléfono, me senté tranquilamente en el sillón y me puse a escuchar la misma canción, una y otra vez, recordando en cada nueva escucha las notas una por una, las palabras, los acordes, los arpegios... –Devanaba palabras y palabras en un murmullo rítmico y constante–. Cada nota golpeaba como un puño en mi interior y esos golpes transmitían tal calor a mi corazón que éste explotaba y se disgregaba en fragmentos dispersos. La música bullía dentro de mí, galopaba por mis venas, contenía el mundo, y dentro del mundo a mí misma, a mi verdadero yo que había permanecido dormido allí dentro tantos años y acababa de despertar furioso, emborrachado de entusiasmo. Cristina, ¿puedes entender esto?

Asentí despacio, incapaz de pronunciar palabra. Sí, había sentido aquello muchas veces escuchando música, pero no conseguía imaginar que mi hermana pudiera haberlo sentido también, y mucho menos que fuera capaz de describirlo de aquella manera.

–Y me encontré llorando –continuó ella, con los ojos grises fijos en la carretera, repentinamente empañados–, como no lloraba desde hacía años, con sollozos que amenazaban con partirme el pecho. No podía dejar de llorar, y lo más importante, Cristina, lo más importante era que caí en la cuenta de que era la primera vez que lloraba en mucho tiempo, en no sé cuántos años, la primera vez que lloraba de esa manera desde que papá se fue, creo. Y ahora veo las cosas de una manera totalmente distinta, Cristina, porque sé que lo importante en esta vida reside en el interior de uno mismo, y se trata de lo único que uno tiene y lo único que uno va a llevarse a la tumba, y, qué quieres que te diga, si Ana ha decidido dejar a su marido, si ésta es la primera decisión propia que ha tomado en su vida, si es la primera vez que se atreve a ser ella misma, ajena a las imposiciones de los demás, ten por seguro que no seré yo quien intente disuadirla, y que cuenta con todas mis bendiciones para lo que quiera. ¿Me entiendes?

–Claro –susurré con un hilillo de voz. El asombro apenas me permitía hablar.

–Porque ahora también ha llegado mi momento, y creo que me toca admitir cosas que he estado negándome, creo que debo hacer lo mismo que ha hecho Ana, y recuperarme a mí misma. Reconocer ante el mundo que no me gusta mi trabajo, que no me gustan los hombres, yo qué sé… lo que decida que debo reconocer. Recuperar a la niña valiente que era y que dejé de ser cuando crecí.

Escuchaba a mi hermana decir estas cosas, a mi hermana la cartesiana, la racionalista, la empirista, repentinamente transformada en mística, después de haber visto a mi hermana la santa, el modelo de virtudes, la santa esposa y madre, decidida a liarse la manta a la cabeza y largar al soso de su marido, y se me vino a la cabeza de pronto una especie de revelación. Desde niña alguien (mi madre, o Gonzalo, o las monjas, o todos, o el mundo) había decidido que éramos distintas, que la niña moderna del anuncio de Kas naranja no es el ama de casa que limpia la colada con lejía Neutrex, y no tiene nada que ver con la ejecutiva que invierte en letras del tesoro, y sin embargo mi hermana se había refugiado en su despacho acristalado de la misma forma que yo me había guarecido en mi bar ciberchic, como Anita se había parapetado en su casa de Gastón y Daniela, y Ana se había enganchado a los minilips como yo lo hice a los éxtasis y Rosa al prozac, y si por nuestras venas corre la misma sangre del mismo padre y la misma madre, ¿quién asegura que somos tan distintas? ¿Quién nos dice que en el fondo no somos la misma persona?

La carretera serpenteaba a través de campos ocres y la tarde caía sobre el polen dorado. Los trigales se agitaban con el viento en suaves oleadas amarillas. A lo lejos, Madrid se levantaba orgullosa, una estructura monstruosa de cemento y hormigón que se alzaba amenazadora, enorme y gris, en el horizonte; y el coche, enfilando hacia aquella inquietante mole, parecía una pequeña nave de reconocimiento que, tras de un vuelo tranquilo, regresara a su nave nodriza. Madrid, de lejos, parecía la Estrella de la Muerte. Darth Vader, pensé, aquí llegan tus guerreras, ábrenos la puerta.

No os lo he dicho todavía: mi madre se llama Eva. Pero espero que nosotras seamos hijas de Lilith.

Gracias a:

Mi madre y mis hermanos, por supuesto. (Y a los adheridos.)

Escuchan mis penas y me soportan mis amigos: Luis José Rivera, Pilar de Haya y Colin Terry.

Me aguantaron en Fnac: Paula, Ignacio y Merceditas.

La conexión Barcelona: Inma Turbau y José María Cobos.

Me dan de cenar: Ángeles Matesanz, Gracia Rodríguez y Salva Pulido.

Colaboraron activamente con sus sugerencias: Ruth Toledano, poeta; Miguel Barroso, entomólogo; Miguel Zamora, corrector de estilo; Ismael Grasa, detector de redundancias; Miguel Ángel Martín, aprendiz de psicokiller; J. Á. Mañas y Antonio Domínguez, jóvenes promesas; Isabelita Guasp, correctora de galeradas; Antonio Dyaz, cyberpunk; y Carlos Pujol, editor y sin embargo editor.

Me salvaron la vida: Pedro Pastor en Sitges (intoxicación etílica), Abby Cooke en Edimburgo (despiste absoluto) y Javier (cónsul) en Dublín (mononucleosis).

Me sacan de rok: Libres para siempre (Almudena, Ana, Álvaro y Miguelito) y periféricos (Gervasito, Mariluz y pandilla).

A Ulla Akerman, Maya Simínovich, Elena Álvarez, Pepo Fuentes, Berta Herrera e Isabel Gardela, gracias por el apoyo y el cariño. Santiago Segura aparece para no herir su enorme ego.

Revisó primeras versiones: Santiago Torres.

Me asiló en Londres: Federico Torres.

James Bruton inspiró medio libro.

Iain Patterson me dejó usar su nombre.

Promocioneros de pro: Enrique de Hinojosa, Rubén Caravaca, Javier Bonilla, Pedro Calleja y Chechu Monzón.

La historia de la detención en comisaría está inspirada en un artículo de Tom Hodkingson; la del supermercado, en uno de Vicky Mondo Brutto; la del autobús se basa en el guión *Ellos lo tienen más fácil*, coescrito por Miguel Santesmases.

La foto de portada es de los chicos de Ipsum Planet (grandes diseñadores del mundo moderno) y los derechos los cedieron, amabilísimamente, Montxo Algora y Santiago Díez. Mi foto la hizo Jerry Bauer.

En general, gracias a todos los que me quieren. No podíais caber todos, lo siento. Los que de verdad no caben son los que no me aguantan.